JUAN RAMÓN ARDÓN

DIONISIO DE HERRERA, CIUDADANO DE LA LIBERTAD Y DE LA GLORIA

ERANDIQUE
COLECCIÓN

DIONISIO DE HERRERA, CIUDADANO DE LA LIBERTAD Y DE LA GLORIA
JUAN RAMÓN ARDÓN

©Colección Erandique
Supervisión Editorial: Óscar Flores López
Diseño de portada: Andrea Rodríguez
Administración: Tesla Rodas
Digitalización y levantamiento de textos: Zona Creativa
Director Ejecutivo: José Azcona Bocock

Primera Edición
Tegucigalpa, Honduras—Septiembre de 2024

CONTENIDO

PALABRAS DEL AUTOR

Escribir sobre la vida de un hombre de la talla cimera de Dionisio de Herrera, es penetrar en una vida que en todas sus actuaciones se destacó por su amor a Honduras y, en general, a Centroamérica y cuyos esfuerzos los puso, en cada momento, al servicio de la Independencia de las cinco parcelas Istmeñas y que como jefe de los Estados de Honduras y de Nicaragua, se empeñó en colocarlos política, social y económicamente en sitios preferentes y que como pacificador de Nicaragua dio, además, a conocer su hombría y capacidades de político visionario y de estadista cabal.

Estudiando a fondo la vida y hechos de Don Dionisio de Herrera se llega a comprender que este ciudadano debe ser considerado por los hondureños y por los centroamericanos en general como uno de los máximos pioneros del bienestar y tranquilidad de Honduras y Nicaragua y de la Independencia por la cual lucharon también otros prohombres y que advino a la realidad el 21 de septiembre de 1821.

Dionisio de Herrera se adelantó a su tiempo, y si su nombre y actuaciones sobresalientes como prominente repúblico, desde los tiempos del Doctor Marco Aurelio Soto y Don Ramón Rosa han tratado de pasarlos inadvertidos y de ocultar su imagen clara, luminosa y constructiva, ha sido obedeciendo a la herencia funesta del cura Irías y demás oscurantistas de la época del mismo.

Si no se ha alzado una estatua a Herrera a la par de las de Morazán, Valle y Cabañas, las nuevas generaciones le están levantando un monumento de admiración y reconocimiento a su condición de esclarecido prócer.

Nos sentimos satisfechos porque hemos sabido responder a la confianza en nosotros depositada por la Asamblea Nacional Constituyente al comisionarnos, por iniciativa de su Presidente el Abogado Don Efraín Bú Girón, para hacer un estudio sobre la vida y las actuaciones de Don Dionisio de Herrera, en ocasión del Bicentenario de su nacimiento, el 9 de octubre de 1981. Hemos cumplido con tan delicado encargo.

Dionisio de Herrera está siendo desagraviado y creemos que no está largo el día en que se yerga un monumento en el mármol de la

3

admiración en uno de los ángulos más luminosos de la capital de Honduras, Tegucigalpa, a HERRERA, CIUDADANO DE LA LIBERTAD Y DE LA GLORIA.

JUAN RAMÓN ARDÓN

**DIONISIO DE HERRERA
INSIGNE HOMBRE PÚBLICO Y MAESTRO
VOCACIONAL**

LA CONSTITUYENTE Y EL BICENTENARIO DEL NACIMIENTO DEL PRÓCER HERRERA

El Honorable Diputado Presidente, Efraín Bú Girón, en ocasión de cumplirse el día 9 de octubre de 1981 el Bicentenario del nacimiento de don Dionisio de Herrera, primer Jefe de Estado de Honduras, pidió a los honorables diputados de la Asamblea Nacional Constituyente ponerse de pie para rendirle un homenaje a quien dejó la huella imperecedera de su capacidad, expresando lo siguiente:

"Señores diputados, el día de mañana Honduras celebra el Bicentenario del nacimiento de don Dionisio de Herrera, primer Jefe del Estado de Honduras; para rendirle un homenaje, pido a los señores diputados que nos pongamos de pie.

Dionisio de Herrera, el primer Jefe del Estado, estadista, hombre público que dejó la huella inmarcesible de su capacidad, de su honradez y de su amor a la patria cuando defendió la soberanía de Honduras; bajo su gobierno también nació la figura política más grande que ha tenido este país, como fue Francisco Morazán.

Dionisio de Herrera era un patriota, un estadista de renombre. Su preocupación constante fue siempre la vigencia de la Constitución. Dionisio de Herrera expresaba que la Constitución debía ser nuestro libro de observación; observación en todo momento de la vida del ciudadano. Dionisio de Herrera decía que la vigencia de la Constitución debía ser preocupación constante para todos los ciudadanos. Él dejó escrito su criterio sobre la vigencia del sistema jurídico.

Solamente esto basta para que la Asamblea Nacional Constituyente, como la más alta representación del pueblo, le rinda este sencillo homenaje a su memoria, porque no debemos olvidar a los hombres que con su ejemplo nos han ayudado a construir nuestra nacionalidad. En estos tiempos, en que los grandes valores humanos sufren crisis, es necesario exaltar las grandes figuras de la nación hondureña. No debemos olvidar a Dionisio de Herrera, no debemos olvidar a Francisco Morazán y tampoco debemos olvidar la figura de José Trinidad Cabañas. A todos estos valores de la nacionalidad hondureña debemos rendirles el culto que se merecen; debemos proyectar su imagen en nuestras actuaciones para que Honduras, acogiendo su ejemplo, sea siempre una nación que se respete, que ascienda en el gran concierto de las naciones del mundo.

Muchas gracias, señores diputados. Y si hay alguno de los compañeros de Cámara que quisiera hacer uso de la palabra, con gusto se la vamos a ceder.

Señores diputados, yo creo que la Asamblea Nacional Constituyente debe dejar una evidencia del respeto que nosotros tenemos por la figura de Dionisio de Herrera y, en ese sentido, la Presidencia comisiona, con la venia de la Cámara, al señor profesor Juan Ramón Ardón para que haga un estudio sobre la vida y las actuaciones de Dionisio de Herrera, que será una obra que patrocinará la Asamblea Nacional Constituyente."

La Secretaría de la Asamblea Nacional Constituyente nos transcribió el siguiente punto de acta:

"Tegucigalpa, D. C., 27 de octubre de 1981.
Profesor don Juan Ramón Ardón. Presente.

Para su conocimiento y demás fines, me permito transcribir a usted el punto del acta N.º 81 correspondiente a la sesión de la Asamblea Nacional Constituyente, del 8 del corriente mes, que literalmente dice:

"23. El Honorable Diputado Presidente Efraín Bú Girón, en ocasión de que el día 9 del presente mes se cumple el Bicentenario del nacimiento de don Dionisio de Herrera, primer Jefe de Estado de Honduras, pidió a los honorables diputados ponerse de pie para rendirle un homenaje a quien dejó la huella inmarcesible de su capacidad, honradez y amor a la patria.

Acto seguido, y con el objeto de dejar una evidencia del respeto que debemos a la figura de don Dionisio de Herrera, el señor Presidente, con la venia de la Cámara, comisionó al profesor Juan Ramón Ardón con el objeto de que haga un estudio sobre la vida y las actuaciones de don Dionisio de Herrera, que será una obra que patrocinará esta Asamblea Nacional Constituyente".

De usted, muy atentamente,

Benigno Ramón Irías Henríquez.
Secretario".

REVIVIENDO LA RECIA PERSONALIDAD DE HERRERA

Por: DOCTOR JOSÉ REINA VALENZUELA

He leído con interés y satisfacción la obra inédita Herrera, ciudadano de la libertad y de la gloria, puesta en mis manos por su autor, el profesor don Juan Ramón Ardón, intelectual ya bien conocido en el ambiente literario hondureño.

Me ha interesado y satisfecho este trabajo porque Dionisio de Herrera, para quien he pedido el título de Padre de la Patria en mi estudio biográfico publicado hace algunos años, es un prócer olvidado, un ciudadano preterido cuyo nombre, que debería ser pronunciado con profunda reverencia, sólo se menciona de tarde en tarde y con desgano.

El libro inédito de Juan Ramón Ardón vendrá, indudablemente, a revivir la recia personalidad del prócer; vendrá a actualizar sus cualidades de estadista y sus blasones de patriota, porque Juan Ramón ha unido para escribirlo la aguda intuición del periodista y la claridad y elegancia del escritor, cualidades ambas que él posee en demasía. Y juzgamos no sólo justiciera, sino también acertada la actitud del abogado don Efraín Bú Girón, que como presidente de la pasada Asamblea Nacional Constituyente y en homenaje a Herrera en su Bicentenario de nacimiento, pidió que la Asamblea designara a Juan Ramón para que escribiera la biografía del prócer.

Arranca Juan Ramón, como buen biógrafo, del origen de don Dionisio de Herrera, describiendo con pinceladas elocuentes la hermosa casa con arcadas, propiedad de don Juan Jacinto Herrera y su esposa doña Paula Díaz del Valle, allá en la Real Villa de Jerez de la Choluteca, en donde había nacido años antes José Cecilio del Valle, pariente cercano de don Dionisio.

Habla de la niñez del prócer y, con matices nítidos, nos da cuenta de aquellos días alegres que disfrutaban los infantes de las familias ricas y de antiguo abolengo castellano.

Y pasa revista del viaje a Guatemala, de los estudios realizados allá y de la obtención con lucimiento del título de Abogado de la Real y Pontificia Universidad de San Carlos, después de sustentar su tesis intitulada La Ley.

Interesante es la actividad comercial de Herrera en el pueblo de Macuelizo, en la Nueva Segovia, y más aún su iniciación en la vida pública cuando era Alcalde Mayor de Tegucigalpa el licenciado don Narciso Mallol. Como secretario del Ayuntamiento, Herrera encontró la coyuntura de trabajar tanto por los intereses de la Villa de San Miguel como por la Independencia.

Su ascensión como primer Jefe del Estado de Honduras es enfocada con ponderación por el autor, cuyo juicio sereno es justo, tanto como lo era la causa defendida por Herrera. Luego, Juan Ramón Ardón pasa revista a los sucesos de Nicaragua y, en aquel remolino de pasiones, encuentra el sitio exacto para colocar al Pacificador y, posteriormente, al Jefe del Estado nicaragüense, dándole el relieve y la apreciación que tan importantes hechos tuvieron para la vida constitucional de Centroamérica.

Después, el principio del ocaso. Pero el ocaso físico, porque siempre, y mientras haya escritores que, como Ardón y otros biógrafos anteriores a hoy, habrá de mantenerse la vigencia de Herrera, que podrá seguir siendo el camino menos incierto y más positivo para los políticos y para los que quieran ser políticos.

Juan Ramón Ardón refiere los días grises de un humilde maestro de escuela en la ciudad salvadoreña de San Vicente; días grises exteriormente, rodeados de miseria, de pobreza mucho más tremenda que la vivida por Trinidad Cabañas. Pero miseria material y pobreza económica que nunca padecerán los clásicos ladrones del fisco hondureño y que, no obstante, estaba enriquecida por la risa inocente de los párvulos y por lo que la posteridad iba a otorgarle al hombre que había organizado una nación, que había modelado un pueblo y moría miserablemente lejos del solar nativo.

Finalmente, debo decir a Juan Ramón Ardón que su libro será un aporte positivo al conocimiento del prócer Dionisio de Herrera; que está escrito con esmerado cuidado, sin palabras ampulosas, sin frases hirientes y sin oraciones rebuscadas, sino más bien en ese lenguaje limpio que sabe entender el pueblo hondureño.

En este trabajo se deja apreciar la acción de la pluma del periodista, dirigida por la habilidad de un escritor.

PALABRAS PRELIMINARES

En la sesión de la Asamblea Nacional Constituyente celebrada el 8 de octubre de 1981, a iniciativa del señor Presidente de tan alto cuerpo legislativo, abogado don Efraín Bú Girón, se nos designó para que preparáramos una biografía del patricio don Dionisio de Herrera, una de las personalidades más limpias y depuradas y un espíritu centroamericanista del año de la Independencia, como un rendido homenaje al prócer al cumplirse, el 9 de octubre de 1981, el Bicentenario de su nacimiento.

Escribir una biografía de varón tan egregio es misión muy delicada, pero como buena voluntad nunca nos falta para emprender cualquier trabajo, aceptamos de inmediato, proponiéndonos recoger las asombrosas hazañas de uno de los hondureños más dotados que ocupan sitio predilecto en el luminoso cuadro de los primates centroamericanos.

Quizás no sea una obra perfecta, pero sí muy aproximada a la realidad de los hechos históricos y sobresalientes que caracterizaron la vida de don Dionisio de Herrera, un auténtico inspirado al servicio de la patria grande.

¿Un inspirado? Sí, tanto en el pensamiento como en la acción. Sin vacilaciones, se sumó a los partidarios de la Independencia porque — estaba sabido, la realidad centroamericana se lo estaba diciendo— triunfarían en la demanda, a pesar de los malos augurios de quienes eran incondicionales del régimen español.

En estas cuestiones independentistas, estaba en campo completamente opuesto al sabio don José Cecilio del Valle, quien opinaba que no había que adelantar los acontecimientos y esperar que los pueblos de Centroamérica estuvieran preparados para ser libres. Don Dionisio, por el contrario, creía que ya eran suficientes 300 años de vida colonial y que estos pueblos de Centroamérica debían hacer pedazos las cadenas que los sujetaban a España.

El conservatismo, apoyado por el clero, combatía a los emancipadores, y antes y después de haberse proclamado la Independencia, conservadores y clero siguieron opuestos al espíritu progresista y liberal del egregio varón. Los poderes de la religión y del fanatismo, representados por el cura José Nicolás Irías, siguieron tramando hasta un asesinato contra don Dionisio, como se verá más adelante.

Y, precisamente, una mala jugada de la religión, del fanatismo y del incondicional de estos —el conservatismo— lograron que el preclaro varón, don José Cecilio del Valle, que apoyaban los pueblos, no ocupara la Presidencia de la Federación Centroamericana, declarando para tan alto cargo a don Manuel José Arce, que aventó sobre Centroamérica y, particularmente sobre Honduras, innúmeras desgracias.

Arce se echó en brazos de los reaccionarios, en traición al Partido Liberal que había luchado a la par de él en las elecciones. Y el vicario capitular de la Diócesis de Comayagua, el canónigo Irías, se sintió más fuerte en sus oscuras luchas contra un iluminado como lo era don Dionisio de Herrera.

La reacción, el oscurantismo contra un ciudadano genuino representante de la justicia, del derecho y de la libertad.

Valgan estas palabras preliminares para entrar de lleno en la biografía del patricio don Dionisio de Herrera.

EL PRÓCER POR EXCELENCIA

Don Dionisio de Herrera, el prócer por excelencia, era el polo opuesto a otro grande hombre: el sabio don José Cecilio del Valle, con quien no sólo iluminara la tierra de Choluteca que los vio nacer, sino también la de Honduras y la de Centroamérica. Los nombres de quienes lo adversaron —hasta con fobia— nadie los recuerda; y si se menciona al cura Irías, es para reprocharle su conducta reaccionaria.

Mientras que don José Cecilio del Valle, ante los movimientos independentistas, adoptaba una actitud españolista, Herrera tomaba una posición de franco y decidido apoyo a la independencia de los pueblos istmeños de España.

El licenciado Eliseo Pérez Cadalso, refiriéndose a la postura del sabio en cuanto a la independencia se refiere, dice:

"José Cecilio del Valle no figura entre los patriotas que promovieron movimientos sediciosos, porque él era hombre de estudio y no demagogo, y porque, como sujeto de reflexión, conocedor de las leyes que regulan las transformaciones de la sociedad, comprendía que dichos movimientos estaban condenados a abortar por la ausencia de lógica en los planes y la falta de preparación intelectual de sus autores."

No sabemos en qué fundamenta su criterio el poeta Pérez Cadalso sobre su conterráneo, y que lo fue también don Dionisio de Herrera. Los movimientos que él califica de "sediciosos" en pro de la independencia no abortaron. Al contrario, sirvieron de empuje a los sucesos del 15 de septiembre de 1821, como lo demostramos en páginas siguientes de este volumen.

Don Dionisio de Herrera supo planificar todos sus actos, y nadie puede acusarlo de carecer de preparación intelectual. Al contrario, en todas las actuaciones de su luminosa vida ofreció demostraciones elocuentes de ser un hombre limpio, estudioso y capaz de apreciar y enfrentar atinadamente cualquier suceso o movimiento. De esto dio ejemplos elocuentes durante su jefatura de Estado en Nicaragua.

El licenciado don Dionisio de Herrera no estaba sujeto al régimen español, y si es cierto —como lo es— que en los tiempos de don Narciso Mallol aceptó altas posiciones en la Alcaldía Mayor, fue con el propósito de fortalecer los movimientos independentistas, porque cuando se sirve a la patria —en el caso de don Dionisio, Centroamérica— no puede cometerse traición si se echa mano de todo aquello que puede favorecerla.

¿Que los movimientos independentistas estaban condenados al fracaso? ¿Que había que seguir sujeto al régimen español y defender la corona de Fernando VII?

La prudencia, que Cervantes calificó de sabiduría, era la norma permanente del sabio Valle; lo contrario acontecía con don Dionisio de Herrera y otros prohombres de aquella agitada época. Ellos querían, por todos los medios a su alcance, no dejar al tiempo la independencia de Centroamérica, sino poner fin lo más pronto posible a los 300 años de vida colonial, que —como 300 cadenas de hierro— pesaban sobre el alma de la centroamericanidad.

Un sobresaliente pedagogo hondureño, refiriéndose a la actitud españolista del Sabio Valle, dijo lo siguiente:

"Si todos los dirigentes de la opinión americana hubieran discurrido entonces como el Sabio chorotega, allí estuvieran todavía Inglaterra, Portugal y España dictando la ley de este Continente."

Y agregó el ilustrado mentor:

"Si Valle hubiera sabido que la conspiración iba segura a la victoria, él hubiera sido uno de los conspiradores."

Sin embargo, no es cierto que aquellos movimientos estaban condenados al fracaso: su triunfo resplandeció el 15 de septiembre de 1821. La victoria, de los ilusos; la derrota, de los prudentes.

Entre los ilusos estaba don Dionisio de Herrera. Y debemos poner el énfasis necesario en lo siguiente:

Alrededor de don Dionisio de Herrera giró la Independencia de Centroamérica, como se podrá leer en este volumen que contiene la biografía de quien ameritó, en todo sentido, el calificativo de prócer; porque un primate, en el más amplio significado del vocablo, fue Herrera desde el momento en que regresó a lo que fue el Real de Minas de San Miguel de Tegucigalpa, después de haber realizado exitosamente estudios en la muy noble y pontificia Universidad de San Carlos de Borromeo de Guatemala, que era, como León de Nicaragua, la fuente nutricia para los hijos de las pudientes familias ibéricas.

En el capítulo correspondiente de este libro nos referimos a la Independencia de Centroamérica, sobre la cual se ha venido afirmando, erróneamente, que "no costó a Centroamérica ni una gota de sangre", lo que no es cierto, como lo demostraremos —repetimos— en las páginas siguientes.

Desgraciadamente, en Honduras no se conoce —en todos sus aspectos admirables y hasta sorprendentes— la vida múltiple de don Dionisio de Herrera, de quien se tienen mejores conocimientos en Nicaragua, a donde llegó en el año de 1829 para pacificarla y organizarla política, jurídica y económicamente, llegando a León y ascendiendo a la categoría de Jefe del Estado. Como tal, supo —con su talento, su capacidad de estadista y hasta su valentía— lograr la reivindicación de aquel pueblo y de sus instituciones, como lo reconoce uno de los mejores historiadores centroamericanos, don José Dolores Gámez, quien ha exaltado en páginas valiosísimas la vida del patricio; y de Gámez es el siguiente párrafo:

"Al emanciparse Centroamérica, contó también con el genio de grandes revolucionarios; y si Morazán con sus talentos militares, Valle y Larreynaga con su erudición, Molina con su ardor patriótico, Barrundia con sus escritos de fuego, ocupaban el primer lugar entre los padres y fundadores de la patria; Herrera, obligado a figurar en apartadas regiones, es más modesto, pero no menos grande que aquéllos."

Efectivamente, Herrera no actuó en el ombligo centroamericano: la Capitanía General de Guatemala. En ella sólo estuvo cuando hasta allá viajó, a la edad de trece años, para realizar estudios en la Universidad de San Carlos. Después regresó a su patria, que la convirtió en su campo de acción; y al correr de unos años, en Nicaragua, León, salvó allá una grave situación y dio demostraciones claras y contundentes de su espíritu organizador y de su valentía, sometida a toda prueba, anteriormente en Comayagua y después en la que iba a ser la patria de Darío.

¿Dijimos que la Independencia de Centroamérica giró alrededor de don Dionisio de Herrera? Lo reafirmamos. Don Narciso Mallol, un hombre que sacaba energías de su espíritu —porque su cuerpo físico adolecía de una terrible enfermedad—, como Alcalde Mayor de la provincia de Tegucigalpa, calificó a Herrera de "conspirador" y de que se aprovechaba de las posiciones que él, Mallol, le había dado como secretario del Ayuntamiento y diputado a Cortes para complotar en contra del régimen español. Efectivamente, así fue, porque Herrera, a pesar de la nobleza de su tronco familiar, era, sobre todo, un ciudadano de Centroamérica dispuesto a mover todos los resortes posibles para lograr la independencia de los pueblos del Istmo.

A Herrera lo dominaba una mente independentista y no escatimó medios para alcanzarla. En esta gesta emancipadora tuvo el apoyo de prohombres como don Pedro Molina, don José Francisco Barrundia, don Manuel Montúfar y otros como don Juan Antonio Márquez, etc.

Centroamérica, según Herrera, ya era grande, ya había llegado a su mayoría de edad para declararse independiente. Eran países pequeños los que la formaban, pero contaban con varones de alto espíritu y de visión cimera. Respecto a esto, se nos viene a la memoria el siguiente pensamiento de Víctor Hugo:

"No existen países pequeños. La grandeza de un pueblo no se mide por el número de sus componentes como no se mide por su estatura, la grandeza de un hombre."

Tal Centroamérica, y tal Dionisio de Herrera.

En la vida de don Dionisio de Herrera —un varón que encarnó el alma de toda una época— existen múltiples facetas desconocidas para la mayoría de los hondureños; entre ellas, la actitud de uno de sus hijos en Nicaragua cuando los conservadores y el fanatismo religioso intrigaban contra el conspicuo hondureño. Y no sólo intrigaban, sino que provocaban movimientos armados en varias poblaciones, demostrando el hijo una valentía rayana en el suicidio, y don Dionisio, uno de los tantos gestos con los cuales salvó situaciones difíciles; porque lo distinguía tanto la serenidad como el valor, y hasta el heroísmo, cuando las circunstancias así lo reclamaban.

"El iluminado de la acción y el vidente al servicio de la patria", han llamado a don Dionisio de Herrera: ciudadano ejemplar y con un extraordinario desdoblamiento de intelectual, de político, de estadista y hasta de militar.

Esto último —como lo anotamos en páginas que siguen— lo demostró cuando en Comayagua fue fusilado don Joaquín Rivera, y él, don Dionisio, se puso al frente de las fuerzas que luchaban contra el Jefe General Francisco Ferrera. Y esto más: supo percatarse de la valía y de lo que podía llegar a ser otro ciudadano ejemplar, Francisco Morazán, a quien llamó a su lado, como Jefe del Estado de Honduras, nombrándolo su Secretario General, y que estuvo junto a Herrera cuando el traidor Justo Milla invadió la propia tierra de su patria, obedeciendo órdenes de Arce.

En este volumen iremos dejando en la letra escrita todos los aspectos de la vida pródiga de quien se llamó José Dionisio de la Trinidad de Herrera, y que murió en la humilde pero santa pobreza, después de haber sido un infatigable luchador en pro de la Independencia de Centroamérica.

UNA VILLA Y UN REAL DE MINAS

"Llano Grande" llamó el cronista Juan López de Velasco, en su Geografía y Descripción Universal de las Indias, al valle donde actualmente se asienta lo que en el pasado fue "La Villa de Jerez de la Frontera", que en el mes de mayo de 1535 fundó el capitán don Cristóbal de la Cueva; y a la cual, el distinguido cosmógrafo calificó de:

"Tierra caliente y falta de hierba menuda, y que con todo es una sabana brava y cenagosa y la tierra muy montuosa".

Como en la actualidad, a 446 años de su fundación, la ex Villa de Jerez de la Frontera es una tierra cubierta, en su mayor parte, de un árbol tropical de la familia de las bignoniáceas, de fruta en forma de globo y de corteza dura, del cual los campesinos fabrican vasijas de distintas formas: al árbol le llamaban jícaro o güira. Según otros cronistas de la conquista y colonización, en las tierras de la villa abundaban los árboles de níspero.

Los españoles, hombres de hierro, incansables, eran, al mismo tiempo, visionarios y —más propiamente dicho— previsores: buscaban lugares apropiados para fundar las ciudades, en tierras planas con abundante agua. Ejemplos, para solo citar dos: Comayagua y San Pedro Sula. Siguiendo esta política, el capitán don Cristóbal de la Cueva fundó la actual ciudad de Choluteca en "un valle grande y con mucha agua", es decir, en las cercanías de un río caudaloso que actualmente es conocido como el río Grande o Choluteca.

La Villa de Jerez de la Frontera fue fundada con unas pocas casas y apenas unos treinta vecinos españoles. Dotada de todo lo indispensable en aquella lejana época: una iglesia ubicada en el centro de la villa y un edificio para cabildo, pero sin casa para escuela, ya que en aquellos tiempos a los españoles nada les preocupaba la educación de los nativos. Al contrario, procuraban mantenerlos en la ignorancia para explotarlos más y, por tal motivo, no construían escuelas. La cultura era un privilegio de los hijos de los españoles.

Lo primero que levantaban era la iglesia, porque la misión primordial de ellos era la difusión de la religión católica. Es por esto que, junto con los conquistadores y colonizadores, venían los frailes trayendo como armas la Biblia y la cruz. En su campaña de evangelización, los predicadores penetraban a lo más profundo y oscuro de las selvas, como lo hicieron en la vieja Taguzgalpa (La Mosquitia) los frailes Esteban Verdelete y Cristóbal Martínez, que pagaron con su vida su audacia de abanderados de la religión cristiana.

La Villa de Jerez de la Frontera era de tierras ricas, aunque de clima demasiado ardiente, como lo sigue siendo todavía. En ella había buenas estancias de ganado vacuno y caballar, y se cultivaban los granos de primera necesidad, como maíz y frijoles, que constituían la base alimenticia de los pobladores.

La villa formaba parte de la provincia de Guatemala, lo que era un gran inconveniente para los vecinos por las largas distancias que tenían que recorrer para alcanzar Guatemala, y las autoridades no podían atender los problemas que confrontaban las familias españolas de la Jerez de la Frontera. La paz entre las familias, y de los nativos, era alterada frecuentemente por tal motivo. Para salvar estas dificultades y atender mejor a las comunidades, las altas autoridades dispusieron, con la venia de Su Majestad española, incorporar la villa a la provincia de Tegucigalpa, aunque en asuntos religiosos siempre quedó dependiente de la diócesis de Guatemala hasta el año de 1672, cuando tal curato "fue agregado al arzobispado de Comayagua".

Al correr de los años, la riqueza de la villa fue aumentando por las minas de oro y plata descubiertas, que llamaron la atención de las familias españolas del Real de Minas de San Miguel de Tegucigalpa, trasladándose a la villa algunas de ellas.

En un cuadro así vino al mundo quien, al pasar de los años, sería calificado de prócer: don Dionisio de Herrera, que nació el 9 de octubre de 1781, en la ciudad que hoy es cabecera del departamento del mismo nombre: Choluteca. Nació en una casona de forma colonial, estilizada con ocho elegantes arcos, y que después sirvió de local para las oficinas del Cabildo Municipal.

El padre de don Dionisio de Herrera, don Juan Jacinto de Herrera, era originario de Tegucigalpa. Ostentaba el grado de teniente de milicias y tenía cercanos nexos familiares con encumbradas familias, tanto por su parte como por la de su esposa, doña Paula Díaz del Valle. A este respecto nos informa el historiador doctor José Reina Valenzuela:

"En este ambiente vivía el teniente de milicias don Juan Jacinto de Herrera, emparentado con una de las familias más notables de la villa, hija del legítimo matrimonio de don José Díaz del Valle, 'noble hidalgo' de las más distinguidas familias españolas de la provincia, y de doña Manuela Díaz del Valle, abuelos paternos de don José Cecilio del Valle, nacido el 22 de noviembre de 1777, en la Choluteca."

La bonanza de la villa, con amplias y fértiles tierras, y con ricas minas como la de El Corpus, Clavo Rico y otras; las bien dotadas haciendas de ganado vacuno y caballar, permitían a los hacendados enviar a Guatemala partidas hasta de 2,000 cabezas. La producción agrícola, unida a la ganadería, reclamaban una extrema vigilancia de las autoridades; por esos motivos, se estableció en la Villa de Jerez de la Frontera un regimiento militar al mando, precisamente, del teniente de milicias don Juan Jacinto Herrera, entroncado con las más prominentes familias de la provincia.

Por estas razones, el bautizo del primogénito de los esposos Herrera y del Valle fue todo un acontecimiento social, que tuvo como lucido marco —engalanado con profusión de flores— la iglesia parroquial de la villa, estando el bautizo a cargo del reverendo padre fray José Ginés de Mayorga, teniendo como primer padrino a un noble hidalgo y delegado del Real Derecho de Tierras, don Joseph Tomé. El histórico acontecimiento tuvo lugar el 25 de octubre de 1781.

Por largos años predominó la duda respecto a la verdadera cuna de don Dionisio de Herrera: algunos historiadores señalaban a Tegucigalpa y otros a Choluteca. Hasta que el abogado e historiador don Juan B. Valladares despejó la incógnita: la Villa de Jerez de la Frontera era la cuna del prócer. Valladares está considerado, con sobrada razón, como el más enterado en asuntos históricos y quien ha dedicado más tiempo a investigaciones en los archivos centroamericanos y en los de España, y que posee una de las mejores bibliotecas de Centroamérica. Para dar una idea del valor de la biblioteca del señor Valladares, bastaría decir que es superior a la Biblioteca Nacional.

Por cuestiones del trabajo, don Juan Jacinto de Herrera, acompañado de su esposa e hijo, fue trasladado a Tegucigalpa, donde nacieron sus demás hijos, entre ellos Juan Manuel, que en Nicaragua se puso a la altura de su padre ante una conjuración contra este como Jefe del Estado.

REAL DE MINAS

Para conocer mejor la vida de un personaje, necesario es familiarizarse con el ambiente (o los ambientes) en los cuales se desarrolló y, precisamente, eso estamos haciendo nosotros: describiendo la geografía donde le tocó actuar al iluminado varón que se llamó Dionisio de Herrera.

Vamos a detallar, a grandes rasgos, lo que fue el Real de Minas de San Miguel de Teguycegalpa, hoy sencillamente Tegucigalpa, capital de la República de Honduras; y lo vamos a hacer porque, como decimos antes, amerita conocer el medio ambiente en que pasó los primeros trece años de su vida —y algunos de su mayoría de edad— el prócer don Dionisio de Herrera, cuya existencia representa una de las más interesantes y sugerentes biografías de los altos valores hondureños.

Las ciudades, obedeciendo una ley natural, van sufriendo transformaciones físicas. Desde los tiempos más antiguos fueron observados los cambios de la superficie del suelo. Se cita a este propósito un curioso pasaje de un autor árabe del siglo XIII, que vamos a reproducir a continuación. Puso en escena a un personaje que, como el judío errante de la leyenda cristiana, recorre la tierra sin pagar tributo a la muerte:

Pasando un día por una ciudad muy antigua y prodigiosamente poblada, preguntó a uno de sus habitantes cuánto tiempo hacía que se había fundado.

—Esta es —me respondió— una ciudad muy antigua; pero deciros desde cuándo existe me es imposible, y respecto a este punto, mis antepasados eran tan ignorantes como yo.

Cinco siglos después volví a pasar por el mismo sitio y, no viendo ningún vestigio de la ciudad, quise saber por un campesino que recogía hierbas en el antiguo emplazamiento cuánto había transcurrido desde su destrucción.

—Por cierto —me dijo— que me hacéis una pregunta bastante extraña. Este terreno nunca ha sido otra cosa que lo que es al presente.

—¿Pero antiguamente no hubo aquí una gran ciudad? —volví a preguntar.

—Jamás —me contestó— al menos según podemos juzgar por lo que hemos visto. Hasta os diré que nunca nuestros padres nos han hablado de tal cosa.

Otros quinientos años después volví a los mismos lugares. Esta vez era el mar quien ocupaba el sitio del emplazamiento de la destruida ciudad.

Habiendo visto algunos pescadores en sus orillas, les pregunté cuánto tiempo hacía que el mar había invadido aquella comarca.

—¿Un hombre como parecéis vos —me contestaron— puede hacer semejante pregunta? Este lugar ha sido siempre lo que es en la actualidad.

Al cabo de otros quinientos años volví una vez más. Ya no estaba allí el mar y quise saber cuánto tiempo hacía que se había retirado.

Un hombre a quien dirigí la pregunta me miró con admiración y me contestó como todos los precedentes; es decir, que las cosas habían estado siempre como entonces las veíamos.

Finalmente, después de transcurrido un lapso igual a los anteriores, volví por última vez y encontré, en lugar de un desierto, una ciudad floreciente, más poblada y más rica en monumentos suntuosos que la primera que había visto dos mil años antes.

Queriendo conocer la antigüedad de su existencia, me dirigí a los habitantes y estos me dijeron:

—El origen de esta ciudad se pierde en la noche de los tiempos; ignoramos cuándo fue fundada y, respecto a este punto, no saben nuestros padres más que nosotros.

Así aconteció con el Real de Minas, que habiendo tenido como origen una miserable comunidad indígena, la del Zapusuca, es en el año de 1981 —ya a sus finales— una metrópoli de más de ochocientos mil habitantes.

Y no podemos abstenernos de recordar que, según el doctor Eduardo Martínez López, lo que actualmente ocupan Tegucigalpa y Comayagüela fue, hace muchísimos años, un gran lago.

Todavía en el año de 1536, solo don Pedro de Alvarado había citado el nombre de Teguycegalpa, en lo que se conoce como el Repartimiento de Gracias a Dios. Ninguno de los cronistas y cosmógrafos españoles, como Oviedo y Juan de Velasco, entre otros, menciona el nombre de Teguycegalpa, salvo, como decimos, Pedro de Alvarado.

Empero, existe un hecho al cual poca o ninguna importancia han dado nuestros historiadores respecto a Tegucigalpa. Es el siguiente:

Cuando en 1537 don Alonso de Cáceres llegó al valle de Comayagua, se encontró con una gran ciudad que se acercaba a los sesenta mil habitantes, tomando en cuenta las diferentes y numerosas comunidades que la integraban; y hasta aseguran que de Cáceres lo único que hizo fue darle el nombre de Santa María de Valladolid de Comayagua, levantando sobre este acto el documento respectivo.

Se afirma que los habitantes de la vieja Comayagua que encontró el español don Alonso de Cáceres tenían propiedades en jurisdicción de lo que hoy es Tegucigalpa. Y es probable que hayan sido vecinos de Comayagua, llegados a Gracias a Dios, quienes informaron a don Pedro de Alvarado sobre la existencia de lo que ellos llamaban Teguycegalpa, y que haya, además, recibido noticias sobre el pueblo de indios. Es más probable aún que dicho pueblo indígena existiera desde unos cuatrocientos años antes de la llegada de las familias españolas, es decir, que los primeros indígenas se establecieron en el cerro Zapusuca, allá por el año de 1102, cuatrocientos años antes de que Colón arribara a la isla de Guanaja, que él llamó "Isla de los Pinos", en el hoy departamento insular de Honduras.

Íntimamente ligada a los hombres y a las fechas está la historia de una ciudad.

EL JOVEN HERRERA Y TEGUCIGALPA

En la historia, las fechas son los principales puntos de partida, y Tegucigalpa no podía escapar a la ley de las transformaciones o cambios de la superficie del suelo que se van operando al correr de los años.

Del 29 de septiembre de 1578 hasta 1981, Tegucigalpa ha venido sufriendo diferentes cambios hasta convertirse en lo que es en la actualidad: una ciudad que va ascendiendo hasta los cerros, con más de 800,000 habitantes, y en la cual el hierro y el cemento se están imponiendo en edificios de varios pisos.

Aquellas familias de españoles que se establecieron junto al pueblo de indios, perdido entre los bosques del cerro Zapusuca, se han venido multiplicando al correr de los años y transformando su suelo. En esta forma, al paso incontenible del tiempo, las chozas y las casas de bajareque y de adobes, que habitaron nuestros estupendos antepasados, han ido desapareciendo ante el avance de la civilización y del progreso.

De esta manera, la historia de la ciudad de Tegucigalpa —hasta donde llegó el niño Dionisio de Herrera, procedente de la Villa de Jerez de la Frontera— ha venido enriqueciéndose.

En la actualidad no existe ni el menor vestigio de aquel pueblo originalmente llamado Teguycegalpa, que se adormecía entre el ulular del viento a su paso entre los pinares y robledales; y que despertaba entre un desperezo de neblina, cuando los pájaros saludaban los primeros resplandores del día haciendo vibrar sus guzlas entre los árboles que se erguían en el histórico cerro.

En la jurisdicción del Real de Minas de Teguycegalpa se descubrieron ricas minas de oro y plata. Los más cercanos al valle de Siria eran los españoles residentes en Comayagua, y se supone que hasta ellos llegaron noticias de las ricas minas, y tras ellas salieron, llegando precisamente al cerro Zapusuca, el 29 de septiembre de 1578, donde encontraron un pueblo de indios junto al cual se establecieron.

Don Esteban Guardiola nos refiere que los españoles acostumbraban dar el nombre del santo del día al pueblo que fundaban, y fue así como bautizaron al pueblo indígena, junto al cual se instalaron, con el nombre de Real de Minas de San Miguel de Teguycegalpa, porque en esa fecha se celebra la fiesta de San Miguel Arcángel.

Según la autorizada opinión del doctor José Reina Valenzuela, los primeros vecinos que llegaron al Real de Minas fueron:

Diego Juárez, Diego Hernández, Francisco Venegas, Luis de Archiaga, Hernando Núñez, Carlos Ferrufino, Cristóbal Rodríguez Bravo y su hermano Alfonso Rodríguez Bravo, Francisco Cartaño, Luis de Rueda, Hernando Calero y Alonso Martín "quienes, con el Alcalde Mayor Pereña y el Administrador General de las Minas, Antonio Luis de Rueda (padre de don Luis del mismo apellido ya mencionado), formaban la élite de la población".

La ciudad a la cual, por exigencias de su trabajo, regresó el teniente de milicias don Juan Jacinto de Herrera, padre de don Dionisio, era como todas las ciudades coloniales: de calles encharcadas con aguas sucias y pestilentes, desempedradas, sin aceras o banquetas y casi a oscuras, porque estaban apenas alumbradas.

Durante la época lluviosa, las calles de Tegucigalpa eran verdaderos lodazales. Había necesidad de colocar apropiados tablones para que pasasen las mujeres, y los hombres tenían que usar botas altas para medio librarse del lodo. En verano, eran grandes polvaredas, y además las calles eran montuosas, exceptuando aquellas donde vivían gentes ricas que las mandaban a limpiar.

En aquella Tegucigalpa del pasado, los vecinos arrojaban a las calles basura, trapos viejos, tiestos rotos, perros, gatos y ratones muertos; en fin, toda clase de desperdicios.

Como dice un destacado historiador americano, "no siendo extraño que en las noches algunos vecinos, al transitar por las calles, recibieran en sus cuerpos el contenido nada limpio de vasos reservados".

Los ojos asombrados de aquel joven que, al correr de los años, sería un prócer, don Dionisio de Herrera, contemplaron la cuadrangular plaza de Tegucigalpa cuyas calles hemos retratado antes. Y, precisamente, la plaza mayor servía de mercado público, de lugar para ordeñar vacas y cabras, de chiqueros de cerdos y hasta de rastro para hacer la matanza de las reses que consumían diariamente los habitantes. En la plaza se mataba y degollaban los animales, sin atender a la molestia que representaba la hediondez de la sangre podrida, el copioso número de moscas que ahí se criaban y los muchos perros que, en pos de los desperdicios, acudían al mismo sitio.

En la plaza de Tegucigalpa se situaban —principalmente los domingos y días de fiesta— los pequeños comerciantes y achines en general, con sus manteados de diferentes colores y exhibiendo toda clase de mercaderías. Hasta dicha plaza llegaban los habitantes a realizar todo tipo de compras.

De las montañas y de los valles llegaban a la plaza de Tegucigalpa los montañeses y campesinos trayendo toda clase de productos: maíz, frijoles, papas y una diversidad de frutas: mangos, naranjas, limas, toronjas, mameyes, nísperos, guayabas, nances, manzanitas rojas, ciruelas, sunzapotes, anonas, papayas, guapinoles, paternas, ciguamperos... en fin, todo lo que se producía en la temporada, poniendo en la plaza mayor la nota pintoresca.

Don Dionisio de Herrera, de joven, se dio cuenta de la vida conventual de la colonia Tegucigalpa: de casas señoriales de recios portones que eran cerrados temprano en la noche; de las reuniones familiares amenizadas por los primeros pianos que llegaron de España. Vio y admiró a las damas y damitas cantando las canciones de moda y bailando el rigodón y las cuadrillas, etc. Quizás, acompañando a su padre, Herrera concurrió a las farmacias y principales tiendas donde se formaban tertulias para comentar cualquier acontecimiento del día o las noticias que les traían los periódicos de Guatemala.

Como antes dijimos, alrededor de don Dionisio de Herrera giró la Independencia. Y para dar una idea de cómo era la Tegucigalpa del año 1821 y sus gentes, traemos a esta biografía una relación que al respecto nos dejó el doctor don Esteban Guardiola:

"Transcurría el año de 1821.

La Real Villa de San Miguel de Tegucigalpa y Heredia, que a la fama de sus riquezas agregaba la del espíritu noble, patriótico y levantisco de sus habitantes, partidarios incondicionales de la emancipación política de estos países, estaba a la expectativa de los sucesos que se venían desarrollando a favor de esta magna y redentora idea, cuando, en la inolvidable tarde del día 28 de septiembre, llegó de la antigua residencia de los Capitanes Generales el feliz mensajero que traía la buena nueva de haberse proclamado, ante el mundo, nuestra soberanía nacional.

La fantasía se complace en imaginar la situación de la Real Villa en los solemnes momentos a que nos referimos y la honda conmoción y el indescriptible entusiasmo que experimentó el alma de su vecindario. Nos figuramos su plaza mayor de forma cuadrilátera, su magnífica y esbelta parroquia, su modesta casa consistorial, la casa real de rescates regenteada por el maestro don José María Rojas, los conventos de San Francisco y La Merced, las demás iglesias menores y el famoso puente de piedra en construcción que debía unirla con el pueblo de Comayagüela.

Agrupadas alrededor de los principales edificios y formando calles estrechas e irregulares y barrios más o menos extensos, las casas de sus moradores —tan opulentos muchos de ellos que usaban vajillas de oro y plata en sus ágapes familiares—, las habitaciones de estilo español de las familias Urmeneta, Cabañas, Serra, Selva, Agüero, Retes, Márquez, Vijil, Fábrega, Borjas y cien más; los establecimientos de comercio de don Manuel Antonio Vásquez, don Francisco Ponce, don Andrés Lozano, don Liberato Moncada, don José Miguel Lardizábal y don Ponciano Planas; las tiendas de comestibles de don Vicente Caminos y don José Castillón; la escribanía de don León Vásquez; las sastrerías de don Dionisio Gutiérrez y don Baltazar Hernández; los talleres de carpintería de don Pablo Dávila y don Lorenzo Alvarado; las platerías de don León Zúniga y Nicolás Díaz; la zapatería de Andrés Godoy; la factoría de Ramón Muñoz; la herrería de Florencio Carías; la cohetería de José Antonio Vallejo y hasta el tejar de Jerónimo Valladares. Todo animado por la copiosa afluencia de metales preciosos procedentes de riquísimos veneros en explotación en Santa Lucía, Cantarranas, Cedros, San Antonio, Yuscarán, Barajana y Potrerillos…"

Hasta aquí, parte de la relación que hace el doctor Esteban Guardiola sobre la Tegucigalpa de 1821.

HERRERA, HOMBRE PRÁCTICO

Antes de 1824, año en que ascendió Herrera a Jefe del Estado de Honduras, el clero y el fanatismo habían enfilado sus baterías de hostilidad y de odio contra el prócer. Empero, el conservatismo ya lo tenía señalado como un "enemigo" de sus bastardos intereses. Fue hasta que se puso frente al gobierno que la campaña injustificada de patrañas y mentiras contra el preclaro varón se puso en marcha, encabezada por el provisor José Nicolás Irías y aupada por el arzobispo Cassaus y Torres. Irías presentía que la hegemonía eclesiástica y civil que venía ejerciendo se le venía abajo con tan probo y austero varón como Jefe del Estado.

El odio contra Herrera —que puso espíritu de sacrificio y hasta de abnegación en su gobierno— no cesó cuando aquel falleció en San Vicente, El Salvador, el 13 de junio de 1850. Hasta después de muerto siguieron maquinando contra su memoria, y en parte lo lograron, porque mientras se elevaba a las cúspides de la gloria a otras figuras relevantes, se guardaba un silencio cómplice en cuanto al nombre del prócer se refiere; y hasta en las escuelas solo se le mencionaba como el primer Jefe del Estado de Honduras.

El brillante chorotega sabía que si existe un gobierno es para bien de la sociedad, para el bien general, para el bien común. Y estaba compenetrado de que, cuando los gobiernos públicos no atienden al bien general, y que al contrario abusan de su autoridad y, apoyándose en la fuerza —Arce fue un gran ejemplo—, se convierten en mensajeros del terror, propagandistas de la mentira, obligando a los ciudadanos a considerar a sus gobernantes como sus enemigos y a defenderse de ellos. Herrera fue todo lo contrario, y esto no convenía al clericalismo, al fanatismo ni mucho menos al conservatismo.

Herrera no era ningún soñador, era un hombre práctico. Y hay que insistir en que Herrera no era un demagogo: fue un hombre de ideas creadoras y constante en sus acciones. Sabía que los utopistas no son buenos para gobernar, y que por eso Platón desterró de su República a los poetas coronados de flores, y que Catón proscribió en Roma a los sofistas. Jamás hizo daño a nadie y, al contrario, hizo bien hasta a sus enemigos.

Volvemos a encontrar a don Dionisio de Herrera en el pueblo de Macuelizo, dedicado al comercio, que en aquellos tiempos era una actividad muy importante. Herrera había regresado de Guatemala, donde realizó sus estudios de abogacía en la Universidad de San Carlos, pero al retornar a la patria dispuso dedicarse a los negocios, aunque siempre se mantenía bien informado de lo que acontecía en la Alcaldía Mayor y referente al movimiento independentista.

Macuelizo era en aquella época el centro de atracción de comerciantes y ganaderos, no solo de Honduras, también de Nicaragua y Costa Rica. En tierras macuelinces se habían descubierto ricas minas de plata, cuya explotación volvía próspera dicha aldea. De ellas salían, rumbo a Nicaragua y Costa Rica, buenas partidas de ganado vacuno, y se proveía tanto a la provincia de Tegucigalpa como a Guatemala de diferentes otros artículos, porque Macuelizo era aldea de tierras fértiles, donde el maíz, los frijoles y los tubérculos se desarrollaban abundantemente.

Precisamente, el doctor José Reina Valenzuela, en su magnífico libro El Prócer, dice —refiriéndose a Macuelizo—:

"Como centro de operaciones comerciales, Macuelizo reunía por aquel entonces a importantes personajes. En documentos existentes en el Archivo Nacional, así como en expedientes que se conservan en los juzgados de Tegucigalpa, aparecen los nombres de don Juan Lindo —más tarde subdelegado del Partido de Nueva Segovia—, don Lucas Reconco, rico hacendado y vecino de Tegucigalpa; don Julián Avilez, hermano del anterior, quien tenía un comercio de pulpería en el que vendía géneros y otros menesteres; don Cornelio Midence, don Valentín Gallegos, don Basilio Carrillo y don Pío Castellón, los tres últimos vecinos de León de Nicaragua y personas acomodadas; y don Pedro Diez Dobles, rico y vecino principal de la Villa de Heredia en Costa Rica, cuyo principal negocio era el de comprar partidas de ganado para llevarlo a su tierra."

Don Dionisio de Herrera era un hombre de buenas "posibilidades". Además de sus negocios en Macuelizo, contaba con buenas haciendas como las de Pavana, San Francisco de Yusguare y Tapatoca, que visitaba con harta frecuencia. Según don Rómulo E. Durón, la hacienda de Pavana fue fortalecida con unos sesenta potros que le compró a don Vicente Fiallos, de Nicaragua. Empero, a pesar de la bonanza económica de que disfrutaba —"con muchos haberes"— murió en la más estrecha pobreza, suponiéndose que sus propiedades fueron saqueadas y destruidas por los sicarios del general don Francisco Ferrera.

Don Dionisio de Herrera era un hombre práctico, de juventud impetuosa y siempre dispuesto a las realizaciones; esto le sirvió mucho cuando estuvo al frente de los destinos de Honduras y de Nicaragua. Como es sabido, el gobierno colonial había arrojado de la Costa Norte de Honduras a los ingleses pero, y esto nos lo indica el Doctor Rómulo E. Durón, ya citado: "Varios ingleses arribaron al Río Tinto y levantaron galeras con el objeto de formar población". Se aseguró en aquella época que piratas de nacionalidad inglesa habían llegado a las costas centroamericanas, particularmente al Puerto de El Realejo. El Gobernador Tinoco y Contreras llamó al Teniente de Milicias Don José Justo Herrera para ponerlo al frente de cien hombres, que concentró en Choluteca, e igual cantidad en Comayagua pero, como el mismo Doctor Durón lo dice: "No fue menester el envío de esta tropa".

Todo lo anterior, sumado a otros factores que incidieron directamente en los negocios de Don Dionisio en Macuelizo, lo obligaron a ciertas realizaciones de ganado como la que hizo con Don Benito Rodríguez y lo obligaron a regresar a Tegucigalpa. Algunos historiadores aseguran que no fue la situación del comercio que tenía Don Dionisio de Herrera en Macuelizo lo que lo hizo abandonar la aldea y tomar camino hacia Tegucigalpa; afirman que para Don Dionisio era un ambiente demasiado estrecho el de Macuelizo, ya que su mente vivaz y su cerebro luminoso, amén de sus anhelos de emancipación de su patria Honduras y demás pueblos de Centroamérica, lo reclamaban en un campo amplio para la acción. Y fue así como ya en el año de 1819, Herrera estaba radicado en Tegucigalpa y, precisamente, en una casa situada cerca del Puente Mallol, que estaba en construcción.

Don Dionisio desde muy joven fue respetuoso del gobierno y de las leyes y, cuando él ascendió a la Jefatura del Estado, exigió respeto a su gobierno y cumplimiento de las leyes en vigencia; pero jamás fue arbitrario.

Era enemigo declarado de las "revoluciones" intestinas. Él decía que la guerra siempre es un castigo para el pueblo, que echa abajo las instituciones y engendra el hambre, la miseria y otras calamidades sobre los habitantes del país donde tal flagelo se pone en acción. Pero, como se verá más adelante, ante las arbitrariedades del gobierno del General Francisco Ferrera no vaciló en empuñar las armas para volver por los fueros de la libertad y legalidad.

En Tegucigalpa Don Dionisio acostumbraba formar rueda de amigos frente a los portales, que al correr de los años se conocieron con el nombre de "Los Corredores", para charlar sobre diferentes tópicos, y era de opinión de que la guerra civil era el más terrible y el más espantoso de los castigos, causando verdaderos desastres en la economía de un país y paralizando hasta la industria y el comercio y acarreando la orfandad, la pobreza, el hambre, las enfermedades, etc.

Como hemos dicho, Don Dionisio de Herrera era un hombre práctico siempre y cuando esta su condición no perjudicara a nadie y en cambio se tradujera en insospechados beneficios para los diferentes núcleos sociales.

DON DIONISIO Y LA INDEPENDENCIA

Centroamérica no recibió su Independencia como una dádiva. Fueron muchos años que hombres de buena voluntad emancipadora le dedicaran, hasta con sacrificio de su misma libertad y de sus vidas, para que el 15 de septiembre de 1821, adviniera como una aurora.

No es cierto lo que dicen algunos historiadores, que la Independencia de los pueblos de Centroamérica se logró, "sin derramar una gota de sangre". Con esto, tales historiadores quieren decir que solo los sudamericanos y mexicanos que siguieron el camino viril y dignificante de Jorge Washington y sus compatriotas dispararon cartuchos y derramaron sangre en aras de su emancipación. Nada de esto es cierto, la verdad es muy distinta. Se dispararon cartuchos y se derramó sangre para alcanzar la libertad, esa esplendente diosa que es característica de los pueblos democráticos. Hubo prisión y muerte como sacrificio para la libertad que alboreó sobre estos pueblos centroamericanos el 15 de septiembre de 1821. Hubo, en fin, un martirologio en pro de la Independencia.

Y no hablamos por hablar, los ejemplos son varios. El 5 de noviembre de 1811 y el 24 de enero de 1814, en El Salvador. El 13, 22 y 26 de diciembre de 1811, y el 26 de abril de 1812, en Nicaragua, donde los valientes granadinos y leoneses desmienten la gratisdata de nuestra Independencia. El 19 de enero de 1812, en la Plaza de Tegucigalpa. Las Juntas de Belén en 1813, en Guatemala. Y "allí está el Castillo de San Fernando de Omoa y Trujillo y más allá las cárceles de Cádiz, en España, monumentales testimonios de que nuestra libertad no fue manzana que se cayó de madura".

En San Salvador, el intendente de la Provincia Don Antonio Gutiérrez, con sus comportamientos y actuaciones arbitrarias en contra de los intereses del pueblo, no disfrutaba de la simpatía de este.

La situación era desesperante y estaba urgiendo una atención adecuada para beneficio de los intereses populares. De la crítica situación se hicieron eco distinguidas personalidades, de acendrado espíritu independentista, entre ellas: los sacerdotes Matías Delgado y Nicolás Aguilar, que eran párrocos de San Salvador; Don Manuel José Arce, Don Domingo Antonio de Lara, los hermanos de Don Nicolás Aguilar: Don Manuel y Don Vicente; y otros.

Estos ciudadanos de Centroamérica prepararon una conspiración que se convertiría en realidad el 5 de noviembre de 1811. Para que el plan resultara exitoso, se logró el apoyo de los pueblos de San Salvador, Metapán, Zacatecoluca, Usulután y Chalatenango.

Hasta los conjurados había llegado la noticia de que en determinados almacenes estaban 3,000 fusiles nuevos y que en las cajas reales de la ciudad había más de 200 mil pesos y, de dichos fusiles y dinero, dispusieron apoderarse el 5 de noviembre de 1811.

Consideraban los "sediciosos" que con tal cantidad de fusiles y tan fuerte suma de pesos podrían, sin dificultades, proclamar la Independencia del país. Pero no contaron con la huéspeda, que en este caso fueron San Miguel, San Vicente, Santa Ana y Sonsonate, que no simpatizaban con los independentistas y que no vacilaron en levantarse en armas para combatirlos y, de esta manera, el intento de emancipación fracasó por completo; amén de que el Capitán General Bustamante, al tener conocimiento de la sublevación, envió al Coronel José de Aycinena para que se pusiera al frente de tropas de Santa Ana, San Miguel y San Vicente, para reimplantar el orden en San Salvador. Y se logró.

Otro intento. Los emancipadores insistieron en su intento y fue así que el 24 de enero de 1814, hubo otro movimiento en San Salvador dirigido, esta vez, por Manuel José Arce, José Santiago Celiz, Juan Manuel Rodríguez, Domingo Antonio de Lara y otros, que atacaron la intendencia, pero que fracasaron. El señor José Santiago Celiz, después de que el Coronel José Menéndez Quiroga, enviado de Guatemala, ocupó la plaza de San Salvador el 27 de enero de 1814, apareció ahorcado en la cárcel donde guardaron prisión los sublevados por largos cinco años.

En Nicaragua, hubo movimientos: El 13 de diciembre en León, y el 26 en la Provincia de Nicaragua, año 1811. Reunión el 22 de diciembre del mismo año de cabildo abierto, donde el pueblo granadino pidió a gritos la destitución de los empleados españoles.

A este respecto dice el historiador hondureño Licenciado Ernesto Alvarado García:

"Después los granadinos tomaron por sorpresa el Castillo de San Carlos, reduciendo a prisión a los Jefes Militares. En abril de 1812, hubo un choque a mano armada entre los granadinos y fuerza hondureña que, por orden del Capitán General Bustamante, llevó el Sargento Pedro Gutiérrez. Después de largo tiroteo, convinieron los sublevados en deponer las armas y, en una capitulación, Gutiérrez ofreció, bajo palabra de honor, que no les molestaría, lo que no cumplió, pues les instruyó causa criminal y se pronunciaron sentencias contra muchos de los conspiradores, si bien no todas llegaron a ejecutarse. Don José Manuel de la Cerda, Don Pedro Guerrero y Don Silvestre Selva, nobles ciudadanos de Granada, fueron confinados al Castillo de San Fernando de Omoa. A otros se les trasladó a la ciudad de Guatemala, en la que estuvieron presos, enviándolos después a Puertos de España en donde murieron algunos; los demás fueron libertados por real orden del 25 de julio de 1817".

Mientras el andamiaje colonial se bamboleaba, Don Dionisio de Herrera seguía fortaleciendo su cerebro en la muy noble y Pontificia Universidad de San Carlos Borromeo de Guatemala, pero siempre atento a los acontecimientos en pro de la Independencia.

En Honduras, tres ciudadanos españoles fueron elegidos miembros de la Municipalidad de Tegucigalpa, o más propiamente dicho de su Alcaldía Mayor. Ellos fueron: Don José de la Serra, Don Juan Judas Salavarría y Don José Irribaren. Don Antonio Tranquilino de la Rosa, españolista obcecado, quería conservar a estos señores en la Alcaldía de Tegucigalpa. De la Rosa era enemigo declarado de los independentistas, al extremo que, como una medida que él consideraba eficaz para cortar de un tajo los movimientos emancipadores, propuso establecer en la Plaza Cuadrangular de Tegucigalpa una Picota para en ella "quitar de en medio a quienes se sublevaran contra el Rey de España"; es decir, aplicarles en la garganta el nudo corredizo del lazo para silenciar sus voces emancipadoras; enero de 1811.

El proyecto de sostener en la Alcaldía Mayor a los tres españoles ya citados, llegó a conocimiento del pueblo y el descontento se generalizó; y el 19 de enero de 1812, los vecinos de la Plazuela, de San Sebastián, de Comayagüela y de la reducción de Jacaleapa, en número de cerca de 200 hombres armados de palos y de machetes estaban dispuestos a no permitir que los peninsulares tomaran posesión de sus puestos, gritando el siguiente estribillo:

Si quieren que no haya guerra
y que todo sea alegría
renuncie Salavarría
con su compañero Serra.

Salvó la situación, harto peligrosa, la intervención oportuna del Padre Márquez quien se presentó en la Sala Consistorial para convencer a la municipalidad, y logró que se depositaran las varas en personas que fueran gratas al pueblo de Tegucigalpa para evitar así que se llevaran a cabo las siniestras intenciones que tenían.

El grito del pueblo era: "No admitiremos a los alcaldes electos por el Ayuntamiento para el presente año, ni a ninguno otro que sea europeo".

La Municipalidad acordó entregar las varas a los señores Juan Manuel Márquez y Joaquín Espinoza como regidores electos para el nuevo año de 1812, sustituyendo a Don José Irribaren, por ser europeo, por Don Miguel Eusebio Bustamante. En esa ocasión, Don Antonio Tranquilino de la Rosa, estuvo a punto de perder la vida a manos de los conjurados.

PRINCIPALES CAUSAS DE LA INDEPENDENCIA

España dominó a América Latina durante 300 años y en este tiempo, las autoridades cometieron muchas arbitrariedades tratando a los indígenas con todo salvajismo y manteniéndolos convertidos en carne de trabajo en las minas.

Entre las causas que aligeraron la Independencia de América y por lo mismo de Centroamérica, podemos señalar las siguientes:

1.- Los abusos cometidos por las autoridades españolas con los indios: tratamientos salvajes, teniendo a los nativos en condición de esclavos; sin acceso a los centros o medios de cultura y no importándoles las órdenes de los reyes españoles de procurar el bien para los indígenas. Las autoridades siempre burlaban la vigilancia que se quería mantener desde larga distancia.

2.- El ejemplo dado por la América del Norte que no aceptó las exageradas contribuciones a que quería obligar a los colonos Inglaterra, habiendo dado el grito de libertad, presididos por Jorge Washington, el 14 de julio de 1776.

3.- La Revolución Francesa que abolía el poder absoluto del Rey Luis XVI, y dando la clarinada de Libertad, Igualdad y Fraternidad.

4.- Los viajes al extranjero de algunos americanos que al regresar al continente esparcían las ideas de justicia y libertad adquiridas.

5.- La invasión de Napoleón a España y la actitud de esta que con heroísmo obligó a los franceses a que le respetaran sus derechos.

6.- La mezcla de la sangre española con la aborigen, dando origen a la raza americana cuyos integrantes trabajaron hasta lograr la Independencia.

Todo lo anterior contribuyó para que los pueblos de Centroamérica proclamaran la Independencia.

Como lo hemos dicho ya varias veces, la Independencia de Honduras y de Centroamérica en general giró alrededor de Don Dionisio de Herrera que fue figura sobresaliente y siempre oportuna desde 1819, a su regreso de Guatemala, en todo lo relacionado con la emancipación política de Centroamérica de España.

Querer hacer a un lado el nombre y las actividades de Don Dionisio en todo lo relacionado con la Independencia es imposible, porque el Prócer fue factor indispensable y cerebro macizo para que estos pueblos obtuvieran su libertad.

DON DIONISIO Y LOS HISTÓRICOS PLIEGOS

Como dijimos en páginas anteriores, los movimientos libertadores que tuvieron lugar en San Salvador, Nicaragua y Tegucigalpa, etc., sirvieron para preparar el terreno para la proclamación de la Independencia. De esta manera, como dice el Doctor Don Rómulo E. Durón, el Reino de Guatemala se venía agitando desde el año de 1811 por obtener su Independencia. Y agrega: "la noticia de que los Ayuntamientos constitucionales de Ciudad Real, Comitán y Tuxtla la habían proclamado y jurado ya, precipitó los acontecimientos".

Ya ofrecimos una descripción de Tegucigalpa en 1821, debida a la pluma del siempre recordado educador nacional e historiador de renombre, Doctor Don Esteban Guardiola.

El Doctor Rómulo E. Durón, ya citado, ofrece la siguiente estampa literaria sobre la proclamación de la Independencia el 15 de septiembre de 1821:

"...Reunidos en el Palacio Nacional de Guatemala, el Gobernador y Capitán General Don Gabino Gaínza, los individuos de la Diputación Provisional, los del Ayuntamiento y otras autoridades, y oído el clamor de ¡Viva la Independencia! que repetía de continuo el pueblo, que se veía reunido en las calles, plaza, patio, corredores y antesala de aquel edificio, se mandó a publicar que la Independencia del gobierno español era la voluntad general del pueblo de Guatemala, sin perjuicio de lo que determinara acerca de ello el Congreso que debía formarse con representantes de las provincias que constituían el reino, a cuyas elecciones se mandó a convocar para que ese Cuerpo se reuniera el 19 de marzo de 1822. Se dejó al Brigadier Gaínza con el Gobierno Superior Político y Militar y se formó una Junta Provisional Consultiva de los señores Don Miguel Larreinaga, Ministro de la Audiencia; Doctor Don José Valdés, Tesorero de aquella Santa Iglesia; Doctor Don Ángel Marín Candina; Licenciado Antonio Robles, Alcalde III Constitucional; el primero por la Provincia de León, el segundo por Comayagua, el tercero por Quezaltenango, el cuarto por Sololá y Chimaltenango, el quinto por Sonsonate y el sexto por Ciudad Real. El Acta de Independencia fue redactada por el Sabio Valle. Los individuos de la Junta Consultiva prestaron el juramento acordado".

Donde actualmente se halla el edificio del Poder Legislativo, cerca de la Iglesia de La Merced, se levantaba en 1821 un viejo Palacio Presidencial y frente a él, la casa donde residía Don Dionisio de Herrera con su familia. Don Dionisio era el Secretario del Ayuntamiento de Tegucigalpa. Era un amplio caserón estilo colonial. Pero nosotros hacemos a un lado tal versión y acogemos la que nos ofrece el Censo de Población de 1821, según el cual Dionisio de Herrera vivía en la hoy avenida Paz Baraona, frente a la casa que ocupa el Comedor de Don Pepe y más precisamente entre el Banco Futuro y la casa esquina que fue del Doctor Ernesto Argueta.

El día 28 de septiembre de 1821, a las 8:00 a. m., un humilde ciudadano avanzaba presuroso y dando demostraciones de cansancio por las calles cercanas al Ayuntamiento, preguntando por la casa del Secretario de Herrera... Un transeúnte se la señaló.

El viajero apresuró el paso y a poco hacía funcionar el llamador del portón claveteado de la casa de Don Dionisio de Herrera...

Los golpes repercutieron en el interior del colonial edificio, y pronto una sirvienta abría el postigo y ante ella surgió el rostro del humilde ciudadano, bañado en sudor por la larga caminata realizada. El desconocido preguntó por Don Dionisio de Herrera, y más precisamente por el Secretario del Ayuntamiento. La sirvienta, desconfiada, insistió en que le dijera para qué deseaba ver al señor Herrera. El hombre le contestó:

—"Soy portador de los Pliegos de la Independencia que se proclamó en la Capitanía General de Guatemala el 15 de este mes".

Aquel hombre era el mensajero de la buena nueva, de la tan ansiada noticia: la de la Independencia por la cual el egregio varón tanto había trabajado.

Don Dionisio en esos momentos salía al corredor y escuchó las últimas palabras del hombre y, dominado por el entusiasmo, casi le arrebató los pliegos al humilde correo peatón y sin preguntarle siquiera su nombre salió a la calle a la carrera rumbo al Ayuntamiento gritando:

—¡Ya somos libres...!

—¡Se proclamó la Independencia...!

Don Diego Vijil aún no había llegado al Ayuntamiento, por lo que el Secretario Herrera se dirigió a la casa de habitación del señor Vijil y, al solo estar frente a este, volvió a gritar delirando de alegría...

—Don Diego, ya somos libres, el 15 de septiembre se proclamó la Independencia en la Capitanía General de Guatemala. Un correo expreso me acaba de entregar estos pliegos que contienen el Acta. Pero la verdad es que el célebre desconocido correo no sabía lo que contenía el sobre y que Dionisio de Herrera y Don Diego Vijil se encontraban en la casa de los Selva y se dieron cuenta del contenido del sobre al abrirlo en las propias oficinas de la Alcaldía Mayor.

Acompañado de Don Diego Vijil, Herrera regresó al Ayuntamiento. La noticia se había esparcido como reguero de pólvora y ya el pueblo de Tegucigalpa se estaba congregando en la plaza mayor. Don Diego Vijil, desde una de las ventanas, principió por leer la circular enviada por el General Gaínza a las Diputaciones Provinciales, Ayuntamientos y autoridades eclesiásticas, regulares, seculares y militares. La circular decía:

"Exmos. Srs.:

"Acompaño a V. S., ejemplares del manifiesto y Acta celebrada por la Junta Provisional que se instaló en esta ciudad con motivo de haberse proclamado la Independencia del Gobierno Español.

"El voto unánime de este pueblo y el de la Junta Provisional, es el de conservar la unión más íntima con todos los de ese afortunado Reino; que sea uno el Gobierno que los una, bajo los principios de fraternidad, y bajo la garantía de leyes justas establecidas por los representantes de la nación. A este grande objeto se dirige la convocatoria adjunta. Yo espero que V. E., correspondiendo a tan noble sentimiento, se sirva dictar las medidas más activas para llevar adelante la obra de nuestra regeneración política y que dé este nuevo testimonio de carácter pacífico y patriótico que distingue a los beneméritos individuos de esta Corporación. – (f.) Gabino Gaínza.

Dios guarde a V. E., septiembre 18 de 1821".

Los pliegos de la Independencia se recibieron primero en Comayagua, a la misma hora, 8 de la mañana el 28 de septiembre de 1821.

Para seguir el orden correspondiente en esta biografía de Don Dionisio de Herrera vamos a referirnos a cómo se recibieron en Comayagua los Pliegos, bajo el mandato del Gobernador Intendente, Comandante General y Jefe Político Superior Don José Gregorio Tinoco de Contreras, que de inmediato convocó a Junta a los Miembros de la Diputación Provincial, del Ayuntamiento, Corporaciones Eclesiásticas, seculares y de Hacienda en la fecha indicada, a la sala capitular del Ayuntamiento, donde dio cuenta con el Acta de Ciudad Real, el Acta de Independencia y Manifiesto de Gaínza.

Permítasenos que dejemos en suspenso la relación de Tegucigalpa para, como anteriormente decimos, no alterar el orden de este volumen.

Y así: "En presencia del pueblo fueron leídos dichos documentos y todos los reunidos juraron la Independencia de la Provincia de Comayagua, levantándose el Acta siguiente:

ACTA DE INDEPENDENCIA DE COMAYAGUA

"En Comayagua a 28 de septiembre de 1821. Siendo las 8 horas de la mañana de este día recibió el Sr. Gobernador Intendente, Comandante General Jefe Político de esta Provincia, la Acta celebrada en el Ayuntamiento de Guatemala que se agregue a este expediente y Manifiesto del Sr. Capitán Gral., y del Reino Don Gavino Gaínza, mandó a reunir a la Excma. Diputación Provincial, Noble Ayuntamiento, y a todas las Corporaciones Eclesiásticas, Seculares y de Hacienda, y en la Sala Capitular del Ayuntamiento y habiéndose verificado se leyeron los indicados papeles y otros de igual naturaleza, e igualmente la Acta de oficio del Ayuntamiento de Ciudad Real; y discutida la materia de que trata, reducida la Independencia del Gobierno Español, haciendo sobre todo reflexiones oportunas sobre la necesidad de Independencia de la América Septentrional; el Sr. Gobernador Jefe Político Superior manifestó: que no se oponía a la Independencia atendidas las circunstancias en que se halla; que externaran sus votos la Excma. Diputación Provincial, Noble Ayuntamiento, Corporación y Pueblo que ocupa la galería; que a él le estaba encargada por el Rey y por la Nación el Gobierno de esta Provincia, y que había jurado mantener bajo aquel, con la fuerza de ella misma, pues no tiene otra, y que bajo esta circunstancia votasen: y después de una larga discusión se ACORDÓ: Que por todos se jure la Independencia de la Provincia de Comayagua, con la precisa condición de que ha de quedar únicamente sujeta al Gobierno Supremo que se establezca en esta América Septentrional en todos sus Ramos Políticos, Militar, y Hacienda, y Eclesiástico. Que la religión que han de reconocer los habitantes de toda esta Provincia, sea la Católica, Apostólica, Romana que profesamos, y por Rey en la Capital de México al señor Don Fernando VII, o en su defecto a uno de los Serenísimos Infantes, con la precisa condición y recíproca que acuerde el Soberano Congreso Americano.

"Que la reunión que indica el Capítulo 29 del Acta de Guatemala se verifique, librándose las convocatorias inmediatamente, efectuándose las elecciones con arreglo al último censo. Que en las autoridades no se haga novedad, y que continúe el Gabinete Militar Político y de Hacienda y con arreglo a Constitución, e independiente de Guatemala y que todas las provincias sobre alarmas, expediciones y demás militares, las acuerde el señor Comandante Gral., con la Excma. Diputación Provincial, así como las demás en todo ramo, y guardando correspondencia con el Sr. Capitán Gral. de Guatemala, sobre lo conveniente a la realización de este plan, y a la defensa de todo el Reino, pues en este ramo han de hacer causa común.

"Que el Sr. Gobernador Comandante Gral. Jefe Superior continúe en el mando de la Provincia en los términos referidos con toda la autoridad que le confieren las Leyes como Superior Jefe Militar, Político y de Hacienda.

"Que la tranquilidad es de cargo del Ayuntamiento, y el Sr. Jefe Político por orden de Constitución".

"Que se comunique esta Acta a todos los Ayuntamientos y Pueblo del Ayuntamiento".

"Que el Sr. Jefe Político Superior preste el juramento de la Independencia en los términos referidos en manos del Sr. Alcalde Primero, las demás Corporaciones en la S. S., disponiendo de acuerdo con el M. I. Ayuntamiento la solemnidad correspondiente. Y lo firman ante mí que doy fe.

José Tinoco, José Nicolás Irías, José Francisco Zelaya, Pedro Nolasco Arriaga, Francisco Gómez, Liberato Valdez, Juan Miguel Fiallos, José Joaquín Avilés, Fr. José Antonio Murga, Francisco Xavier Bulnes, Santos Bardales, Juan José Montes, Santiago Bueso, Juan Nepomuceno Cacho Gómez, Jacinto Rubí, Ciriaco Velásquez, Juan Garrigó, José de la Pascua, Esteban Travieso, José Ignacio Rodríguez, José Calixto Valenzuela, José Antonio Bueso, Raymundo Boquín, Nicolás Folofo, Cayetano Bosque, Srio. Joaquín Lindo, Srio".

Don José Tinoco emitió el siguiente,

"Decreto:

"Vuestro Jefe Político Superior, Diputado Provincial y Ayuntamiento unidos a vosotros juraron la Independencia del Gobierno español el 28 del presente, primer día de nuestra regeneración política; momento que encierra la simiente de nuestra felicidad. Él va a producir el fruto más precioso que es el de la perfecta unión y fraternidad de nuestro Reino, dando fin a alucinaciones y opiniones que estaban en contradicción; el de la recta justicia acercando a nosotros el Supremo Gobierno que la debe sostener; el impulso de todos nuestros ramos de agricultura, minas, manufactura y comercio; y por último la libertad de disfrutar el suelo en que la Omnipotencia nos ha creado, que siendo el más rico y fértil del universo, nada nos dejó que desear; tan venturoso día, tan feliz momento; pudo en primer lugar dar gracias al Soberano Autor de todo bien con una misa que se ha acordado se celebre con toda solemnidad el día de mañana en la Catedral; a que deben de asistir todas las corporaciones; y esta noche y las dos siguientes iluminaciones y toda diversión pública honesta.

Unión Comayagua, tranquilidad, y que no se oiga otra voz que: ¡Viva la Independencia! La paz y unión es su carácter, y el que opine contrario se le tratará como reo de Estado".

"Y habiendo verificado el juramento en los términos indicados, de orden de S. S., firmo la presente que es fiel copia del original, en Comayagua a trece de octubre de mil ochocientos veintiuno. (f) Cayetano Bosque, Srio.

EN TEGUCIGALPA

Como dijimos anteriormente, Don Diego Vijil dio lectura a la circular que de Guatemala había enviado el General Gabino Gaínza. Inmediatamente después se reunió el Ayuntamiento con la presencia de las autoridades militares, civiles, eclesiásticas y de los principales vecinos de Tegucigalpa. Siendo la persona principal en todas estas ceremonias Don Dionisio de Herrera, Secretario del Ayuntamiento y a cuyo cargo estuvo la redacción de las actas correspondientes.

El Acta de Independencia del Ayuntamiento de la Villa de San Miguel de Tegucigalpa, que redactó por la mañana del 28 de septiembre de 1821, el señor Herrera, es la siguiente:

"¡Viva la Independencia! Habiéndose reunido los señores que firman esta Acta a efecto de los Pliegos que acaban de venir por extraordinario de Guatemala, se procedió a su apertura y se leyó un oficio del Excelentísimo Ayuntamiento de Guatemala que da noticia de haberse jurado la Independencia. En seguida se leyó un Manifiesto del señor Jefe Político relativo a la misma y el Acta levantada el 15 de septiembre de mil ochocientos veintiuno, y en vista de todo, unánimemente se acordó que se publicase y circule inmediatamente, que se le dé el obedecimiento debido, se excite del modo posible a la libertad y al orden y que para acordar lo que convenga, se llama a esta "Junta" a los señores O. C. Vicario, a los RR. PP. Guardián de San Francisco y Comendador de la Merced y a todas las autoridades, empleados y militares y algunos vecinos de la Villa: Tomás Midence, Felipe Santiago Reyes, Mariano Urmeneta, Francisco Juárez, Manuel Ugarte, Eusebio Ruiz, Juan Estrada, Dionisio de Herrera, Srio.

"Acto continuo, en virtud de lo acordado en el Acta anterior, se reunieron todos los individuos que se suscriben y habiéndoles leído por el infrascrito Secretario el Manifiesto del señor Jefe Político, el Acta celebrada en Guatemala y oficio del Excelentísimo Ayuntamiento, relativo todo a haberse jurado la Independencia, manifestaron unánimemente la mayor alegría y dijeron: que están prontos a jurar la Independencia, a contribuir a ella por cuantos medios sean a su alcance hasta sacrificar sus vidas y haciendas, a conservar el orden público y unir sus votos con los del pueblo y autoridades de Guatemala, y porque así lo harán, firman esta Acta a veintiocho días del mes de septiembre de mil ochocientos veintiuno y primero de la "libertad": José Francisco Pineda, Cura; Fray Manuel Antonio González, M. D. Comr.; El Capitán graduado Don José Alcalá, Ambrosio de Echeverría y Plazaula, Manuel José Midence, Miguel Bustamante, Carlos Joaquín de Herrera, Fray Nicolás de Hermosilla, Guardián de San Francisco; Manuel Antonio Vásquez, Ex-Regidor; Francisco Xavier Aguirre, José María de Aguirre, Diego Vijil, Braulio Sosa, Carlos Selva, Manuel de Aqueche, Antonio José Contreras, Vicente Caminos, Juan José Durón, Felipe Santiago Reyes, Francisco Juárez, Manuel Ugarte, Juan Antonio Gómez, Luis Brito, Tomás Midence, Mariano Urmeneta, Juan Estrada, Eusebio Ruiz y, Dionisio de Herrera, Secretario.

"Que el Ayuntamiento encargó a Don Dionisio de Herrera redactar el siguiente oficio dirigido al Ayuntamiento de Guatemala con fecha 29 de septiembre de 1821, así:

"Excmo. Señor:

Ha leído este Ayuntamiento con el más dulce placer el oficio de V. E., datado a 17 del que rige, juntamente con los impresos que se ha servido incluir relativos a la plausible noticia de haberse jurado la Independencia del gobierno español en esa capital el 15 de septiembre.

"Querer manifestar a V. E., los sentimientos de júbilo y contento de que está penetrado este cuerpo y su tierna gratitud hacia los dignos cooperadores de nuestra libertad e independencia, sería emprender una cosa imposible. Las lenguas carecen de voces para expresar efectos tan sublimes del alma. De iguales sentimientos se penetraron todos los habitantes de esta Villa con la primera noticia de tan feliz como ansiado suceso, y no se oyó otra voz que la de ¡Viva la libertad! ¡Viva la Independencia! ¡Vivan sus felices autores!

"El primer acuerdo de este cuerpo fue el de hacer publicar y circular el Manifiesto del Sr. Jefe Político, y el Acta celebrada el mismo día 15. Enseguida se reunieron el padre Cura y Vicario de esta Villa, los prelados de los conventos, todos los empleados, civiles y militares y los principales vecinos; y todos, sin excepción ninguna, ofrecieron jurar la Independencia: contribuir a ella por cuantos medios sean a su alcance hasta sacrificar sus vidas y haciendas y conservar el orden público; y unir sus votos a los del pueblo y autoridades de Guatemala.

"Disuelta esta junta, acordó este Ayuntamiento, en acto continuo, hacer el juramento correspondiente. En su consecuencia el Alcalde Primero ante el Segundo y ante aquel todos los demás individuos de este cuerpo, juraron no reconocer el Gobierno Español reconociendo solamente el que se establezca legítimamente en este Reino: conservar íntegra su Independencia y vigilar sobre el orden público.

"Tales han sido los procedimientos de este Ayuntamiento, y podemos asegurar a V. E., sin riesgos de equivocarnos, que los mismos serán los de todos los habitantes de la Provincia de Tegucigalpa.

Nos lisonjamos de que merecerán la aprobación de V. E., y de todos los buenos.

Sírvase V. E., admitir nuestra gratitud por la parte que ha tenido en los primeros pasos de nuestra gloriosa Independencia: Sírvase igualmente manifestarla al heroico pueblo de Guatemala, ofreciéndole la más estrecha unión con el de Tegucigalpa, cuyos sentimientos, cuya moderación, cuyas virtudes, no ceden a los de ningún otro pueblo del mundo, y de que dará a su tiempo las pruebas menos equívocas. Dios guarde a V. E., por muchos años. Sala Capitular de Tegucigalpa, septiembre 29 de 1821. (f) Tomás Midence. (f) Felipe Santiago Reyes. (f) Mariano Urmeneta. (f) Juan Estrada. (f) Eusebio Ruiz. (f) Francisco Juárez. (f) Manuel Ugarte. (f) Dionisio de Herrera, Secretario".

EL MENSAJERO DE LA BUENA NUEVA

Fue tal el entusiasmo que Don Dionisio de Herrera casi después de abrir el sobre que con-tenía los Pliegos de la Independencia se olvidó del correo expreso que, desde Guatemala, con otros compañeros, había salido para llevar la grata noticia a las Diputaciones Provinciales, Ayuntamientos, Autoridades Eclesiásticas, seculares y militares.

Don Dionisio, una de las figuras más claras y valiosas de la Independencia, olvidó al mensajero de la buena nueva para apresurarse, con el señor Vijil a llevar la noticia al pueblo de Tegucigalpa, y lo mismo aconteció en Comayagua, el extraordinario correo pasó inadvertido.

Sería de justicia levantar un monumento al Mensajero desconocido de la buena nueva como un desagravio al mismo. Se conservan hasta los nombres de comerciantes, carpinteros, sastres, plateros, albañiles, etc., que había en Centro América en 1821, menos los nombres singulares de aquellos correos.

El monumento podía levantarse en un trifinio centroamericano.

TINOCO Y TEGUCIGALPA ANTE LA INDEPENDENCIA

Al proclamarse la Independencia en Comayagua se envió al Ayuntamiento de Tegucigalpa una copia del Acta levantada el propio 28 de septiembre de 1821 y del Decreto del 30 del mismo mes y año. En la nota de remisión el Gobernador José Gregorio Tinoco de Contreras les advertía que: "No debían obedecer las órdenes de las autoridades establecidas en Guatemala".

Antes de reunirse el Ayuntamiento para conocer del Acta aludida, dialogaron al respecto Don Diego Vijil y Don Dionisio de Herrera para definir la actitud que tomarían ante la posición de Tinoco.

Y fue así que el Ayuntamiento de Tegucigalpa contestó a Comayagua, que ellos estaban en libertad de hacer lo que juzgaran más conveniente en relación a la Independencia y que obedecerían las resoluciones de las autoridades de Guatemala. Ante esta actitud, Tinoco, influenciado por el Cura José Nicolás Irías, dispuso prepararse para someter a Tegucigalpa, por medio de la fuerza de las bayonetas.

Como consecuencia de estas marcadas diferencias, tanto en Tegucigalpa como en Comayagua, los ánimos estaban exaltados y dispuestos a todo.

El pueblo tegucigalpense se reunió en la Plaza Mayor para pedir al Ayuntamiento que por ningún motivo debía someterse a Comayagua y que si era necesario "irían a la lucha".

Se hicieron los preparativos de guerra y quien sería en el futuro el Héroe de la Unión Centroamericana, Francisco Morazán, se alistó para salir rumbo a Comayagua, a enfrentarse a las fuerzas de Tinoco donde las encontrara.

Pero cuando ya estaban listas las dos provincias para lanzarse a la lucha armada, llegó un oficio de Guatemala, firmado por el Brigadier Gabino Gaínza, informando que "Centroamérica debía anexarse a

México para formar una sola nación" anunciando al mismo tiempo la próxima llegada a Guatemala del General mexicano Vicente Filísola al mando de 600 hombres para sostener la anexión. Esto evitó la guerra entre las dos provincias de Tegucigalpa y Comayagua, aunque la tirantez siguió.

Tanto Don Diego Vijil como Don Dionisio de Herrera sabían que no estaban solos en caso de una lucha armada entre las provincias de Tegucigalpa y Comayagua. En los Llanos de Santa Rosa se juró la Independencia "en los mismos términos que la había hecho la ciudad de Guatemala", enviando el cabildo ordinario de los Llanos de Santa Rosa al Ayuntamiento de Guatemala un oficio manifestando su satisfacción y alegría por la Independencia.

La misma actitud tomaron el Ayuntamiento de Gracias, de Santa Bárbara, Tegucigalpa, etc. A estas alturas y a finales del año de 1821, ya el nombre de Don Dionisio de Herrera era conocido y respetado en todos los Ayuntamientos de los que ahora es Honduras, menos en Comayagua, donde el conservatismo previó en él un acérrimo enemigo. Don Dionisio de Herrera, como genuino independentista y ante la actitud negativa de Tinoco en Comayagua, se manifestó contrario a la anexión de Centroamérica a México.

Don Rómulo E. Durón en su Historia de Honduras, Tomo I, dice: "No obstante la anexión a México, Tegucigalpa se mantenía en la misma actitud de antes", es decir, contrario a las pretensiones de Tinoco. "Por esto, agrega el doctor Durón, el Gobierno de Comayagua excitó al Comandante Gutiérrez a que pasara a esta ciudad (Tegucigalpa) a celebrar un tratado de paz que pusiese término a las animosidades existentes".

El pueblo de Tegucigalpa desconfió de la misión de Gutiérrez, atribuyéndola a una maniobra de Lindo para dominar Tegucigalpa.

El mismo doctor Durón en su historia mencionada destaca el limpio y claro pensamiento del Prócer Don Dionisio de Herrera, cuando escribe:

"El mismo 22 de noviembre, la Junta Consultiva aprobó las medidas propuestas por Don Dionisio de Herrera, Secretario del Ayuntamiento de Tegucigalpa, respecto a las circunstancias en que esta Provincia se hallaba con Comayagua. Conforme a ellas, tal como quedaron el Gobierno Político y de Hacienda de Tegucigalpa y demás pueblos de la Provincia de Comayagua, que discutieran del Gobierno Político y Hacienda lo tendría el señor Comandante de armas Don Simón Gutiérrez, y mientras llegaba a Tegucigalpa el Alcalde 1° de esta Villa; este prevendría a los señores Jueces de Partido, Subdelegados y Administradores de Rentas que no estuvieran bajo el sistema de Comayagua y fueran de esta Provincia, que todos los enteros de las Rentas de Papel Sellado, tributos, comunidad, pólvora y cualquier otro, los hicieran en Tegucigalpa bajo las más estrechas responsabilidades, reconociendo a dicha Villa por Capital de la Provincia como antes reconocían a Comayagua; habría una Tesorería General de Hacienda Pública subalterna de la de Guatemala en Tegucigalpa, y ejercería el empleo de Ministro Contador el Teniente de Ministros de la Casa de Rescates Don José María Rojas, y de Tesorero el ensayador Don Narciso del Rosal; el Gobierno de Tegucigalpa expediría y haría cumplir sus órdenes en todos los partidos y pueblos que manifestaran no estar con el sistema de Comayagua; daría y publicaría las órdenes convenientes para que las rentas decimales de los referidos partidos y pueblos enteraran en la Tesorería de Tegucigalpa y allí se conservaran a la Ley de depósitos. Interin la marcha de los asuntos políticos fijaba sus resultados; y el Comandante Militar, caso de continuar creyendo de absoluta necesidad el que se pusieran sobre las armas otros cuerpos de tropa, lo podría hacer y pagarse de la Tesorería, dando cuenta al Gobierno.

Por iniciativa de Don Dionisio de Herrera se había pedido auxilio al Ayuntamiento de San Miguel, ante la actitud de Comayagua, que no se sabía si desistiría o no de sus condiciones hostiles.

LA BODA DE DON DIONISIO

El 19 de abril de 1820, Don Dionisio de Herrera hizo a un lado su soltería, y por lo mismo diversos amoríos, para contraer matrimonio con una de las mujeres mejor entroncadas en la sociedad de aquella época: la señorita Micaela Quezada.

El enlace se verificó en la Santa Iglesia Parroquial de San Miguel, estuvieron los oficios a cargo del Padre Comendador Fray Ignacio González, habiendo sido padrinos Don Miguel Bustamante, Don Francisco Juárez y Don Francisco Morazán, que era primo hermano legítimo de la señorita Quezada.

Algunos historiadores hablan hasta más allá de lo permitido de lo que llaman "amoríos de Don Dionisio de Herrera" y hasta afirmando "que no respetó a quienes eran familiares de la que iba a ser su esposa". Don Dionisio era un hombre normal y de joven no era mal parecido, tuvo sus aventuras amorosas pero no degeneraron jamás en el escándalo.

En aquella época tanto esposo como esposa aportaban determinada cantidad en dinero o en propiedades.

Y de acuerdo al expediente matrimonial de Don Dionisio de Herrera con la señorita Micaela Quezada; el primero "aportó al matrimonio 8,000 pesos en dinero, efectos mercantiles y plata copela, y doña Micaela diez onzas de oro acuñado que él le dio en arras y 400 pesos en monedas de cobre que le tocaron en herencia y una casa que era de sus padres y que el licenciado Valladares Rodríguez asegura ser la misma que hoy pertenece a los herederos del doctor Presentación Quezada, situada frente al Jardín de Italia y que tiene más probabilidades de ser el techo que cobijó el primer aliento de Francisco Morazán. "El Prócer" del doctor José Reina Valenzuela, obra publicada hace 20 años y que tendrá vigencia siempre porque no existen documentos en contra.

De aquel matrimonio de Don Dionisio con doña Micaela, hubo los siguientes hijos legítimos:

Julián, María Manuela, José Dionisio, Mariano, Esteban, Miguel, José María, Dolores y José Antonio.

Uno de estos, como lo informaremos en el capítulo correspondiente a Nicaragua, supo tomar una actitud decidida y valiente cuando surgieron los conjurados contra la Jefatura de Estado que desempeñaba su padre Dionisio de Herrera.

HERRERA JEFE DE ESTADO DE HONDURAS

En 1824, mes de septiembre, la Asamblea Nacional Constituyente verificó su apertura en Tegucigalpa procediendo a abrir en el acto los Pliegos que contenían las elecciones de Jefe y segundo Jefe de Estado, hechos en los doce partidos de que se componía con agregación de la Nueva Segovia, y no reuniendo la mayoría absoluta ninguno de los ciudadanos que en ellas se designaban, procedió a nombrarlos entre ellos mismos de conformidad con el artículo 12 del decreto del 5 de mayo. Y agrega el Doctor Rómulo E. Durón, cuya es la cita anterior: "con totalidad de votos nombró para Jefe del Estado al ciudadano Dionisio de Herrera y en la misma forma nombró para segundo jefe al ciudadano José Justo Milla. El Jefe tendría las atribuciones que le designaba el artículo 34 de las bases sancionadas por la Asamblea Nacional el 17 de diciembre de 1823. Y las que le asignara la Constitución del Estado. La duración de ambos jefes sería la de 4 años conforme al artículo 39 de dichas bases".

Antes de seguir adelante con Herrera como Jefe de Estado, vamos a hacer anotaciones que consideramos importantes en este estudio biográfico de tan esclarecido hondureño.

Con respecto a la sede de la Asamblea Constituyente, unos se manifestaron por Comayagua, otros por Lepaterique, conviniendo al fin, según nos refiere el señor Durón, porque se reuniera en Aguanqueterique, a pesar de que el diputado Márquez hizo público que "este pueblo era el más incómodo tanto para Comayagua como para Tegucigalpa".

Pero, por último, se convino en que el Congreso se reuniera en Cedros, realizándose las juntas preparatorias en la ciudad de Comayagua.

Al ser nombrado Herrera Jefe del Estado de Honduras, inmediatamente entró en funciones principiando por designar Secretario de Estado y del Despacho General al ciudadano Francisco Morazán; a pesar de las vacilaciones que al principio tuvo el señor Herrera para hacer este nombramiento debido a que Don Francisco Morazán era primo hermano de su esposa Doña Micaela Quezada; temiendo, como dicen varios historiadores, ser objeto de censura por tal nombramiento.

Don Dionisio de Herrera era esencialmente liberal; pero liberal en el amplio sentido de la palabra. Un hombre estudioso, un hombre instruido que a su regreso de Guatemala estaba plenamente preparado para enfrentarse a la vida. Y así fue como Secretario del Ayuntamiento y en otras actividades públicas que le tocó desempeñar. Era uno de los privilegiados, en buena situación económica y en capacidad de defender los caros intereses de la patria, procurarle su felicidad como nación a través de un gobierno austero, progresista, justiciero y emprendedor y que garantizara la libertad en todos los aspectos de su compleja estructura y que la justicia llegara a todos los núcleos sociales sin discriminaciones de ninguna clase.

Herrera era enemigo de la tradición o herencia, de la conquista, del engaño, del fraude y, sobre todo, de la violencia. Por estas razones él se propuso gobernar para todos los hondureños, en beneficio de los intereses del pueblo, haciendo completa abstracción de la voluntad y los intereses de su condición de gobernante.

Frente a esta posición del Jefe del Estado de Honduras se irguieron los sucios y bastardos intereses del clericalismo apoyado en todo por el conservatismo; y de ellos fue un fiel practicante el Cura José Nicolás Irías, que puso en movimiento todas las armas de su Parroquia de Comayagua para desacreditar, por medio de la patraña y la mentira, al Jefe del Estado Don Dionisio de Herrera.

Una de las constantes preocupaciones de Don Dionisio de Herrera, como gobernante, fue limitar lo más posible su poder sobre el individuo y, al mismo tiempo, evitar abusos y que la dignidad del ciudadano, el decoro del ciudadano, se mantuviera incólume.

Porque Don Dionisio sabía que los gobiernos surgidos por herencia, por conquistas, por fraude o por violencia, nunca pueden identificarse con el pueblo, con aquellos a quienes gobierna; porque estaba convencido que todo gobierno debe estar integrado por ciudadanos identificados con el pueblo; y que quienes tal política practican, están siempre dispuestos a defender el derecho que les asiste de darse el gobierno que más les convenga.

Esto y aquello, fundamentado en la libertad individual, eran cartabón y guía de Herrera, un defensor convencido de la dignidad de la persona humana, comprendiendo además que solo la libertad puede justamente identificarse con tal dignidad. Por estas razones, Don Dionisio de Herrera hizo del liberalismo clásico un liberalismo moderno.

Ante un Jefe de Estado de la categoría de Don Dionisio de Herrera, hombre limpio, sin subterfugios, sin ese amañamiento que caracteriza a los demagogos de oficio, tenía, sin lugar a dudas, que provocar a quienes defendían la reacción y el conservatismo montaraz, al extremo que el Cura José Nicolás Irías encontró el apoyo necesario de quienes marchaban con los ojos en la nuca y añoraban el coloniaje; y de esta manera puso al servicio del oscurantismo su Parroquia de Comayagua ordenando prédicas en las cuales se manifestara que Don Dionisio de Herrera era un hereje, un masón, en fin, un enemigo declarado de la religión católica y que merecía ser excomulgado "de la religión católica, apostólica y romana".

Mientras tanto, Don Dionisio de Herrera se mantuvo firme en su programa de gobierno, trabajando por el desarrollo socioeconómico de sus gobernados, indiferente, por completo, a las enfermas prédicas del clericalismo que siempre, por medio de la acción del Cura José Nicolás Irías, ordenó terminantemente poner fin a la presencia física de Don Dionisio de Herrera por medio del asesinato.

Respecto a lo anterior dice el General Francisco Morazán en sus bien documentadas MEMORIAS:

"Despechados los enemigos del Jefe Herrera con el mal resultado que tuvieran los medios que habían empleado hasta entonces para trastornar el orden, se decidieron a quitarle la vida. A medianoche los asesinos dirigieron sus tiros por dos balcones de la casa que habitaba, a otras tantas camas colocadas al frente. Los malvados ignoraban cuál de ellas pertenecía al Jefe Herrera, pero muy bien sabían que una era ocupada por su esposa. Sin embargo, antes quisieron triplicar las víctimas agravando su crimen con la muerte de la madre inocente y del hijo tierno que aquella tenía en sus brazos en el fatal momento, que permitir se les escapasen por ser objeto de la venganza de aquellos que habían estimulado su sórdido y mezquino interés. Pero, por una feliz casualidad, las balas se introdujeron en el colchón de la cama en que se hallaba la señora de Herrera y otras rompieron una columna del catre en que dormía éste, sin haberles causado daños".

Los asesinos se dieron a la fuga. Y Ciriaco Velásquez, Escribano, y Rosa Medina desaparecieron de Comayagua en la misma noche del atentado criminal. Morazán dice en sus Memorias que Rosa Medina después se "acreditó" "en la destrucción de las mejores casas de Comayagua atendiendo órdenes que le diera el Coronel Milla cuando sitiaba aquella ciudad"; añadiendo que Rosa "era tan buen incendiario como torpe asesino".

El Presidente de la Federación Centroamericana, Don Manuel José Arce, quería tener en un puño a los jefes de los demás Estados centroamericanos y por este motivo apoyó todas las venenosas campañas que mantuvo el Cura Irías contra Don Dionisio de Herrera y no es remoto que Arce haya aprobado el intento de asesinar al Jefe del Estado hondureño.

De todas maneras, fracasada la intentona de asesinato y ante la renuencia de Herrera de someterse a la política del Presidente de la Federación Don Manuel José Arce, éste dispuso echar abajo a Herrera por medio de las armas.

Bajo la Jefatura de Estado de Don Dionisio de Herrera, se hizo la primera división política territorial creando los siguientes ocho departamentos: Yoro, Choluteca, Olancho, Gracias, hoy Lempira, Santa Bárbara, Tegucigalpa, hoy Francisco Morazán, Comayagua y La Paz.

CAÍDA DEL JEFE DE ESTADO HERRERA

Todas las maquinaciones del Cura José Nicolás Irías por echar abajo al Jefe de Estado Don Dionisio de Herrera fracasaban; y Don Rómulo E. Durón en su Historia de Honduras, Tomo I-N° 2, nos informa sobre el plan del 5 de octubre de 1825, que se tenía preparado "por algunos facciosos de Comayagua para echarse sobre las armas la noche de la fecha indicada". Pero el plan fracasó debido a la tormenta que durante aquella noche azotó a la ex capital de Honduras, imposibilitando la reunión de los facciosos.

Como ya lo hemos dicho anteriormente, contrariando el voto de los pueblos que lo habían dado en favor de Don José Cecilio del Valle, el Congreso, dominado por los que apoyaban a Don Manuel José Arce, eligió a éste Presidente de la Federación Centroamericana, lo que, como dice el Doctor Alejandro Marure y que recoge Morazán en sus Memorias, ocasionó incontables desgracias en Centroamérica; particularmente en Honduras, cuyo Jefe del Estado, Don Dionisio de Herrera, no se mostró dispuesto en ningún momento a aceptar y cumplir órdenes dictadas por Arce que fueran contrarias a la buena administración pública y, a pesar de las maquinaciones del Clero y del fanatismo, se mantuvo en el poder.

Arce traicionó a quienes le dieron sus votos para que sostuviera la Constitución de la cual él había sido el creador. Se confiaba en Arce, pero él, impelido por sus ambiciones, se echó en brazos de la reacción faltando a sus juramentos y "causando las desgracias de su patria".

Como ya lo hemos dicho, Arce, como Presidente de la Federación, pretendía que los Jefes de los demás Estados le prestaran una completa sumisión, y, para controlar en primer término el Estado de Guatemala, hizo desaparecer las autoridades legítimas ordenando se practicaran nuevas elecciones; habiéndose elegido, por medios fraudulentos, y de una imposición militar descarada, a personas que eran incondicionales servidoras de Arce.

Ante la imposibilidad de que el fanatismo y el conservatismo votaran al Jefe Don Dionisio de Herrera, el Presidente de la Federación Centroamericana Don Manuel José Arce se preparó para echarlo del poder por medio de las armas.

Con el anterior propósito se valió del Coronel José Justo Milla, poniéndolo al frente del Batallón Federal N° 2, y lo envió a Honduras con el pretexto de custodiar los tabacos de "Los Llanos de Copán" (hoy Santa Rosa de Copán); tabacos que, como ahora el aguardiente, estaban convertidos en un monopolio del Estado.

El Jefe de Estado Don Dionisio de Herrera tuvo conocimiento de la salida del Batallón Federal N° 2. De inmediato dispuso seguir el avance de dicha tropa para lo cual se pusieron a las órdenes del Oficial Casimiro Alvarado, 40 hombres. Alvarado avanzó hasta alcanzar Intibucá donde levantó su pequeño campamento; de este lugar y para conocer la ruta que seguía Milla rumbo a los Llanos de Copán, despachó al Oficial Francisco Ferrera con 10 hombres, quien en el pueblo de Yamaranguila se encontró con la división federal que comandaba José Justo Milla. Ferrera escogió posiciones estratégicas para sus 10 soldados y por algún tiempo, con tan escasa tropa, logró detener el paso de los federalistas.

Como tenía que suceder, el Oficial Francisco Ferrera tuvo que retirarse, pero lo hizo para dar parte a Alvarado, quien regresó para avisar al Jefe de Estado Don Dionisio de Herrera.

Con 10 hombres el Oficial Francisco Ferrera, a quien Don Ramón Rosa llamó "El Divino Sacristán", detuvo los 600 hombres que comandaba José Justo Milla. No es del caso traer a cuentas en este volumen rasgos biográficos de Ferrera que, después de haber sido defensor de la libertad, se echó en brazos del conservatismo y se puso frente al General Francisco Morazán, a cuyo lado había combatido en la defensa de Comayagua.

El Batallón Federal N° 2 avanzó, ya fortalecido con otros elementos, hacia el interior de Honduras y el 4 de abril de 1828, Milla estableció su cuartel general en la Iglesia de San Sebastián en los alrededores de Comayagua. Inmediatamente sus soldados se dedicaron a establecer buenas trincheras para iniciar el ataque a la ciudad por sus cuatro costados.

El Jefe de Estado Don Dionisio de Herrera y sus asesores, entre ellos quien sería el soldado defensor de la unión centroamericana, Francisco Morazán, también se dedicó a prepararse para la defensa de la ciudad pero en inferiores condiciones.

Lo demás ya es ampliamente conocido: los hombres de Milla iniciaron el ataque a la entonces populosa ciudad de Comayagua.

El saqueo y el incendio: se destruyeron los mejores edificios de Comayagua y gran parte de la ciudad. Herrera y sus hombres, entre ellos Morazán, se batieron heroica y desesperadamente pero, a pesar de todo, la plaza se rindió el 9 de mayo de 1828 y el Jefe de Estado Herrera fue hecho prisionero. Morazán quiso volver aún por los fueros de la libertad pero en el encuentro armado de La Maradiaga el triunfo volvió a ser de Milla, que después sería abatido por los soldados de Morazán en el histórico combate de los campos de La Trinidad donde Morazán se suspendió a la categoría de Héroe de la Unión Centroamericana.

Como ya lo hemos dicho, Don Dionisio de Herrera se puso al frente de la Jefatura del Estado de Honduras el 16 de septiembre de 1824 y en 1827, el traidor José Justo Milla invadió Honduras teniendo Herrera que hacerle frente en inferiores condiciones y es el caso de traer aquí el recuerdo grato del bello gesto del padre de Don José Trinidad Cabañas: Una mañana un distinguido ciudadano llegó hasta el Jefe Herrera acompañado de sus tres hijos, Urbano, Gregorio y José Trinidad que era el menor de 22 años. El ciudadano era Don José María Cabañas quien dijo al Jefe de Estado:

"Señor, el peso de mis años no me permite acompañaros en este campo de batalla; pero aquí tenéis a mis tres hijos dispuestos a derramar su sangre al pie de la bandera que defendéis".

Respecto a este gesto del progenitor de Cabañas, un destacado escritor hondureño ha dicho:

"Este hecho histórico, digno de los tiempos heroicos de Grecia y de Roma, marca el ingreso de Cabañas en la historia de Centro América".

En la defensa de Comayagua, Cabañas conoció a Francisco Morazán a quien, desde entonces, acompañó hasta que el Héroe de El Espíritu Santo, Las Charcas, San Pedro de Perulapán y cuántas más batallas en las cuales impuso su genio de estratega, subió al cadalso en San José de Costa Rica, para elevarse a la inmortalidad y a la gloria.

Cabañas, como Pedro de Ferrail a quien España calificó como "Bayardo el Caballero sin miedo y sin tacha", demostró en la defensa de Comayagua su valor y su arrojo, que no desmintió jamás en toda su admirable trayectoria de defensor de una noble causa: la unión de las cinco Repúblicas de Centro América, porque el ideal del Paladín Unionista arraigó en su corazón y movió su brazo de caballero sin miedo y sin tacha.

Si Don Dionisio de Herrera tuvo ante sí la representación del oscurantismo en la persona del Cura José Nicolás Irías y en el ambicioso Presidente de la Federación Centroamericana Don José Manuel Arce; tuvo también ante sí la esplendente claridad de dos personalidades: la de Francisco Morazán y la de José Trinidad Cabañas que estuvieron con él en lo más difícil de los aciagos días de Comayagua.

Una de las demostraciones más elocuentes del espíritu justiciero de Don Dionisio de Herrera fue el siguiente: el provisor Irías perseguía al presbítero Pedro Brito porque este no estaba de acuerdo con él en sus procedimientos: Herrera extendió su brazo protector al Padre Brito, y si es cierto, como lo es, que Herrera fue excomulgado, también es cierto que los espíritus clarividentes, que los espíritus de alturas, estuvieron siempre con Herrera.

Don Dionisio de Herrera hizo una buena administración a pesar de la campaña de patrañas y mentiras que contra él mantenía el clericalismo, apoyado por el conservatismo, y uno de los decretos emitidos por Herrera que más molestó al Cura Irías fue el del 13 de noviembre de 1826 por medio del cual reglamentaba, liberalmente, la renta decimal perteneciente a la Iglesia; esto ahondó el odio y preparó a los frustrados asesinos; después de cuyo fracaso, el Jefe del Estado y la Asamblea Extraordinaria reunida decretaron la persecución a Irías para ponerlo fuera de la Ley, el 22 de diciembre de 1828.

Las ideas liberales de Herrera estaban frente al Partido Conservador y al clericalismo fanático y autoritario; estas ideas del Prócer disgustaron al Arzobispo Casaus y Torres, quien extendió su brazo protector al Cura de Comayagua.

Don Dionisio de Herrera fue conducido preso a Guatemala y sus enemigos le destinaron para prisión la propia casa que habitaba el Presidente Federal Don Manuel José Arce.

Pero las armas de la libertad y de la unión, empuñadas por los soldados de Morazán, derrocaron al Presidente Arce, quien fue sustituido por Don Francisco Barrundia, y Don Dionisio de Herrera, el hidalgo espíritu, vuelve a la acción, pero esta vez en tierras nicaragüenses como se verá más adelante.

Referente a los sucesos que se produjeron después de la caída de Comayagua en poder de Justo Milla, el Doctor Don Rómulo E. Durón, fuente donde abrevan los historiadores de Honduras, dice lo siguiente, en su Historia de Honduras, Tomo I:

"2.- Dueño Milla de Comayagua y sin más autoridad que la de la fuerza, expidió conforme a las órdenes del Presidente Arce, un decreto convocando a elecciones para la renovación total de las autoridades de Honduras, anulando así las que ya habían verificado muchos pueblos en el período constitucional de conformidad con lo prevenido en la Constitución de la República y en la del Estado.

"En el departamento de Tegucigalpa había motivos para temer resistencia. Milla envió a él, de Jefe Político Militar interino, a Ramón de Anguiano, Capitán de Granaderos del batallón de la Independencia N.º 1. Este Jefe, en el bando que hizo publicar el 30 de mayo, además de decir que se elegiría Jefe del Estado, Vice-Jefe, Diputados al Congreso ordinario e individuos del Senado y Alta Corte, dice que, luego que estos trabajos estuvieran concluidos, el departamento todo nombraría el sujeto que debiera ocupar el destino de Diputado al Congreso General extraordinario con arreglo al decreto del Presidente de la República de 10 de octubre de 1826".

"3.- Milla decretó luego un empréstito forzoso y en seguida estableció un sistema de persecución contra todos los partidarios de Herrera. En esto tenía parte el Provisor Irías y los eclesiásticos de su comparsa, quienes no quisieron entrar a Comayagua mientras no se adoptaran medidas de rigor contra los vencidos. Los que no habían podido ocultarse o emigrar fueron tenidos largo tiempo presos en las cárceles de Comayagua o en las bóvedas del Castillo de Omoa. Fue esta la primera vez que se aplicaron azotes en Honduras, bajo el régimen independiente: pueden gloriarse de ello Arce y Milla. En Cantarranas fueron azotados dos hombres de bien: Luis Armijo y Martín Mendoza. Y la persecución se extendió aún contra las mujeres de los que habían logrado escaparse: una de ellas hubo de salir de la Villa de Cantarranas a buscar el campo, en momentos que estaba para dar a luz: el nacimiento ocurrió en una miserable choza en el mayor desamparo".

"Estas persecuciones se hacían no sólo por causas políticas sino también en nombre de la religión. Un bando publicado en dicha Villa dice que se castigará como perturbadores del orden público a los que profiriesen expresiones contra el Presidente de la República, contra los eclesiásticos y todas las legítimas autoridades y vecinos honrados tanto de aquel pueblo como de los demás Estados: a los que se expresasen en favor del infame Cleto Ordóñez o de otros cabecillas y sus partidarios: a los que tuviesen libros heréticos: y a los que lanzaran expresiones contra la santa religión católica, como eran las que comúnmente se habían estado profiriendo en el pasado tiempo de la revolución de que "no hay Dios, gloria ni infierno, de que el santo sacrificio de la misa es quimérico y los sacramentos imposturas falsas, y de que los santos de los altares son estatuas que no merecen adoración". Y se añadía que si alguno supiera y ocultara declarar sobre esto, ya fuese varón, mujer, hijo de dominio o de cualquier estado, acreditado su delito, se castigaría con la misma pena que al autor.

"4.- Entre los perseguidos figuran dos personajes que, andando el tiempo, habían de llegar a decidir de los destinos de la República, y que, unidos al principio, habían de chocar en seguida y colocarse en filas opuestas: Francisco Morazán y Francisco Ferrera.

El español Antonio Fernández, en quien Herrera había depositado su confianza, lo traicionó poniéndolo preso y entregando la plaza a Milla con la condición de que lo mantuvieran como Comandante General de Comayagua. Señaló como fecha de la capitulación el 9 de mayo".

Milla aceptó de inmediato la proposición de Fernández, pero le hizo algunas modificaciones.

Son las siguientes:

"1º. El Jefe del Estado sería arrestado en su casa con la guardia que le correspondía, garantizándole su vida y sin que se le hiciera el menor insulto, puesto a la disposición de Milla.

"2º. Este daría cuenta al Gobierno Supremo de la República, con la recomendación debida, a efecto de que el Comandante de la plaza, oficialidad y demás preeminencias que a cada uno se le hubieran concedido por los servicios a que se habían hecho acreedores en la plaza. Entre tanto disfrutarían de ellos hasta la resolución del Gobierno".

"3°. Toda la tropa que guarnecía la plaza quedaría al servicio y órdenes de Milla, quien expediría pasaporte al que no le acomodara continuar.

"4°. A la tropa dicha lo mismo que al Comandante se les satisfarían los haberes que se les adeudaban desde que empezaron a servir hasta la fecha.

"5°. Serían garantizados los empréstitos hechos por particulares para las atenciones de la plaza y lo mismo sus personas; y en cuanto a la permanencia de los empleados civiles en sus destinos, se aguardaría la resolución del Supremo Gobierno, como en el caso del artículo 29.

"6° La tropa y artillería que guarnecía la plaza saldría de ella formada con armas a discreción hasta la plazuela de La Merced. En este punto haría firme la segunda y avanzando los artilleros todos con la infantería hasta la quebrada de San Sebastián, formarían en ala con armas a tierra al frente, hasta que el oficial que Milla destinara se posesionara de ellas, vitoreando recíprocamente al Gobierno Supremo de la República y verdadera libertad. El mismo oficial se encargaría del armamento que se hallara en los almacenes.

"7° Los prisioneros y esposados que se hallaran actualmente en ambos cantones, serían puestos en absoluta libertad, exceptuándose al tambor Molina, a quien se le garantizaba la vida.

"8°. Desde el momento en que se reunieran las tropas de ambas partes, se olvidarían para siempre las personalidades y resentimientos que cada uno tuviera por sí, dándose por ambos Comandantes las órdenes necesarias para evitar insultos y desórdenes que pudieran ocasionar entre la tropa cualquier disturbio.

"9°. Se suspenderían las hostilidades hasta la ratificación del tratado; pero las tropas no se retirarían de los puntos que ocupaban respectiva-mente hasta que, conforme a los artículos precedentes, Milla se posesionara de la plaza.

"10°-Todos los artículos anteriores serían cumplidos religiosamente por ambos Comandan-tes, sin faltar a ellos con arreglo a los tratados que se forman y son admitidos en la campaña, cantón y sitios de plaza".

Fernández pagó su villanía más tarde al ser fusilado en Omoa, precisamente por traidor.

DISCURSO DEL PRIMER JEFE DE ESTADO DON DIONISIO DE HERRERA EN LA INSTALACION DE LA PRIMERA ASAMBLEA DEL ESTADO

A continuación, por considerarlo un documento de trascendental importancia, damos cabida al histórico discurso pronunciado por Don Dionisio de Herrera como Jefe Político en la instalación de la primera Asamblea del Estado; es un documento que ofrece un compendio admirable de la administración pública, es el siguiente:

"Asamblea Ordinaria:

"La Asamblea Constituyente abrió sus sesiones en Cedros, las continuó en Tegucigalpa y las cerró en diciembre del año anterior".

"Desde este momento sus tareas pertenecen sólo al tribunal de la opinión pública y en él van a ser juzgadas con la severidad de la razón fría y tranquila. No tienen las pasiones, no tienen los partidos, no tienen los intereses privados influjo alguno en los decretos de este tribunal irrefragable. En su justa balanza sólo se pesan el bien o el mal que hayan hecho, el esmero o descuido con que hayan llenado sus deberes los diputados y la suma de felicidad o de desgracia que hayan causado o preparado a los pueblos, sus comitentes".

"La Asamblea Ordinaria abre sus sesiones después de un receso que pudo sumir a los pueblos en un abismo de males y que es consecuencia natural de que el espíritu público aún no ha llegado al grado de perfección a que debe llegar, para que la independencia y las instituciones que hemos adoptado produzcan todos los bienes que deben producir y que columbramos aún a distancia harto remota".

"Es dado a los legisladores de un gran pueblo abreviar el camino y llegar al término de la carrera en un tiempo más corto que el que parece demandar los obstáculos que se presentan por todas partes y las combinaciones de espíritus pequeños, apáticos, e intereses que causan tantos atrasos a la prosperidad pública como los enemigos de ésta".

"¿Y por qué Honduras ha de caminar con tanta lentitud, teniendo elementos para marchar a la par de los primeros Estados? Volved la vista, ciudadanos legisladores, a esa área inmensa comprendida desde el Atlántico al Pacífico. Ella es habitada por hombres que conservan en la mayor parte su inocencia primitiva, y que se hallan dispuestos a recibir las mejores impresiones. No han sido corrompidos por vicios destructores ni por revoluciones desastrosas. Se han hecho siempre distinguir por sus talentos, por sus caracteres y por sus virtudes. Nada más les falta, para no ser inferiores a los habitantes de Ática y del Lacio, que los medios de ilustrarse y de desarrollar toda la energía de su genio".

"Ved esos campos en que parece que la naturaleza ha querido ostentar su poder, ya en la variedad de producciones, ya en la fuerza y vigor de su vegetación. No necesitaríamos que los dominadores de las orillas del Indostán nos trajesen el té, la canela y la pimienta, arrancándola allá por la fuerza y dándola a nosotros por el engaño. Nuestros campos bastan para surtir al África de aroma y perfume, al Asia de plantas medicinales, a la Europa de tintes y de frutos que no deben temer a la concurrencia de ningunos otros. Nada nos falta más que brazos y fomento, lo uno y lo otro puede proporcionar la Legislatura. Ved nuestras montañas, que parecen creadas para mitigar los ardores del sol. Ellas son el depósito de todos los minerales. El oro y la plata son, respectivamente, entre nosotros, más abundantes que en el Perú y en México. Nuestras inmensas masas de hierro harán buscar al sueco y al vizcaíno otra clase de industria. Nuestras minas de cobre son abundantes, y nuestro cobre tiene mayor precio en los mercados por la mucha cantidad de oro con que está mezclado".

"Hay muchas minas de estaño y de plomo; se han descubierto de azogue; son conocidas algunas de varios semimetales; y llegará el tiempo en que el sexo hermoso de Europa se adorne con nuestros diamantes y piedras preciosas".

"El amianto y tierra sellada de nuestros minerales, que sirven, el uno, para el lujo de opinión, y la otra para aliviar a la humanidad, no serán la posesión exclusiva de los poderosos porque Honduras los producirá en tanta abundancia que perderán el prestigio de la rareza. Brazos, conocimientos y caudales son los agentes que sacarán de las entrañas de la tierra tan grandes e inmensos tesoros. La Europa nos ofrece en abundancia estos poderosos agentes: el Gobierno ha indicado diversos medios: hay en la Secretaría de la Asamblea propuestas de varias casas extranjeras, y ella puede hacer que estos bienes sean perdidos para los hijos de Honduras o que puedan muy pronto gozar de ellos".

"Nuestros grandes ríos fertilizan los campos y pueden dar impulso grandioso al comercio de toda la República. La navegación del Ulúa ahorra tiempo, fletes y riesgos; el Aguán facilita la comunicación y socorros de Olanchito y Trujillo, puntos que interesan a la República por su seguridad; el Guayape y el Cuayambre, regando a un tiempo, por los campos, el oro y el limo más precioso que el oro, facilitan los transportes en lo interior del Estado, la conducción de máquinas a varios minerales y la exportación de los departamentos más distantes de los puertos del Norte. Hay otros ríos de menos nombradía; pero que todos ellos facilitan al traficante y al viajero sus empresas y les compensan los grandes obstáculos que lo quebrado del terreno les oponía. Pero sólo el legislador puede allanar las dificultades que la naturaleza y el Gobierno antiguo opusieron a esta parte de nuestra felicidad. Dictar las providencias que quepan en sus atribuciones; solicitar de la Federación las que la ley ha reservado a esta parte de nuestra soberanía, es un deber de la legislatura de Honduras".

"Nuestros hermosos puertos del Norte, las seguras ensenadas del Sur, que pueden dar abrigo a muchos buques... pero no trato de hacer la enumeración de todas las fuentes de riqueza que posee este Estado privilegiado por la providencia y por la naturaleza. En cuanto vio Colón en todos los países que pisaron los inhumanos Pizarro, Almagro, Cortés y Alvarado, por nuestro mal, no se da un Estado que reúna todas las ventajas y proporciones que el de Honduras. ¿Qué falta, pues, a éste para ser el primero de los de la América? Nada absolutamente, nada le falta más que lo que puede darle esta Asamblea: buenas leyes, y esto es todo lo que demandan y esperan 200 mil habitantes, que la han reunido, la sostienen y la respetan y han depositado en ella su poder soberano, el mayor y más precioso de todos los poderes".

"La ley que forma los vínculos de la sociedad, que señala los derechos y prescribe los deberes, que cría los diversos poderes que la gobiernan, que, teniendo un origen divino, es la fuente de donde emana toda justicia y toda felicidad en el orden social, será obra de la Asamblea que con este fin ha sido reunida".

"Son muchos los objetos que reclaman su atención. El Gobierno que ha meditado los atrasos del Estado, que ve sus necesidades y desea ardientemente su remedio, indicará los más precisos".

"Todos los departamentos de la administración pública demandan leyes organizadoras. Se ha creado un Gobierno que la Constitución de la República prescribe; se ha fijado la base de sus atribuciones; pero debe vacilar en su aplicación y en la inmensa ramificación de su poder".

"Los Gobiernos de los Estados están muy distantes de haber sido instituidos para decretar por rutina el cumplimiento de las leyes, comunicarlas a los funcionarios a quienes corresponda y dar y quitar los empleos. Tienen otros deberes, son otras sus atribuciones, grandes en su extensión y de un influjo decidido en el orden, en la paz, en la seguridad, en la prosperidad de los pueblos, en la respetabilidad del Estado, en sus relaciones y atingencias con los otros Estados, en su propia administración de los demás funcionarios; pero el Gobierno de Honduras carece de norma, de los reglamentos, tan necesarios para saber la senda que debe seguir en cada ramo y hasta qué punto debe dirigir su inspección, su celo y sus providencias; carece sobre todo, de conocimiento de los puntos de contacto en que se tocan todos los poderes, en donde acaban las facultades del uno y comienzan las del otro, que aseguran la Independencia de todos, mantienen el equilibrio y la armonía, y los estrecha para provecho de la sociedad".

"A esta falta se añade la de los demás elementos que constituyen un Gobierno: elementos precisos, y sin los cuales las leyes más benéficas serían tan poco provechosas como las de la República de Platón".

"Organizado el Ejecutivo, fijados sus deberes y señalados los medios y facultades con que debe llenarlos, su primer elemento es la fuerza, elemento terrible y que ha producido tantos bienes como males; pero que es menos peligroso en la clase de gobierno que se ha adoptado, que en ninguna otra; pero necesario mientras los hombres no sean todos justos y los Gobiernos todos razonables".

"La fuerza de Honduras se halla enteramente desorganizada. El Gobierno ha indicado repetidas veces este mal y el remedio que ha creído conveniente. Si se quiere que existan los poderes, autoridades y funcionarios: que éstos puedan obrar con arreglo a las leyes: que éstas sean cumplidas: que los jueces no teman dar una sentencia; y no se vean en la necesidad de contemporizar a un tiempo con el que reclama el castigo del delito, como con el delincuente, es necesario que haya una fuerza".

"Pero no basta que la ley la críe. La Asamblea Constituyente conoció la necesidad de su existencia. Es necesario que el Estado sostenga esta fuerza; y para su existencia como igualmente para la de todos los demás empleados y funcionarios, debe haber Hacienda Pública".

"La Hacienda en un Estado independiente y soberano, es el elemento más necesario porque es el que da vida a los otros. La de Honduras, después de la dilapidación vergonzosa en que estuvo por muchos años, entregada a manos muy impuras, tuvo que hacer frente a los gastos que causó la división de las dos provincias que forman hoy el Estado. Cuatrocientos mil pesos se gastaron por lo menos en saber si la provincia de Tegucigalpa debía estar sujeta a la Junta Provincial de Comayagua y al que entonces gobernaba a nombre del rey de España, o si tenía derecho para adoptar el acta de 15 de septiembre proclamada en Guatemala. A este desorden que no fue de los pueblos, como se ha querido decir, sino obra de intereses particulares, siguió la centralización de las rentas más productivas, la arbitrariedad y dilapidación de las que quedaron al Estado, la ley que decretaba nuevas erogaciones, los obstáculos que se oponían a los nuevos impuestos, la resistencia de los pueblos, la apatía de los funcionarios y el temor de la Asamblea Constituyente en arreglar este ramo".

"Si se añade a todo esto la circulación de las malas monedas de que se ha hecho un tráfico vergonzoso, en que sólo la Hacienda Pública ha perdido, se verá la multitud de causas que han influido en su decadencia y que tiene grabadas las rentas de los años siguientes y no presenta otra cosa con claridad a los ojos del espectador, que un déficit espantoso en medio de un caos que todo lo oscurece".

"Ha manifestado el Gobierno, diversas veces, la necesidad de arreglo de esta parte de la administración pública. Ha querido que se reduzca a un sistema, como debe serlo, y no a una máquina tan complicada cuyos resortes enmohecidos por el tiempo y debilitados por la violencia de su acción, no es compatible en ningún aspecto con el nuevo orden de cosas, ni con los principios de la ciencia económica. Ha trabajado incesantemente por el establecimiento de la Casa de Moneda, o por perfeccionar siquiera la acuñación provisional. Hizo cuanto dependía de sus facultades para la acuñación de millón y medio de pesos decretada por la Asamblea Constituyente, necesaria para el arreglo del Estado, para dar impulso y fomento a todos los ramos de prosperidad de que abunda el mismo Estado y precisa para sostener el sistema, no ya porque sea el mejor, sino porque es necesario para sostener la Independencia".

"Documentos de todo encontrará la Asamblea en su Secretaría. La Memoria del Ministro dará una idea de los trabajos del Gobierno en esta parte; y las nuevas comunicaciones que se hagan manifestarán todos los datos sobre que deben caer las resoluciones de la Legislatura".

"Tiene esta materia un estrecho enlace con el arreglo que debe hacerse sobre las obligaciones y facultades de los Jefes Intendentes de los departamentos. Ellos son los ejes principales del Gobierno, ya en la recaudación y manejo de las rentas del Estado, ya en la economía interior de los pueblos. Son nombrados algunos de los que deben desempeñar estas altas funciones; pero ni la escasez del Erario permite, por ahora, el nombramiento de los demás ni ellos pueden conocer la órbita de sus facultades, pues no se han designado y se ven en la necesidad de tocar en uno de los extremos, ambos perjudiciales, o el de la arbitrariedad o el de la inacción; y esta materia demanda con preferencia la atención de la Legislatura".

"El Consejo de Estado, este cuerpo conservador que vigila sobre el cumplimiento de la Constitución, que participa a un tiempo del Poder Legislativo y del Ejecutivo, tiene en lo general demarcadas sus facultades, mandado a instalar un día después de instalada la Legislatura, pero mientras carezca de un reglamento, sus funciones deben ser embarazosas y carecen de la precisión y del orden que deben ser llenadas".

"Pero si en esta parte se halla incompleta la Administración del Estado, en la del Poder Judicial, de este poder tan necesario a los otros poderes para su conservación que teniendo tan inmediata trascendencia en el orden, en la seguridad y en la prosperidad de los ciudadanos, es la más firme garantía de sus derechos, que aplicando la ley a los hechos particulares y públicos de los individuos, decide de su suerte y de su vida, puede decirse que es enteramente nula, la más desarreglada y la más incompleta.

"Todo el Poder Judicial está comprendido desde las funciones del Alcalde que concilia hasta las de la Corte de Justicia que decide en última instancia. Algunas leyes antiguas que no han sido derogadas, pero que se resienten de los efectos del tiempo, del lugar y del sistema en que fueron dictadas: la de 9 de octubre del año de 12 dada por las Cortes de España; pero compatible con nuestra situación y Gobierno y algunas providencias parciales dictadas por la Asamblea Constituyente, es cuanto existe entre nosotros para arreglar el Poder Judicial conforme a los principios sancionados en la Carta Federal y en la particular del Estado".

"Como no han sido fijados hasta ahora los dotes que deben tener los Alcaldes conciliadores, se ha creído que por la pequeña cuantía de los asuntos en que deciden, cualquiera puede ejercer sus funciones; sin acordarse de que es grande el número de los asuntos en que lo ejercen: que la conciliación (este acto que recuerda el origen de las sociedades, y que comenzó en donde concluyó el furor del hombre insocial), recae sobre el máximo o el mínimo de los intereses: que la cuantía en las decisiones es siempre relativa y no absoluta y que siéndolo tan grave y funesto, puede ser el mal de la ignorancia y de la injusticia del juez conciliador como la del tribunal superior; y se ha mirado con el más alto descuido el primer paso que decide de la paz y de la suerte de las familias, y se ha creído que sin propiedad y sin ilustración pueden ejercer tan importantes funciones".

"Concluida la conciliación, el ciudadano ignora quién es el Juez ante quien debe ir a reclamar su derecho, y si lo sabe, tiene para hacerlo, que caminar muchas leguas, que sujetarse a un juez hecho por elección, pero en la que él no tuvo parte ninguna, que ignora casi siempre las fórmulas y trámites de un proceso, que no tiene a quien consultar aunque desee el acierto, y que teniendo otros funcionarios lucro en el ejercicio de sus funciones, el juez de 1ª Instancia, al trabajo y ociosidad que trae siempre consigo el desempeño de las suyas, tiene que hacer gastos que el Estado no hace por él. De aquí es que en las causas civiles casi siempre se arruinan las partes, y hace muchos años que no se ha castigado en Honduras a un criminal. Al asesino, al revolucionario y al ladrón, se les ve muchas veces sentarse al lado de sus jueces".

"Se halla nombrado el de 2ª Instancia; pero él mismo no sabe a qué atenerse, porque no se han detallado sus facultades".

"Se mandó instalar la Corte Suprema de Justicia; pero recayó la elección de sus individuos en personas que, o no han querido admitir, o si han admitido, no han venido a ejercer sus funciones en ninguno de los diversos términos que se han fijado, y por decirlo, de una vez, no existe ninguna de las partes que deben componer el Poder Judicial".

"Tal es en compendio el cuadro que el Gobierno ha creído un deber presentar a la primera Legislatura ordinaria. Él es melancólico y funesto pero es cierto en toda su perspectiva. La Legislatura debe volver a él la vista con toda preferencia; debe organizar en todas sus partes un poder, que partiendo de principios más generales que ningún otro, necesita de detalles más extensos, más demarcados y fijos".

"He dado una ojeada a los diversos ramos de la administración pública y que constituyen un Gobierno en su más alta aceptación. He manifestado los males de que adolece el de Honduras; he procurado indicar su remedio. La Secretaría de la Asamblea abunda en datos que ha pasado el Gobierno; yo veo esta misma Asamblea compuesta de hombres que han merecido la confianza de los pueblos, que se hallan animados de los sentimientos que hacen nacer el celo, la gratitud, el honor, el amor a la patria y a la humanidad".

"El Jefe del Estado que ha hecho el juramento más solemne de cumplir sus deberes en toda su latitud; que al hacer este juramento no hizo otra cosa que satisfacer los votos de su corazón; que nada desea con más ansia que ver felices a los pueblos a quienes ha debido la mayor confianza y las pruebas menos equívocas de su amor, ofrece de nuevo consagrar todos sus pensamientos al bien de la patria y coadyuvar a las miras benéficas de la Asamblea".

"En ella ve el Gobierno la salvación del Estado; en ella ve uno de los primeros baluartes del sistema y de la independencia; en ella ve la fuente primera de donde van a fluir y derramarse, hasta los últimos pueblos, la paz, la ilustración, la riqueza y la felicidad".

"Las circunstancias son felices. Es ya pasado el tiempo de la anarquía y del desorden; se aumentan cada día en Honduras los amigos del orden: se multiplican los recursos naturales, los demás Estados se hallan perfectamente constituidos; el Gobierno puede ofrecer a la Asamblea poderosos auxilios de los Estados de El Salvador y Guatemala, que volarán al momento de la necesidad como lo han ofrecido; y a pesar de la situación de Nicaragua y de la distancia del de Costa Rica, puede contarse con los suyos cuando la urgencia los demande. Nada tiene que temer la Asamblea al emprender su marcha. Todo convida a ejecutarla con utilidad y decoro".

"Yo felicito a la Asamblea por el bien que se promete hacer y que todos esperan con ansia: la felicito porque supo allanar los obstáculos de toda especie que estorbaban su reunión: la felicito a nombre de todos los pueblos del Estado. Si el recelo de la Legislatura hizo temer la anarquía, el desorden y todos los males, la instalación de la Asamblea Ordinaria hace desaparecer aquellos temores y conservar las esperanzas más lisonjeras".

"Yo me gozo con ellas: La perspectiva risueña que se me presenta penetra mi alma de la más dulce emoción. Yo siento la del Ministro del Altar en el fomento y conservación del culto de nuestros mayores: siento la del labrador que va a aumentar sus cosechas, porque se cree seguro de que con ella aumenta la subsistencia de su numerosa familia; siento la del comerciante que calcula nuevas empresas, porque no teme que la revolución ni un Gobierno destructor le priven del fruto de sus afanes; siento la del padre, que ve en sus hijos el báculo de su vejez y la columna del Estado; la del ciudadano que conoce todo el precio de la libertad y el valor de los deberes que le hacen gozar; siento finalmente, y me glorío en los bienes inmensos que las futuras generaciones van a disfrutar en el suelo de Honduras".

"El día 5 de abril de 1826 es en el que comienza la época de la felicidad del Estado, y este día lo consagraré siempre a los recuerdos más dulces. Los hijos de mis hijos lo celebrarán penetrados de júbilo. Comayagua, 5 de abril de 1826".

HERRERA PACIFICADOR

Don Juan Argüello se veía en dificultades para asegurar su gobierno debido a la oposición manifiesta que le hacían entre ellos, principalmente Don Manuel Astoria de la Cerda a quien lo sometió a Consejo de Guerra, fusilándolo el 29 de noviembre de 1828, pero esto no consolidó, como él pensaba, su gobierno.

Cuando Don Juan Argüello se puso al frente de la Jefatura de Estado en Nicaragua, lo primero que hizo fue enviar a varios prisioneros a las cárceles de San Juan del Norte, el jefe de la escolta de acuerdo con los soldados, asesinaron1 a aquéllos en una isla denominada "La Pelona", arrojando los cadáveres, atados a grandes piedras, a las aguas del Gran Lago fingiendo después un naufragio. Entre los prisioneros iba un pariente de Argüello, que precisamente por salvarlo, había remitido los presos a San Juan del Norte.

Las piedras no mantuvieron en el fondo de las aguas del lago los cadáveres, los cuales a los dos días flotaron provocando un gran escándalo y el repudio contra el Jefe del Estado, logrando su caída.

El historiador Alberto Medina en un artículo que publicó en sus "Efemérides Nicaragüenses", Editora La Nueva Prensa, S. A. Managua, Nicaragua, se refiere, con claridad y objetividad a Don Dionisio de Herrera, cuando fue elegido Jefe de Estado, el 1° de noviembre de 1829, colocando a Herrera en condición de Prócer de Nicaragua.

He aquí la relación:

"El general Francisco Morazán acababa de con-solidar el Gobierno Federal en Guatemala, con José Francisco Barrundia a la cabeza y ambos acorda-ron enviar a Nicaragua a don Dionisio de Herrera, como pacificador. Herrera había sido Jefe del Estado de Honduras y se había distinguido como hombre hábil en el manejo administrativo; su ilustración era lo suficientemente sólida y se le consideraba como uno de los centroamericanos de más puro patriotismo.

Las elecciones verificadas en Nicaragua para Jefe de Estado favorecieron a don Dionisio y la Asamblea, reunida en Rivas, lo declaró electo el 19 de noviembre de 1829, pero no fue sino hasta en enero de 1830 que recibió Herrera la Jefatura del Estado.

El nuevo Jefe encontró a Nicaragua en lamen-table anarquía; la villa de Managua no había querido deponer las armas a la Administración del Consejero Juan Espinoza hasta que no llegase a Nicaragua el electo Jefe Herrera; éste logró apaciguar los ánimos y también hacer salir hacia Guatemala a Juan Argüello, en donde el antiguo combatiente por la libertad y por la tiranía sufrió miserias y falleció en un hospital de mendigos.

Herrera interpuso su espíritu conciliador a los grupos en discordia; pero sus enemigos de Honduras y Guatemala, que eran muchos, no dejaban de afanarse contra la estabilidad de su reputación. En 1832 se pidió en Nicaragua la reforma a la Constitución Federal; se acusaba a ésta de contener errores perjudiciales a la vida en general del país. Herrera convocó a la Asamblea del Estado y el 6 de diciembre del año citado se expidió la ley que excitaba al Congreso Federal a dictar las providencias de la reforma; también se hizo la declaración de que el Estado de Nicaragua era soberano en todos los ramos administrativos hasta que no fuera aprobada la reforma.

El Congreso Federal se ocupó en la formación de la Ley convocatoria para la Asamblea Constituyente. El doctor Mariano Gálvez, liberal intransigente, encabezó la oposición contra la reforma y la petición nicaragüense fue rechazada. Esto hizo recrudecer los ataques en Nicaragua contra el Jefe Herrera y éste tuvo que buscar apoyo en las fuerzas militares encabezadas por los coroneles Cándido Flores y José Zepeda, el primero de actitudes dictatoriales, el segundo de la índole republicana de Herrera. La oposición se fortaleció con el despotismo de Flores, en el oriente, y en varias municipalidades se levantaron actas pidiendo a Herrera se retirase del Poder. Presentó su dimisión aquél a la Asamblea del Estado y éste aceptó su renuncia el 19 de mayo de 1833. Más apenas se hubo enterado de aquel acto el pueblo leonés, se levantó en armas y la Asamblea tuvo que reconsiderar la renuncia del Jefe y el 5 del mismo mes suplicó a éste se hiciera cargo nueva-mente de la Administración.

Los pueblos de Matagalpa, Metapa (hoy ciudad Darío) Masaya, Nandaime, Rivas y San Jorge se levantaron en armas contra Herrera. En Managua era el caudillo de la rebelión el sacerdote José María Estrada, que se contaba entre los clérigos que instigaban al pueblo a desobedecer a los gobiernos de la federación, acatando el fanatismo desplegado por las comunidades religiosas que Morazán se vio precisado a expulsar de Guatemala, por la campaña que aquéllas desarrollaban contra el ideal unionista y, mucho más, contra las ideas liberales sustentadas por Barrundia, Gálvez, Morazán, etc., a los que consideraban herejes y dignos de morir entre las llamas.

El Jefe Herrera trató nuevamente de apaciguar a los revoltosos y éstos creyeron que aquél se mostraba indulgente porque no disponía de elementos para defenderse, y amagaron sobre la capi-tal; Herrera salió de León y batió a los rebeldes. Nuevamente interpuso su espíritu conciliador de auténtico republicano el triunfador; pero fue desoído y tuvo que marchar sobre Managua, la que fue tomada; dio Herrera decreto de amnistía, pero los caudillos de la revuelta, acostumbrados a ver el tratamiento dado a los vencidos en tiempos de Cerda y Argüello, tuvieron temor y partieron hacia Rivas a proseguir la guerra.

El Jefe de Estado perdonó todas las faltas cometidas por sus enemigos y en julio regresó a León, en donde fue recibido con júbilo indescriptible. El 21 de agosto, la Asamblea del Estado de Nicaragua aprobó la conducta seguida por el Jefe Herrera y decretó poner en vigor las penas concernientes a todos aquellos que se rebelaran contra su gobierno. Todo el Estado reconoció en Don Dionisio al legítimo gobernante, cuya dirección no solamente hizo posible el progreso en la agricultura y el comercio, sino también en la conciliación en todos los intereses inherentes a la familia centroamericana. Su gobierno terminó en paz en 1833, habiéndolo depositado en el provisor Benito Morales.

El 13 de junio de 1850 falleció este gran república y modelo de gobernantes. Sus últimos días estuvieron aureolados por la luz de la enseñanza, la que esparció en una humilde escuela de San Salvador. Murió Don Dionisio, como Bernal Díaz del Castillo: "con harta honra y copiosas necesidades".

DIONISIO DE HERRERA, JEFE DEL ESTADO DE NICARAGUA

El clero y el conservatismo siguieron a Herrera a Nicaragua para continuar tratando de desacreditarlo con sus patrañas y mentiras porque negaban que una figura tan limpia, tan vil, tan democrática y tan amiga de la libertad y la justicia y a quien ya consideraban eliminada, por lo menos relegada al olvido, se encontrara de nuevo en una alta posición desde donde ponía sus talentos y capacidades al servicio de otra unidad centroamericana.

De Herrera, un liberal completo, era más conocido en Nicaragua donde estuvo como Jefe del Estado. Brillantes apologistas, destacando entre ellos al Doctor José Dolores Gámez, autor de "Historia de Nicaragua", a cuya autorizada firma confiamos, como un honor merecido al mismo, lo referente a uno de los tantos brillantes períodos de Don Dionisio de Herrera.

Como es sabido, cuando el General Francisco Morazán logró fortalecer el Gobierno Federal en Guatemala, teniendo como Jefe a Don José Francisco Barrundia, con éste acordaron enviar al prócer Herrera a Nicaragua para que se encargara tanto de su pacificación como de su organización administrativa; porque el Estado de Nicaragua se encontraba siempre en armas, a lo que contribuía la negativa de Managua de deponer las que tenía en su poder; lo que se logró cuando Don Dionisio se puso al frente de los destinos de aquel país.

Es de gran importancia destacar la opinión que se tenía sobre el grande hombre hondureño, para lo cual tomaremos dos párrafos de la "Historia de Nicaragua", de Don José Dolores Gámez, primera edición 1889, Managua; son los siguientes:

"Herrera fue un miembro importante del Partido Liberal y quizás el único hombre que por sus talentos y capacidades podía salvar a Nicaragua de la completa ruina en que le tenía sumido el desborde de las malas pasiones".

"Aunque había estudiado en Guatemala, Herrera había formado su espíritu al lado de Goicoechea y Valle. Desde muy joven leía los filósofos más profundos, los genios de la Francia, la historia antigua. Su corazón noble se había incendiado en las nociones de gloria y libertad. Su cabeza activa y fecunda combinaba los grandes problemas de la legislación y la política. Su estudio privado, su trato íntimo con los dos grandes literatos, honor de su país, habían desarrollado en él un carácter de empresa, un talento de gobierno, un tacto y conocimiento de los hombres y de los negocios".

Antecedentes no sólo destacados sino que ejemplares dejó Don Dionisio de Herrera como Primer Jefe del Estado de Honduras y cuya alta misión patriótica no pudo cumplir por completo debido a la traición de Don José Justo Milla que, convertido en instrumento del Presidente de la Federación centroamericana Manuel José Arce, como anteriormente lo decimos, invadió Honduras con un propósito:

Derrocar al Jefe Herrera, lo que logró incendiando Comayagua y gracias a la traición del Comandante de la plaza, el español Antonio Fernández.

Antes de entrar en detalles sobre la administración de Herrera en Nicaragua volvemos a citar al historiador José Dolores Gámez, en los siguientes párrafos de la mencionada "Historia de Nicaragua".

"La administración del Jefe Herrera fue de verdadera reparación para Nicaragua. Su política conciliadora, al par que digna, su sagacidad para resolver las mayores dificultades y el tino admirable con que siempre se condujo, a pesar de los muchos obstáculos con que tropezó, fueron muy notables y hacen que todavía se le recuerde entre nosotros como un modelo de buen gobierno".

"Herrera, sin embargo, contaba con poderosos enemigos en Guatemala y Honduras, especialmente entre el clero, y éstos llevaron sus influencias y trabajos a Nicaragua".

"En el año de 1832, fue general en Nicaragua el clamor, pidiendo la reforma de la Constitución Federal. Cada cual le encontraba defectos bajo el punto de vista que la examinaba: los centralistas, inculpando el sistema de gobierno que establecía; los federalistas quejándose de la debilidad en que dejaba al Gobierno general; los radicales, clamando por el establecimiento de algunas medidas; los ultramontanos porque no se daba a la Iglesia el primer lugar en la Nación; y todos en general, censurando el que el Gobierno dispusiera en absoluto de la alcabala marítima de los Estados, única renta positiva en aquel entonces".

"El clamor constante en pro de la reforma obligó al Jefe Herrera a convocar extraordinariamente la Asamblea del Estado, para someter a su decisión el asunto que preocupaba los ánimos".

"El Cuerpo Legislativo, reunido en virtud de la convocatoria, tomó la iniciativa en consideración, y en 6 de diciembre del mismo año fue expedida una ley, excitando al Congreso Federal con objeto de que a la mayor brevedad dictase las providencias necesarias para la reforma de la Constitución. Al mismo tiempo se declaraba que el Estado de Nicaragua resumía el poder soberano en todos los ramos de la administración y gobierno interior, mientras se llevaba a efecto la reforma pedida".

"El Congreso Federal, atento al clamor de los Estados, se ocupó preferentemente, a principio del año de 1833, en la formación de una ley de convocatoria para una Asamblea Constituyente; pero el Doctor Gálvez, hombre de gran influencia, miembro del mismo Congreso y caudillo liberal de Guatemala, se opuso tenazmente, y desplegó tal influencia, que logró dominar el sentimiento general de la Representación y ahogar en su cuna aquel pensamiento, que quizás habría salvado a Centro América del fraccionamiento posterior".

Mientras tanto, uno de los enemigos más declarados de las libertades y unidad del pueblo centroamericano, el ex Marqués Juan José de Aycinena, se encontraba emigrado en los Estados Unidos de América y desde allá echaba mano de todos los medios a su alcance para continuar su campaña de desprestigios para los pueblos del istmo.

En los días en que se trabajaba en la convocatoria para una Asamblea Constituyente, antes mencionada, circuló "con gran profusión" un periódiquito denominado "Toro Amarillo" dirigido por el relacionado ex Marqués; a este respecto dice Don José Dolores Gámez: "El Toro Amarillo" era un voluminoso folleto titulado: "Reflexiones sobre la Reforma Política en Centro América"; y se le dio aquel nombre, porque tenía la carátula de papel amarillo y por la furiosa embestida que daba al sistema federal, objeto de su saña. Estaba escrito con bastante corrección y lleno de citas de obras desconocidas y de pasajes históricos, que lo hacían más del gusto de la época".

Como bien dice el historiador Gámez, el ex Marqués de Aycinena sentía fobia por el sistema federal que defendía Morazán y que prostituyó Manuel José Arce. Refiriéndose concretamente a la repulsión que Aycinena sentía por el plan federalista dice en su relacionada obra: "Pretendía el ex Marqués que en Norteamérica primero habían existido los Estados y después la confederación, y que entre nosotros se había procedido a la inversa, por lo cual teníamos que lamentar tantas desgracias. Proponía, en consecuencia, la ruptura del pacto y el que los Estados se organizaran separadamente y que después volvieran a juntarse por voto espontáneo".

Las desgracias para Centro América vinieron, precisamente, por la oposición al sistema federal de parte de quienes no querían que los pueblos de Centro América se unieran para seguir ellos aprovechándose del separatismo para dar cumplimiento satisfactorio a intereses que no eran los de Centro América.

Manifiesta el Doctor Gámez que: "Las doctrinas políticas del ex Marqués tuvieron mayor eco en Nicaragua que en cualquier otro de los Estados, y a ellas se debió en gran parte las repetidas manifestaciones que hubo contra la Constitución y el descrédito en que este código fundamental cayó entre nosotros".

Los enemigos de Morazán y de Herrera mantenían una intensa campaña en Nicaragua contra el proyecto federalista y como dice el tantas veces citado historiador Gámez la negativa del Congreso Nacional a convocar a una Asamblea Constituyente tomaron como pretexto los opositores del Jefe Herrera "para organizar un fuerte partido de oposición en el departamento oriental y en todas sus dependencias políticas".

El General Francisco Morazán y el Presidente de la Federación, Don José Francisco Barrundia, sabían por qué habían enviado a Nicaragua a Don Dionisio de Herrera quien allá puso en marcha una administración tan bien planeada y mejor organizada que reafirmó la capacidad de Herrera como gobernante; jamás en Nicaragua se había sentido la presencia de una mente reorganizadora como la de Herrera.

Aunque la anarquía y la amoralidad, el desorden y la violencia, eran manifiestas, él supo capear tan peligrosas situaciones; pero sin embargo, tuvo que valerse del apoyo militar para salir adelante en sus centroamericanistas propósitos. A este respecto, es decir, al apoyo militarista, dice Gámez: "...plaga funesta, que tan duramente ha pesado sobre nuestras jóvenes repúblicas".

Agrega el historiador Gámez: "El señor Herrera, hijo de otra sección de Centro América, sin familia en Nicaragua, siguió esas fuertes vinculaciones de los hijos de un mismo vecindario, ignorante desde luego de nuestras interioridades y pequeñeces y además, hombre eminentemente civil, tuvo que valerse por necesidad de los jefes de armas de León y Granada, que eran los coroneles Don José Zepeda y Don Cándido Flores, respectivamente.

Zepeda era un hombre honrado, de carácter suave y de la misma escuela republicana del Jefe Herrera".

Flores, aunque también honrado, tenía por desgracia esa vanidad e insolencia que caracteriza a algunos de nuestros militares cuando se creen indispensables; y de allí el que mandara en los departamentos del Oriente con un absolutismo contrario a la conducta de sus Jefes; este absolutismo del Jefe Militar de Granada fue aprovechado por los oposicionistas a los planes reorganizadores de Herrera, que tenía como foco insurrecto a los orientales que lograron que algunas municipalidades pidieran al Jefe del Estado se retirara "para felicidad de Nicaragua".

Herrera, como tenía que suceder, de inmediato presentó su dimisión ante una reunión extraordinaria de la Asamblea del Estado.

Agrega el tantas veces citado Gámez: "Como hemos dicho antes, la idea de Reforma a la Constitución Federal era popularísima. En Nicaragua se pensaba que con ella podría el Estado en lo sucesivo disponer de la alcabala marítima, cuyo producto se exageraba, presentándolo como el único remedio para aliviar la penuria en que nos mantenían nuestras constantes guerras y nuestra poca o ninguna industria". De esto se aprovechaba la oposición.

Por otra parte, el clero se mantenía activo haciendo uso del púlpito para predicar "levantando el fervor religioso y presentando como mártir de la fe al Arzobispo Cassaus y a todos los miembros de las órdenes monásticas que fueron expulsados por el mismo General Morazán, a quien se presentaba como a un moderno Diocleciano sindicándolo de hereje y masón. La propaganda clerical hería también de lleno al Jefe de Estado".

En la Asamblea hervían las intrigas y por último aceptó la renuncia del Jefe Herrera, 19 de mayo de 1833. Pero cuando tal disposición llegó al conocimiento del pueblo, éste se levantó protestando contra la resolución del Poder Legislativo del Estado que, presionada y atendiendo además las indicaciones de algunas honorables personas, "tuvo el patriotismo de reconsiderar su acuerdo, 4 días después, revocarlo y suplicar a Herrera que volviera a hacerse cargo del Poder Ejecutivo: revistiéndolo, además, de facultades extraordinarias para el mantenimiento del orden".

Habían sido las poblaciones de Managua, Masaya, Metapa, Matagalpa, Chocoyos, Nandaime, Rivas y San Jorge las que habían puesto en juego diferentes maquinaciones para la caída de Herrera y con su restitución al poder del Estado "se sintieron lastimadas en su amor propio cuando lo vieron repuesto, y creyéndose en un caso extremo, levantaron el estandarte de la revolución. El incendio estalló terrible y amenazador por todas partes. El odio lugareño, el sentimiento religioso astutamente despertado, las ambiciones personales y otras cuantas miserias, servían de combustible a la llama revolucionaria, que por momentos crecía y amenazaba con calcinarlo todo".

El clericalismo y el fanatismo se aprovecharon de la ocasión y el foco de la insurrección fue Managua donde otro clérigo, José María Estrada, acaudilló el movimiento, siguiendo el ejemplo que en Honduras le había dado el Cura José Nicolás Irías.

El Jefe del Estado, Don Dionisio de Herrera, "humanitario y prudente" intentó por todos los medios a su alcance evitar el derramamiento de sangre y el sacrificio de nicaragüenses; por medio de un manifiesto en que reafirmaba su condición de preclaro varón de Centro América hacía un llamamiento al orden, a la paz, describiendo con toda objetividad la situación calamitosa de Nicaragua "excitando al patriotismo de todos para el restablecimiento del orden, ofreciendo que Nicaragua sería regida por el que los pueblos eligieran libremente; que había olvidado todo lo pasado; y que en el seno de la paz se harían las reformas que la mayoría indicase".

Los revolucionarios no comprendieron la actitud de Don Dionisio de Herrera y creyeron que sus esfuerzos para evitar el derramamiento de sangre eran una demostración elocuente de debilidad y de esta manera se prepararon para marchar sobre León que era la sede de la Jefatura de Estado; pero Herrera no estaba desprevenido y cuando el 10 de mayo de 1833, los sediciosos llegaron a León fueron batidos en toda la línea con un regular número de muertos y de prisioneros. Mientras tanto, el Coronel Cándido Flores, Jefe Militar de Granada, que se mantenía leal al Gobierno, prodigaba una franca derrota a los revolucionarios en las cercanías de Masaya.

Ante estas victorias, Herrera creyó conveniente insistir en el mantenimiento de la paz y lanzó proclamas y prometió indulto, "desmintiendo las falsedades con que se engañaba a los pueblos para sublevarlos contra el Gobierno y escribió e hizo escribir multitud de cartas privadas a los caudillos revolucionarios pintándoles con energía las desgracias que ellos en todo el país sufrían con la prolongación de la guerra".

Pero todo esto de nada sirvió, los revolucionarios, alentados por el clericalismo fanático y el conservatismo, siguieron adelante en su labor ingrata de destrucción de Nicaragua. Ante esto Herrera se vio obligado a tomar medidas severas e impartió órdenes a los Jefes Militares de León y de Granada para que en una acción combinada y bien dirigida marchasen sobre Managua, centro de acción de los insurgentes.

Este ataque a Managua lo define así el historiador José Dolores Gámez, uno de los mejores panegiristas de Don Dionisio de Herrera:

"Comandaba el Coronel Don José Zepeda y era el Mayor General el de igual grado Don Evaristo Berríos.

"Las tropas granadinas en número de 200 hombres iban comandadas, como hemos dicho antes, por el Coronel Don Cándido Flores y recibieron órdenes de atacar por el lado de Tiscapa, mientras dos lanchas cañoneras debían batir por el lado de la plaza".

"Distribuido convenientemente el resto del ejército, se dio el asalto el 30 de junio, siendo tomada la plaza después de un reñido fuego en que llegó a combatirse cuerpo a cuerpo y a bayonetazos".

"Estaban tan seguros del triunfo los revolucionarios que tenían listas bombas, cohetes y otros preparativos para festejarlo. Así es que su inesperada derrota los abatió completamente".

"En la plaza, según se dijo en documentos oficiales, se encontraron miniaturas y bustos de Fernando VII, en carey, en oro, en plata y en cobre con un letrero en torno que decía "Viva Fernando VII, Rey de España y de las Indias. Año 1828. En el reverso de algunas de ellas se veía un clérigo en actitud de predicar, con un letrero al pie alusivo también a Fernando VII".

Respecto a lo anterior, Herrera lanzó una proclama en Masaya, 19 de julio de 1833, "en la que hace presentes todas las maquinaciones de sus enemigos y anuncia que esas medallas y bustos iban a remitirse a todos los Estados de la Unión, para que Centro América comprendiera el origen de la guerra, sus actores y el fin a que éstos se dirigían".

Con la toma de Managua, Herrera se sintió alentado en sus propósitos humanitarios e inmediatamente, se trasladó al lugar de los hechos para dictar las medidas convenientes como ser: un Decreto de Amnistía General, restablecimiento de la Municipalidad y demás autoridades, poner en libertad a los prisioneros e impartir órdenes para que se atendiera esmeradamente "a los heridos enemigos con el mismo esmero que a los del Gobierno y prohibió toda clase de insultos y malos tratamientos para los vencidos".

El Jefe Herrera permaneció en Managua reorganizando la ciudad y ordenando que toda señal de acción bélica desapareciera principiando por destruir las trincheras de la plaza e igual cosa hizo en Granada.

La actitud de Herrera, justiciera e imparcial, trajo la confianza a los habitantes, los exaltados ánimos fueron aplacándose; se emitió un decreto de amnistía y la tranquilidad retornó a las comunidades que habían participado en las acciones de armas.

El 30 de julio, Herrera regresó a León donde fue recibido con manifestaciones de aprecio y simpatía; pero: "Dos Curas mantenían levantada la bandera de la insurrección en el departamento de Segovia; pero rodeados por fuerzas muy superiores, se acogieron al decreto de amnistía, el 24de septiembre, y fueron perdonados".

Se tenía un alto concepto de Herrera como gobernante, como justiciero, como hombre libre de prejuicios y el siguiente párrafo reafirma lo anterior:

"Herrera, hombre de elevada inteligencia fue tolerante con el derecho de insurrección, y sólo miró en los revolucionarios a hermanos extraviados, a quienes debía atraerse por el convencimiento".

Nicaragua antes de Herrera se encontraba en una situación desesperante; pero con la presencia de Herrera en la Jefatura del Estado, a pesar de los movimientos bélicos que tuvo que enfrentar y aplastar y las consecuencias de los mismos, debido a los incendios, a los saqueos, a los asesinatos, etc., fue cambiando gracias a la capacidad administrativa de Herrera y a su acendrado espíritu de justicia.

El 21 de agosto se reunió la Asamblea del Estado y aprobó la conducta de Herrera como gobernante, advirtiendo a los opositores que cualquier actitud en contra de su autoridad ameritaría la aplicación de las leyes sin consideraciones de ninguna clase.

Por los cuatro rumbos de Nicaragua se dejaron oír aplausos y voces de reconocimiento a Herrera cuyas virtudes cívicas lo condujeron a la práctica, en todas sus manifestaciones, del credo democrático.

Un hecho que habla con claridad meridiana del espíritu cívico y civilista de Herrera es el siguiente:

Cuando entró a Managua vencedor en todas las líneas, mandó a reunir todos los documentos en que, según quienes se los habían enviado, se hacían conocer las maniobras y propósitos de los enemigos vencidos. Y ante el asombro de los presentes los sometió a la destrucción de las llamas. Y fue, precisamente, durante el gobierno de Herrera en Nicaragua que su hijo mayor dio demostraciones de valentía defendiendo el poder que le habían confiado a su padre.

Las convulsiones de Managua repercutieron en Honduras maltratando su economía. Pero Herrera supo amparar el desarrollo de Nicaragua logrando la tranquilidad, la confianza y su gobierno no volvió a ser perturbado.

Una vez terminado su gobierno en Nicaragua, Herrera se trasladó a El Salvador donde le ofrecieron, por repetidas veces, la Jefatura del Estado pero él no aceptó aduciendo que buscaran hombres más competentes que él para que los gobernara; que él quería pasar tranquilo, rodeado de su familia, los últimos años de su vida y fue así como, según algunos historiadores, dirigió una escuela en la capital salvadoreña, otros aseguran que fue en San Miguel; pero el hecho fue que, sirviendo en una escuela, impartiendo sus sabios conocimientos, falleció el 13 de junio de 1850, a la edad de 69 años quien fuera claro y esplendente ejemplo de civismo y de altura patriótica.

Cuando Don José Francisco Barrundia, el preclaro varón centroamericano, supo la muerte de Herrera escribió un artículo que publicó en el periódico denominado "El Progreso" de Cojutepeque en el cual, entre otras cosas, dijo:

"¡Desapareció por último este veterano de la Independencia que existía como un monumento de la primitiva gloria de la Nación y de sus vulneradas instituciones!".

"Su elevado y eterno mausoleo está en la reorganización de Nicaragua, está en su contienda gloriosa por las libertades públicas y en el sacrificio de todos sus intereses en aras de la patria, arrastrando la proscripción y la miseria. Está en el corazón del patriotismo y de sus amigos".

HERRERA EL INMORTAL

Se han escrito y se escriben biografías de los prohombres hondureños; se han hecho estudios detenidos sobre los mismos; pero sobre Herrera, con las excepciones del caso, se ha mantenido un silencio cómplice con el cura José Nicolás Irías y demás oscurantistas que lo adversaron.

Si hacemos un detenido estudio sobre la vida de Herrera, como lo hemos procurado en las páginas anteriores, este estudio inmediatamente resalta su extraordinaria personalidad como simple ciudadano, como estadista, como intelectual, que leyó los clásicos franceses, españoles y otros, que absorbió las lecturas de Juan Jacobo Rousseau en su Emilio; que supo con gran clarividencia ver a Centro América independiente, y entregarse a su servicio sin pedirle nada; en fin, alrededor de quien giraron los movimientos independentistas se ha venido guardando, como ya lo hemos dicho, un injustificable silencio, como obedeciendo a la consigna impartida por el clericalismo y el conservatismo. Pero desde unos veinte años a esta fecha, se ha promovido un movimiento de desagravio a la memoria del Prócer, del cual ahora se hace eco la Asamblea Nacional Constituyente, en un gesto que apreciarán y aplaudirán las generaciones futuras.

Dionisio de Herrera se preocupó siempre por fortalecer su cerebro estando al tanto de toda obra importante que se publicara fuera de Centro América. Para ello estableció correspondencia entre ella, con Mr. Frank de Belice, a quien, en cierta oportunidad, solicitó le enviara la Constitución Inglesa, la Declaración de los Derechos del Hombre, las "Ruinas de Palmira" y otras obras. Cuando estuvo estudiando en Guatemala, aprovechó la Biblioteca de su pariente José Cecilio del Valle para empaparse en ciertas disciplinas intelectuales.

Desde que Herrera tuvo pleno conocimiento de su responsabilidad como ciudadano de Centro América, fue cobrando conciencia de la historia del Istmo, comprendiendo que estaba dividido en diferentes tendencias y, a su regreso de Guatemala, después de haber fortalecido su cerebro con diferentes disciplinas, entre ellas la jurídica, se puso al servicio de la Independencia sabiendo que se encontraba frente a dos tendencias: la de quienes, que eran los más, querían independizarse de España; y la de quienes, que eran los menos, querían seguir sometidos al Rey Fernando VII; comprendió que estar al lado de los que defendían el régimen colonial era de privilegio, y que estar por la emancipación significaba estar en un campo completamente opuesto a los que, por intereses que no eran los de Centro América, defendían la corona española. Pero él prefirió estar en el lugar que como centroamericano le correspondía. No le importaban las duras situaciones que tendría que enfrentar; pero él quería permanecer al lado de quienes propugnaban por conquistar sus derechos con rectitud, con altura de miras, con sólo un objetivo: terminar con la esclavitud y hacer que sobre Centro América resplandeciera el sol de la libertad.

Don Dionisio de Herrera comprendía que para alcanzar un noble objetivo existen caminos rectos y caminos sinuosos: caminos que se dirigen a una meta fija y de beneficios para la generalidad, y caminos que se apartan de ella porque van hacia campos contrarios al bien común. Don Dionisio tomó la ruta que los llevaría a la Independencia, no importaba lo difícil que fuera. Él poseía destreza suficiente y la capacidad del caso para seguir tal camino y, además, porque él era un hombre recto, inclaudicable y se hizo no sólo eco de los anhelos del pueblo, también se entregó entero a tan noble misión que culminaría con la clarinada independentista del 15 de septiembre de 1821.

Por todo lo anterior, quienes no querían dejar de sentir en sus espaldas y en sus conciencias el látigo de la dominación española, vieron en Don Dionisio de Herrera un hombre peligroso y, desde los tiempos de Don Narciso Mallol, cuando lo nombró Secretario de la Alcaldía Mayor y Diputado a cortes, trataron de interponer en su camino infranqueables valladares que Herrera supo salvar y seguir adelante como independentista de corazón.

Como Jefe de Estado de Honduras encontró la oposición intransigente del Cura Nicolás Irías.

¿Por qué? Sencillamente porque Irías, el provisor, estaba acostumbrado a mandar, sin réplicas de ninguna clase, tanto en la Iglesia como en lo civil y no le complació encontrarse frente a un Jefe de Estado que, como Herrera, estableció claramente la jurisdicción de su mando y se propuso actuar con algo que no era de la simpatía de Irías: con justicia y sin arbitrariedades. La actitud de Irías frente a

Herrera ya la hemos descrito anteriormente. Pero si no hemos dicho que hasta se intentó alejar a Herrera de Centro América metiéndolo en los campos de la diplomacia extranjera, como él mismo lo manifestó en cartas a sus amigos. Pero él era un genuino centroamericano y quería servir a Centro América dentro de su propio terreno como lo logró tanto en Honduras como en Nicaragua.

Si siniestro es lo amenazante, lo que puede destruir o cambiar un orden, esa condición de siniestro se personificó en Irías frente a Herrera.

Herrera, el Prócer indiscutible, una de las figuras cimeras de la Independencia, se propuso transformar la condición de Honduras y Nicaragua y lo logró cabalmente en este último país, imponiéndose a sus opositores y venciéndolos en todos los campos. Fue creador de nuevos órdenes, de nuevos sistemas que, empleados en el federalismo, tenían además como defensores a ciudadanos de la talla de Francisco Morazán, de José Francisco Barrundia y de cuantos más singulares personajes de Centro América.

Y esto más, Herrera era un espíritu civilista, no era un espíritu militar, pero cuando las circunstancias lo reclamaron no sólo echó mano del militarismo, como aconteció en Nicaragua, y después en Honduras luchando contra Francisco Ferrera, sino que él mismo dictó órdenes y planes de carácter militar para la defensa de la libertad; para detener la rebelión, las revueltas contra el orden y evitar los derramamientos de sangre; era un hombre lógico y, como hombre lógico, justiciero y que sabía apreciar las cosas, los hechos y los hombres en toda su exactitud; jamás fue un demagogo.

Don Dionisio de Herrera comprendía que la situación de Centro América era propicia para alcanzar su emancipación y fue así como enarboló la bandera de la libertad en un medio cuyos habitantes habían llevado durante tres siglos una vida de sumisión a España; y sabía Don Dionisio que no estaba solo; que hombres de alta categoría mental lo acompañaban y que el triunfo sería de los independentistas.

Herrera, como se comprueba siguiendo la ruta de su vida y de sus acciones, jamás se lanzaba a una empresa sin haber constatado antes las probabilidades de triunfo; esta era norma permanente en él en todas sus actividades, hasta en aquellas de carácter comercial que realizó en la Aldea de Macuelizo. Por estas razones, en Honduras como Jefe de Estado, realizó buena obra administrativa que sólo pudo ser detenida por medio de las armas que contra él empuñó José Justo Milla, traidor al suelo donde nació. Porque se hizo uso de las armas para derrocarlo, ante el fracaso de campañas de embustes y mentiras del Provisor Presbítero José Nicolás Irías; fracaso que fue consecuencia de la integridad moral y cívica de Don Dionisio.

Nuestros lectores se preguntarán: ¿Por qué la actitud agitadora de Irías contra Herrera? El doctor Don Rómulo E. Durón en su Historia de Honduras, página 214, No. 47, nos lo da a conocer así:

"47.-Las agitaciones del Estado que se manifestaron con los atentados del 5 de octubre y del 19 de noviembre continuaban. Era el agitador, como se ha dicho atrás, el Provisor Presbítero D. José Nicolás Irías. Parece que la lucha entre éste y el Jefe Herrera había comenzado ostensiblemente por un asunto que no era de carácter político. El Presbítero Pedro Brito había intentado, con el nombre de protección, un recurso de fuerza ante el Jefe del Estado. Este le amparó de hecho y previno al Gobernador de la Diócesis que suspendiese todo procedimiento contra Brito mientras se instalaba la Corte Superior de Justicia para que conociese del recurso. Irías no atendió la prevención, siguió procediendo contra el reclamante y contestó al Gobierno que no reconocía poder alguno en el Jefe para dictar un acuerdo contrario a las leyes; y que protestaba sostener la autoridad de la Iglesia que era independiente de cualquiera otra potestad civil y no podía ser atacada ni perturbada por ésta, sin someterse a las leyes que la misma Iglesia tenía establecidas contra los perturbadores de su alta jurisdicción. Herrera sostuvo su primer proveído y libró segunda carta de fuerza. Desde entonces la casa de Irías fue el punto de reunión de todos los descontentos, se llamó a Herrera francmasón y hereje y luego ocurrieron los atentados...".

"Los planes sediciosos de Irías hacían sentir su influencia en Tegucigalpa, Gracias, Santa Bárbara, Olancho y otras partes. La Municipalidad de Tegucigalpa tomó medidas de precaución y seguridad, siendo una de ellas haberse dirigido a Fr. Paulo Fernández del Convento de la Merced, manifestándole, por ser propio de su ministerio y dado el carácter de la revolución, su deseo de que desde la cátedra sagrada contribuyese a excitar el celo en favor de la observancia de las leyes y respeto a las autoridades".

"Mientras este religioso se conducía de manera tan recomendable, el Presbítero Moriana, Cura de Texíguat, hacía temer a la Municipalidad de este pueblo un trastorno allí y en los pueblos vecinos, tanto por las pruebas que había dado de su enemistad al sistema como porque se sabía que, a instancias del Provisor, caminaba de acuerdo con el Cura Valle, de Yuscarán, y porque a menudo hacían viajes a Somoto, en donde parecía que la opinión tampoco estaba muy en favor del sistema. El Cura Valle predicaba contra el sistema y en Yuscarán había muchos desafectos. De este mineral había ocurrido gente de arma blanca a Morolica, Valle afectó a Moriana y desafectó a Texíguat. La Municipalidad de este pueblo, viendo los pasos del Provisor, los satélites que le rodeaban y los enemigos que tenía Texíguat, estaba empeñada lo mismo que el pueblo todo en sostener al Gobierno, y al efecto el 21 de diciembre ya tenía enviados a Comayagua doscientos hombres y en esta fecha querían ir a tomar servicio cincuenta más".

"El Provisor siguió conduciéndose de tal modo que el 22 de diciembre fue objeto de una resolución de la Asamblea, en la cual se le declaró fuera de la protección de la ley lo mismo que a todos aquellos que, en lo sucesivo, se comprobase que fueran principales autores o cómplices en sus miras revolucionarias".

La decisión de la Asamblea anuló, dejando sin ningún valor ni efecto, la orden del 8 de octubre, "en la parte que mandaba a correr un velo a los sucesos ocurridos en Comayagua en aquellos días...". Se había comprobado que el Cura Irías era el autor intelectual en el asesinato frustrado del Jefe Supremo del Estado declarándolo fuera de la ley.

Lo demás ya lo hemos explicado en páginas anteriores.

Dijimos que Herrera había enarbolado la bandera de la libertad, y así fue, y en pro de la Independencia hizo uso de los puestos que se le habían confiado, como ser el de Secretario del Ayuntamiento de Tegucigalpa y Diputado a Cortes, y esto, en ningún caso significaba traición porque él estaba sirviendo los caros intereses de Centro América que, durante cruentos 300 años, había sufrido el peso del guantelete de hierro del régimen español. Y nunca, en ningún momento, trató de limitar la libertad con subterfugios de ninguna clase y siempre manteniéndose ajeno a aquellos intereses que no fueran los de Centro América.

Jamás, en ningún momento, se puede tachar a Herrera de la realización de un acto contrario al centroamericanismo porque él, a pesar del origen ibérico de su familia, se mantuvo en la condición de un independentista recto, impertérrito, invulnerable. Él era un convencido defensor de la paz y de la libertad, pero tratándose de macular éstas estaba listo a salir en su defensa porque era un defensor legítimo de la nacionalidad centroamericana.

Una vez, como ya lo dijimos, terminado su mandato en Nicaragua se trasladó a El Salvador donde la situación política era más que crítica; y donde, como dicen los historiadores, se producían sublevaciones en varios pueblos; para el caso en Tejutla y Chalatenango el Presbítero Félix Vides encabezó sublevaciones y otras agitaciones semejantes a las que se produjeron en Nicaragua cuando Don Dionisio de Herrera era Jefe del Estado.

La oposición desechaba al régimen federal. Al ser declaradas nulas las votaciones del Departamento de San Vicente, la Asamblea Legislativa del Estado se vio desorientada metiéndose en largas e infructíferas deliberaciones; por último, acordó declarar elegido como Jefe Supremo del Estado a Don Dionisio de Herrera, sencillamente porque Herrera había sido favorecido con los votos de los departamentos; elección que las intrigas que se movían dentro de la Asamblea quisieron arrebatarle; pero Herrera declinó el cargo habiendo asumido el poder el ex-Vice Jefe licenciado José María Silva.

Se le volvió a ofrecer el poder a Herrera, pero éste adujo motivos personales para no aceptarlo, entre ellos, como ya lo dijimos anteriormente, que quería vivir tranquilamente sus últimos años de vida. Y la Asamblea se vio en el caso de aceptarle la renuncia y el 2 de marzo de 1835, convocó a nuevas elecciones saliendo elegido Jefe Supremo del Estado el General Don Nicolás Espinoza.

Nuestro historiador doctor José Reina Valenzuela, refiriéndose a Herrera en el libro El Prócer, objetiviza claramente y de manera magistral la condición prócera de Don Dionisio de Herrera:

"Su liberalismo le llevó a pedir otro destino más útil para la inversión de 'capitales muertos' como eran los dineros acumulados por los bienes de obras pías, los diezmos y las capellanías manejados por la Iglesia y esto bastó para que le llamaran masón y hereje, porque su pensamiento, puesto al servicio de las mayorías, resultaba demasiado atrevido y revolucionario en un medio acostumbrado a las modalidades seculares. Herrera quería que con aquellos bienes y dineros, se abriesen escuelas, se construyesen caminos, se fomentase la agricultura, se organizase un Banco Nacional 'cuyos fondos deben circular en todos los pueblos de la Nación'; quería que se estimulase algún patrimonio que diera seguridad económica al Estado, pero no pretendía empobrecer a los Ministros del Altar ni destruir el Culto Divino: él pensó siempre en mantener pura e incólume la religión católica en que había nacido y la cual profesaba, muy a pesar de los remoquetes con que se pretendía desacreditarlo. Pedía que se estableciese la igualdad civil, porque la ley no debe reconocer privilegios ni de particulares, ni de familias, ni de comunidades. Y fueron estos intereses creados, de tipo económico más que político, lo que causó su tragedia en 1827 y su renuncia en 1834".

"Y por ello, la sombra de Herrera se proyectaba con tal magnitud en la conciencia pública, que llegó a infundir pánico en el seno de la camarilla reaccionaria formada, entre otros elementos, por los ricos burgueses, los nobles (así se llamaban ellos mismos), los latifundistas y los clérigos (con sus excepciones), quienes, conjurados con los políticos ambiciosos y retrógrados, acordaron destruirlo, aniquilarlo, convertirlo en hombre olvidado y oscuro, como si matándole o haciéndole desaparecer del escenario político, fatalmente sus ideas tenían que morir también".

"Así, confabulados los Arce y los Aycinena, los Montúfar, los Irías y los Milla, los Cornejo y otros tantos del mismo jaez se echaron contra el gobernante probo, sin reparar que se echaban contra un pueblo que no olvidaría las ofensas ni echaría en saco roto las ideas luminosas de aquel varón ilustre".

"Herrera fue revolucionario y liberal de verdad; en Nicaragua pudo fallar en su trayectoria para afianzarse en el poder por medio de la violencia y de una política intransigente y cruel; pero lejos de ensañarse contra sus enemigos, olvidó las ofensas y estuvo pronto a perdonar, fundando así una escuela cívica que desgraciadamente no afianzaron los políticos de la época, porque era para ellos más fácil perseguir y encarcelar, más sencillo asesinar, que hacer un gobierno cuyas raíces estuvieran en el corazón y la voluntad de los pueblos".

"En Honduras, luchó tesonera y heroicamente por salvar la ley y el decoro; se opuso a la reacción con valor, pero pudo más la mafia conservadora que, al final, le echó del poder. Cuando regresó al pequeño solar hondureño, vino a dictar los Códigos Civil y Penal desde su curul de diputado, a fundar un periódico que dijera al pueblo qué hacía el gobierno en su favor y a interceder por el perdón de quienes estaban convictos de rebelión contra la Constitución".

"Y si hubiera gobernado a El Salvador, sus ideas políticas, su bagaje de estadista y su patriotismo se habrían puesto una vez más sobre el tapete en donde se jugaba la felicidad de la ciudadanía".

"He aquí, pues, lo que Herrera hizo y pudo haber hecho".

Francisco Ferrera, quien participó en la defensa de Comayagua dando entonces demostraciones de apego a la libertad, al correr de los años dio un cambio rotundo sumándose a la reacción y convirtiéndose en enemigo acérrimo de Don Dionisio de Herrera, del General Francisco Morazán y de cuantos se habían empeñado en mantener la federación.

El Estado de Honduras se encontraba en una situación de verdadero desbarajuste económico e institucional; el entonces General Francisco Ferrera se aprovechó de la situación y el 30 de diciembre de 1839, la Cámara de Representantes lo eligió Presidente de Honduras, de la cual tomó posesión en Comayagua el 19 de enero de 1840. Desde ese instante la libertad que había jurado defender fue prostituida y la dignidad ciudadana escarnecida. Ferrera cerró su puño sobre la libertad convirtiéndose su gobierno en anárquico; en un gobierno de arbitrariedades; en un gobierno deshonesto; en un gobierno de persecuciones. Las familias honestas se vieron en el caso de abandonar Comayagua, buscar lugares más seguros a sus vidas, dejando sus propiedades al arbitrio del tiránico mandamás de turno.

Quien no estaba con Ferrera era su enemigo y objeto de encarnizadas persecuciones: unos huyeron a Nicaragua y otros a El Salvador y algunos otros buscaron refugios hasta en la profundidad de las montañas, huyendo de los sicarios del ex-sacristán de Cantarranas.

Como tenía que suceder, Herrera fue una de las víctimas de las endiabladas persecuciones, al extremo de que cuando los esbirros de Ferrera se dieron cuenta, en Choluteca, que Herrera había escapado ganando tierras salvadoreñas, se echaron contra sus bienes y contra sus sirvientes. Los saqueos se organizaron en nombre de la ley por todas partes y fue tanto el furor por la escapada de Herrera, que todos los libros y papeles de su biblioteca los arrojaran a la plaza pública para hacerlos pasto de las llamas. La incivilización contra la cultura. Los libros clásicos, las obras de destacados escritores como Rousseau, Diderot, Montesquieu, etc., pensadores ilustres de Francia, fueron también sometidos a la hoguera levantada por el salvajismo en el poder.

Ante aquella situación Herrera sufrió una total transformación y, como dice el Doctor Reina Valenzuela: "El pacificador de 1830, se transformó en guerrillero de 1840; el Predicador de Concordia y Fraternidad se convirtió en el sembrador de ideas de levantisca y en el organizador de asonadas y facciones armadas".

Tanto Herrera como sus amigos y partidarios estaban plenamente convencidos de que los conservadores eran los responsables de la tragedia de la patria grande y en particular de Honduras. El Pacificador por excelencia, el hombre de ideas liberales; el ciudadano amante de la libertad y de la justicia ante tanto atropello a la dignidad humana, y a él y a su familia en particular; aquel espíritu civilista se alistó en las filas de quienes se preparaban para, por medio de las armas, hacer que retornara a Honduras la paz, la tranquilidad y el trabajo. Si las ideas, arma de los hombres superiores, no eran suficientes para combatir y poner en su sitio a Francisco Ferrera y a sus seguidores, entonces pensó el Prócer, y así lo hizo, que a la fuerza no había que oponer ideas, sino la misma fuerza para vencerla y fue por eso que cuando Don Joaquín Rivera fue capturado y fusilado en Comayagua el 6 de febrero de 1845, poniéndose a la cabeza de los insurgentes, Texíguas y Curarenes, el propio Don Dionisio de Herrera logró salvarse junto con otros compañeros de aventura cruzando los ríos a nado hasta lograr traspasar la frontera con Nicaragua.

¿Herrera un ofuscado? No. No podía ser ofuscado por el hecho de defender primero los intentos de Independencia y convertirse en escudo de la misma una vez lograda; como no pudo ser ofuscado por el hecho de defender la tranquilidad de Honduras y, por ende, la seguridad de sus habitantes y, en fin, el progreso general de la nación.

¿Parcial Herrera? En ninguno de sus actos ni manifestaciones como simple ciudadano o como funcionario dejó ver la menor señal de parcialidad. Fue un hombre justo en todo y lo fue hasta con sus enemigos. ¿Demostraciones? El hecho de haber quemado en Nicaragua todos los documentos que le llevaron y en los que hacían constar las traiciones y campañas subversivas de sus enemigos. ¿Iluso Herrera? Así lo calificaron los enemigos de la emancipación pero, el 15 de septiembre de 1821, demostró que los ilusos habían sido otros y no él.

¿Demagogo Herrera? En ningún momento. Todo lo que prometía como gobernante lo cumplía y el bien de sus ciudadanos era su mayor preocupación; y si algunas veces falló a la ciudadanía no fue culpa de él sino de sus enemigos, que como Manuel José Arce y su sirviente José Justo Milla, no lo dejaron cumplir su misión.

Han corrido dos siglos. El tiempo ha pasado y quienes, manteniendo la consigna del clericalismo y del conservatismo, han intentado mantener el silencio de la historia sobre Don Dionisio de Herrera y su vida republicana, han fracasado rotundamente porque voces nuevas, imparciales, sin la levadura de odio y venganza de aquellas pasadas épocas, por medio de la letra escrita han levantado monumentos inmortales al perínclito ciudadano, al prócer ilustre, al hondureño preclaro, al hombre forjador de nacionalidades: Don Dionisio de Herrera. Y, en la esplendente cima de esos monumentos literarios, se destacan seis gigantescas letras, escribiendo la palabra PRÓCER.

LAS CENIZAS DE DON DIONISIO DE HERRERA

Datos biográficos suministrados por su nieta Doña Nella Aplícano Herrera de Sequeira al Br. Jorge Lardé y Larín, Director del Museo Nacional "David J. Guzmán".

Esta entrevista a una de las nietas de Don Dionisio es poco conocida y, como es muy interesante, la ofrecemos a continuación:

En San Salvador, a las once horas del día veintiséis de abril de mil novecientos cincuenta: yo, Nella Aplícano Herrera de Sequeira, citada por el señor Director del Museo Nacional "David J. Guzmán", Bachiller Jorge Lardé y Larín, para proporcionar datos sobre mi abuelo Don Dionisio de Herrera, me permito hacer las siguientes declaraciones:

1. Don Dionisio de Herrera era hijo de Don Juan Jacinto Herrera y Doña Paula del Valle, hermana del padre de Don José Cecilio del Valle. Esposó con Doña Micaela Quezada, prima hermana del General Francisco Morazán. Tanto los Herrera como los Quezada eran originarios de Santander, España.

Don Dionisio de Herrera, por tales nexos de parentesco, contribuyó a la formación del General Morazán y lo hizo Secretario del Gobierno durante el tiempo que ejerció la primera magistratura de Honduras.

Del matrimonio de Don Dionisio de Herrera vinieron al mundo catorce hijos, de los cuales vivieron siete. Uno de ellos fue Doña Dolores Herrera de Aplícano, madre de la declarante. Otro de los hijos sobrevivientes fue Don Mariano Herrera, padre de la señorita Arcadia Herrera, que aún vive.

Hermanos de Don Dionisio de Herrera fueron Don Próspero, Don Justo y Doña Mariana, siendo esta última la que acabó de criar a mi madre, quien tenía como cuatro años cuando murió mi abuelo.

2. Don Dionisio de Herrera era un acaudalado colono español, nacido en Choluteca. Donde hoy está el cuartel de Choluteca era propiedad de mi abuelo. Él fue Ministro Plenipotenciario de Centro América en París y los Estados Unidos.

3. Por tradición de familia sabemos que Don Dionisio de Herrera falleció en San Salvador y no en San Vicente como se afirma en sus biografías, y que fue auxiliado antes de morir por el señor Obispo Monseñor Pineda y Zaldaña. Al morir mi madre, por 1896, mi padre, Don Ezequiel Aplícano, que era coronel, me hizo entrega de una cajita de madera conteniendo los restos mortales de Don Dionisio de Herrera, que fueron enterrados en el ataúd que conducía los de la autora de mis días. A raíz de un movimiento unionista, yo desenterré esos restos, en la esperanza de que el gobierno de Honduras quisiera repatriarlos, pues por intermedio de Augusto C. Coello me habían solicitado. Después hice entrega de dichos restos al Padre Moreno de la Iglesia de San Francisco y mucho tiempo después, a iniciativa de éste, los entregué al padre Prior del Convento de Santo Domingo, Fray Manuel Díez, quien los inhumó en la Iglesia del Rosario, previa autorización de Monseñor Belloso y Sánchez.

4. Agregó que la casa donde estuvo el antiguo Palacio Nacional de Honduras fue propiedad de Don Dionisio de Herrera y que allí nació mi madre.

LOS ESCRITORES Y DON DIONISIO DE HERRERA

Historiadores y escritores, de gran valía han hecho apreciaciones justas sobre el prócer Don Dionisio de Herrera. Algunas de esas apologías las agregamos a este volumen para cerrar convenientemente el mismo.

DIONISIO DE HERRERA EN NICARAGUA

Por: *JOSÉ DOLORES GÁMEZ*

La personalidad política de Don Dionisio de Herrera, es muy simpática y hermosa para el pueblo de Nicaragua. La radiante figura de aquel eminente repúblico se destaca resplandeciente y pura del sangriento cuadro de nuestros primeros años de vida política, como una gloriosa reivindicación de nuestro pueblo y de nuestras instituciones.

El ánimo entristecido del historiador imparcial, que se ha visto obligado a descorrer el velo del olvido, que ocultaba a los ojos de las nuevas generaciones los desaciertos de nuestra infancia política, se espacia y consuela al encontrarse de pronto con un personaje de la talla de Herrera que, sobreponiéndose a las preocupaciones de su época y a los intereses del momento, aparece planteando con mano segura, pero con faz risueña, las instituciones liberales que hasta entonces sólo han brillado o a través de las nieblas o entre el fragor de las tempestades, y que combatidas por distintos y encontrados enemigos, no habían podido aún fecundar nuestro suelo con su amor.

Las grandes revoluciones han producido también grandes hombres. Europa como América, al deplorar los extravíos y desbordes de sus pueblos en las horas de suprema convulsión, han tenido el consuelo de ver surgir del torrente revolucionario hombres extraordinarios, seres excepciona-les que, levantándose del común de los demás hombres y sobre las pasiones y miserias de éstos, han venido a ser los apóstoles inspirados de la buena nueva.

Al emanciparse Centro América, contó también con el genio de grandes revolucionarios; y si Morazán con sus talentos militares,

Valle y Larreinaga con su erudición, Molina con su ardor patriótico, Barrundia con sus escritos de fuego, ocupan el primer lugar entre los padres y fundadores de la patria; Herrera obligado a figurar en apartadas regiones, es más modesto, pero no menos grande que aquéllos.

Don Dionisio de Herrera perteneció a una familia distinguida de Honduras y gozó de una fortuna opulenta. La persecución y la desgracia que sufrió durante las primeras convulsiones de Centro América, se agravaron sobre su persona, viendo desaparecer por la devastación sus bienes y sus ricas haciendas.

Emigró de Honduras, casi en la miseria; y el hombre opulento y de una alta posición, el que empleara toda su importancia política y sus raros talentos en el servicio de la patria, el que había regido los pueblos y establecido la ley y la justicia en Honduras y Nicaragua, el que se negó a servir la Jefatura del Estado de El Salvador, se vio un día careciendo de pan y reducido a dirigir en la capital salvadoreña una triste y pobre escuela de primeras letras, con cuyo escaso sueldo se mantuvo en sus últimos años.

Un día amaneció cerrada la escuela. El alma del maestro había volado a la eternidad y su nombre acababa de ser recogido por la historia, ufana de adornar con él la brillante página que le reservaba.

Don Dionisio de Herrera murió en suma pobreza y rodeado de numerosas familias, el 13 de junio de 1850. Su entierro fue humilde, y a su sepulcro llegó a acompañarle diez días después su esposa que no pudo resistir el pesar de aquella cruel separación.

Cuando Barrundia supo la muerte de Herrera, escribió lleno de dolor en El PROGRESO de Cojutepeque: "¡Desapareció por último este veterano de la Independencia, que existía como un monumento de la primitiva gloria de la Nación y de sus vulneradas instituciones!".

"Su elevado y eterno mausoleo está en la reorganización de Nicaragua, está en su contienda gloriosa por las libertades públicas y en el sacrificio de todos sus intereses en las aras de la patria, arrastrando la proscripción y la miseria. Está en el corazón del patriotismo y de sus amigos".

Historia de Nicaragua—José Dolores Gámez—1889.

EL PROCER DIONISIO DE HERRERA

Por: CÉLEO MURILLO SOTO

Vengo en nombre de la Asociación de Prensa Hondureña a depositar sobre la urna sagrada que guarda el recuerdo del Prócer cuyo centenario conmemoramos hoy, llenos de la más profunda reverencia, las palabras de sinceridad y de profundo afecto hacia uno de los más limpios varones de nuestra Historia.

Pareciera que el hombre que en 1826, avizorando el futuro y con la mano puesta sobre su conciencia de patricio, aún leyera a los hondureños aquel magno mensaje en que trazara con mano maestra a los legisladores del primer Congreso Ordinario de la patria, los lineamientos generales de la organización política, jurídica y económica de la Nación.

Del mármol que se alza sobre el augusto pedestal en un metro cuadrado de tierra hondureña, no habría de surgir jamás su figura invicta y soberana, porque para desgracia de la patria los varones como él, llenos de pensamientos sublimes y de profundas lucubraciones, pasan por el erial solitario como esos grandes sacrificados de la historia a quienes la jauría muerde y la indiferencia aniquila. Y no han de surgir jamás de esos mármoles y de esos soberbios troncos, porque las grandes energías de la naturaleza se las llevaron a ellos.

Don Dionisio de Herrera no es como Morazán el héroe relampagueante que en una mano lleva la idea refulgente y en la otra la espada vence-dora, que cuando no ciega con su fulgor, aniquila con el tajo glorioso.

No es como José Cecilio del Valle, el profundo inspirado de aquella época que ora concibe la magna anfictionía adelantándose o poniéndose de acuerdo con Bolívar a través del océano y de las montañas, o ya en tierras mexicanas deslumbrando por su sabiduría o su don caballeresco, lucha para que la tierra de sus mayores quede por siempre libre, soberana e independiente, como nació el sol en 1821.

Tampoco es como Cabañas el dolorido Quijote de la Unión Centroamericana en cuya barba nevada y en cuya figura aquilina escondía el hierro del brazo justiciero y la bravura del caballero que volvía de la muerte.

No. El Prócer era el organizador. Era el hombre de los conocimientos concretos sobre los problemas de su país. Era el talento que sistematizaba los conocimientos y los organizaba para ponerlos al servicio de la patria.

Sin el genio del héroe de Perulapán y del Espíritu Santo, sin el brillo cegador de su acero,

de él tenía la convicción patriótica y la visión futura de la patria digna y grande.

Sin las profundas concepciones de Valle, sin el laurel de su cabeza genial y sin la volubilidad de su carácter, de él llevaba sobre la frente pensadora la lumbre de la idea que encadena las conciencias y sublima el alma de los hombres.

Sin el valor temerario del Trino legendario, de él llevaba la dignidad que hace mártires y la hidalguía que como un olivo lleva la paz y la seguridad a las conciencias.

Por ello, los iluminados de la acción y del pensamiento en Centro América, lo han llamado el Prócer Herrera, porque como los varones que encarnan el alma de las grandes épocas, Don Dionisio encarnó el alma de Honduras y quiso hacer perdurables en su tierra las ideas recogidas en el diálogo que había entablado con los mejo-res pensadores de su época.

Cierro el libro que contiene el maravilloso mensaje leído por el Prócer Herrera, Primer Jefe de Estado de Honduras, ante el Primer Congreso Ordinario y a mis ojos viene enternecedora y simbólica, la imagen del niño que hace 20 años al terminar de leer en su examen párrafo de este mismo discurso, por sus suaves mejillas ro-daban dulces lágrimas

No era el recuerdo de su madre el que lo atormentaba, porque su madre estaba cerca; tampoco la corrección del Maestro porque la sonrisa del Maestro era evangélica; era algo más grave y profundo lo que se esperaba en el alma de aquel niño de 10 años. Era algo enternecedor lo que surgía de lo más delicado de su alma; era el sentimiento de la patria, de la tierra querida y amada que aún no conocía pero que la había oído nombrar en los labios de sus maestros y en las pocas páginas de los libros que en la escuela había leído.

Y ahora, ante breves párrafos de un mensaje que un hombre llamado Don Dionisio de Herrera había escrito hacía mucho tiempo, su alma párvula y asombrada nos hacía el obsequio de sus maravillosas y cristalinas lágrimas.

Señores: es que el poder de las palabras cuando encarnan el sentimiento de una época, cuando encierran el numen de la tierra donde el día nos acarició por vez primera los caireles, cuando por ellas habla el alma de un hombre puro que no conoce la maldad ni el encono y por el contrario es el iluminado de la acción y el vidente al servicio de su patria, tienen la virtud de conmover, los resortes más profundos del alma y de dejar en suspenso al párvulo que llega en su alborada a las maravillas de la tierra que le ha dado el ser.

Entremos en la Historia Patria y hablemos del varón egregio: ¿Quién es ese ciudadano, sin espada y sin laureles que llega el 16 de septiembre de 1824 a la Primera Magistratura del Estado de Honduras? Este es Don Dionisio de Herrera.

Los pueblos han votado por él y por otros, pero como no ha habido mayoría, lo han designado a él para que dirija los destinos de su país. Y a fe que ha tomado a conciencia su cargo.

Largo quedan en el pasado de su juventud las lecciones de filosofía y de otras ciencias sociales, aprendidas bajo la sombra benemérita del Sabio Valle y del profundo Goicoechea. Largo quedan los laberintos de la economía. Está ante las realidades esperanzadas de su pueblo y lo esperan embravecidas luchas y grandes desazones. Pero él tiene una conciencia ciega y una fe que sublima el ideal.

Con mano maestra traza los lineamientos de la organización política, jurídica y económica de su patria, para que los legisladores del Primer Congreso Ordinario sepan el camino que han de seguir en los grandes problemas que tienen que regular.

Hijo de una generación de patriotas e iluminados; Herrera no sabe de otros ideales que no sean los de la grandeza de la patria y los de la grandeza de las ideas, y estos ideales chocan contra el valladar de los intereses creados. Y la tormenta se cierne.

Sus mandatos y sus disposiciones hieren los intereses del Provisor José Nicolás Irías, y éste sospechando el peligro que se cierne sobre el Estado que antes ha manejado y ha influido mediante los poderes de la religión y del fanatismo, se dispone a la lucha y pone en práctica todas las argucias y todos los medios de que en aquel tiempo podría disponer hombre de su condición y de su rango.

Las maniobras se suceden y las acusaciones contra Herrera andan en los pueblos de boca en boca. La Nación se divide. Unos lo apoyaban y ven en él al organizador del Estado. Otros lo acusan y se hacen eco de las palabras con que el genio feroz demoníaco de Irías lo ha calificado de masón, de hereje y enemigo de la iglesia.

Masón, a quién habría comulgado con las más altas filosofías de su época; hereje, a quien no había cometido herejía; enemigo de la iglesia, a quien, frente a la gran verdad de la vida, cuando va a entrar en el gran silencio, redacta uno de los testamentos más cristianos de una de las almas más puras que han pasado por los predios de Honduras.

Hombre justo, no puede tolerar las injusticias, y ante una de tamaño relieve, ampara al Presbítero Pedro Brito, a quien perseguía el Provisor Irías. Y la furia no se hace esperar, y el Gobernador Eclesiástico lo excomulga para honra y gloria de Dios, según sus palabras.

Organizador del Estado y necesitado de recursos para obrar, dicta decreto el 13 de noviembre de 1826 reglamentando el cobro de la renta decimal, que hasta entonces había pertenecido a la iglesia.

Y el odio alimentado por el fanatismo, ahonda en grandes surcos las distancias entre estos dos Gobernantes. El uno, sobre la conciencia de los creyentes. El otro, sobre las conciencias ciudadanas.

Como las excomuniones no son suficientes para controlar la actividad del estadista y reformador, se arma el brazo del asesino, para cegar la vida del Prócer. Una noche, a la sombra de los aleros bienhechores de la antañona Comayagua, se oyen disparos por los balcones de la casa en que habitaba el patricio. Pero nada ha pasado. El crimen no se consuma porque Herrera ha sido previsor.

Entonces el Gobernador vuelve por los fueros de la ley, y considerando sin duda a Irías culpable de este atentado, el Jefe de Estado y la Asamblea Extraordinaria, a la sazón reunida, decretan la persecución de Irías el 22 de diciembre de 1826 y lo ponen fuera de la ley...

Entre tanto, Manuel José Arce ha sido declarado en Guatemala Presidente de la Federación Centroamericana en 1825 por una mala jugada del destino. El egregio José Cecilio del Valle, a quien le había sonreído la voluntad popular en la lucha, es desposeído de la victoria. Y aunque éste lucha en la prensa y demuestra con razona-miento irrebatible que él es el victorioso, Arce asume el mando y comienza para Centroamérica y especialmente para Honduras una serie de desgracias inesperadas. El Prócer Herrera habría de ser la víctima propiciatoria, y Honduras la

tierra iluminada por sus luces, el ámbito donde habrían de consumarse los más grandes ultrajes a su soberanía y a los más elevados principios morales.

En efecto, Manuel José Arce, traicionando al Partido Liberal que había luchado con él en las justas eleccionarias, se sustrajo a su influjo y entregó su suerte al reaccionarismo político que en aquellas fechas representaba al Partido Con-servador y el clericalismo fanático. Y en estas circunstancias, y en presencia del duelo que en Honduras se libraba entre las ideas liberales del avanzado Herrera y el clericalismo fanático y autoritario del Vicario Capitular de la Diócesis José Nicolás Irías, decidió intervenir fomentado en sus caprichos y en sus planes por el Arzobispo Cassaus y Torres y de acuerdo con el Canónigo Irías.

Y el ejecutor de los planes había de ser un hondureño. La Historia lo conoce con el nombre de traidor y se llama Justo Milla. Hay quienes lo defiendan y agregan que era una figura en el relieve político y militar de la época. Pero la misma Historia lo coloca en el papel del traidor a su patria y, lo que es más grave, de traidor a sus instituciones que dentro de una democracia incipiente ya empezaba a perfilarse bajo la acción bienhechora y liberal de Don Dionisio.

Sean cuales fueran los valores de Justo MIilla, la verdad es que este militar, comandando una división de la fuerza guatemalteca que Arce había puesto en sus manos, se encaminó a Honduras bajo el pretexto de proteger los tabacos de la Federación que se encontraban en la Villa de los Llanos hoy Santa Rosa de Copán, porque el Jefe Herrera quería apoderarse de ellos.

Con tal motivo se avecinaban para Honduras sucesos cruentos y van a cubrirse de sangre sus praderas y de miserias y deshonor muchos hogares respetables.

Pero la gloria no faltará tampoco para consolar en la derrota al más respetable y austero de los Próceres hondureños y al más amado de los héroes.

Herrera se apresta a la defensa. Su condición de hombre civil no es obstáculo para enfrentar la lucha unido a militares que entendían el oficio. Y para observar el rumbo del patricida una avanzada sale a su encuentro hacia el hoy departamento de Intibucá.

Yamaranguila es el teatro de una lucha cruenta. Con diez soldados heroicos el que mañana debía fatigar la memoria de los historiadores con sus hazañas separatistas y antimorazánicas, en aquella ocasión se cubre de gloria, deteniendo por algún tiempo la vanguardia del ejército de Milla.

¿Quién es ese soldado que de pronto se improvisa héroe? Es nada menos que Francisco Ferrera, un pobre sacristán del pueblo de San Juan de Flores, a quien el Doctor Ramón Rosa habría de llamar el sacristán sublime. Mas la suerte está echada y las fuerzas de Milla golpean las puertas de Comayagua y se instalan en el barrio de San Sebastián a principios de abril de 1827.

El Prócer no se amilana, y como en el recinto de sus cuarteles también fulge la coraza de muchos héroes, él, héroe también, lucha con la bravura de los hidalgos, que rota la lanza y destruido el acero, aún tiene la voluntad para el sacrificio.

Herrera resiste con bravura y con bravura impar luchan también Morazán y Remigio Díaz; pero la falta de víveres y la traición del Comandante de la Plaza Antonio Fernández, entregan a quien había soñado organizar su patria y hacerla florecer por las escuelas y la agricultura, por la inmigración y por la industria.

Los detalles de esta lucha cruenta no vale la pena referirlos porque son muy conocidos. Pero es bueno decir que Herrera fue conducido a Guatemala bajo custodia de 60 hombres y encarcelado en la peor de las cárceles que se le podía ofrecer: la casa de su agresor, el Presidente Arce.

Pero la lucha ha continuado en Honduras, y después de victorias y derrotas, de cárceles y de incontables caminatas, el Capitán Francisco Morazán reverdece los laureles de su patria, derrotando totalmente en los campos de La Trinidad a quien meses antes humillara la Bandera Nacional y el Escudo del Prócer. De ahí en adelante son muchas las coronas y muchos los gajos de laurel que habrían de exornar la frente del más grande de los héroes centroamericanos.

Derrocado Arce en Guatemala y colocado el egregio Barrundia, el Prócer hondureño vuelve de nuevo a ser puesto en acción. El que había nacido para la acción y el pensamiento, no podía ser relegado al olvido porque aquella época de héroes no los tenía a montones de la talla y de la madera de Don Dionisio de Herrera.

La tierra que después sería la madre del más grande de los poetas centroamericanos, hervía en odios y en sangre, porque dos contemporáneos, unidos por la sangre y separados por las ideas, habían entrado en desacuerdo y eran tan profundas las diferencias, que la muerte, el incendio, la anarquía, elevaban ahí altares humeantes a la destrucción.

Manuel Antonio de la Cerda y Juan Argüello eran los victimarios. Quienes en 1811 habían formado parte de los rebeldes precursores de las ideas libertarias del Istmo, se debatían ahora en la consumación de los más espantosos crímenes.

Era Nicaragua, según el decir de los historia-dores más autorizados, el campo dantesco donde una tragedia la restaba a la actividad de la Fede-ración centroamericana.

Pero ahí más que en la patria, probaría Herrera las fuerzas de su alma, los dones de su verbo convincente, la hidalguía y la generosidad de su espíritu al par que el valor con que Dios había armado su brazo para la acción.

Llega y convence. Plantea los problemas de Nicaragua y los problemas de sus gentes. Habla y por la palabra le salen las soluciones. Gesticula y en el gesto va la convicción de su pensamiento.

Es tal la fuerza de sus convicciones y la sagacidad de que hace gala, que los ánimos se apaciguan, cesa la tragedia, deponen las armas los fratricidas, y vuelven la paz, la actividad y el trabajo a enseñorearse de Nicaragua.

Y la corona de laureles no se hace esperar. Esta vez es el pueblo quien la coloca en sus sienes y lo eleva a la categoría de Jefe de Estado el 2 de noviembre de 1829. Pero no entra a ejercer el mando, por ausencia, hasta el 12 de mayo de 1830.

Ya es Jefe nuevamente de otro Estado centro-americano. Ya su brazo y su pensamiento están armados para la acción.

Piensa, organiza y mueve la maquinaria esta-tal. Pero otra vez vuelve de nuevo el verbo de los trastornadores de la paz de Centro América a agitar las conciencias contra el Prócer hondureño.

Algunas municipalidades protestan en cabildo abierto contra Herrera; muchos se insubordinan y blanden las armas, y entonces el Prócer interpone su renuncia, que después de algunas instancias la Asamblea le admite.

Pero medio pueblo de Nicaragua se levanta airado y amenazante por el retiro de Herrera de la Jefatura del Estado; y nuevamente la Asamblea se ve obligada a ratificar los poderes del Patricio para que vuelva al mando.

Herrera accede, y su bondad, su generosidad y su irreprochable sagacidad obra milagros en los disidentes. Por medio de cartas, de pláticas amistosas y convincentes, los insubordinados vuelven a la labor tranquila y pacífica.

Pero esta tregua no durará mucho tiempo. Luego se insubordinan Managua, Masaya y Matagalpa, y el pavor cunde en el país nuevamente.

Herrera se ve obligado a hacer sentir por la fuerza de las armas, y comienza la tarea. Se hace obedecer de los militares preparados para la acción. Lo secundan León y Granada y varios encuentros rubrican la victoria del Jefe de Estado.

Y el triunfo llega sin vacilaciones y Herrera lo dignifica extendiendo la mano amiga a los vencidos, ofreciéndoles las garantías necesarias, con-cediendo indultos y decretando amnistía.

De esta manera el forjador de los pueblos ha entrado en la Historia con el nombre de Pacificador de Nicaragua.

Y así, al terminar su período se retira al Estado de El Salvador donde la simpatía general del pueblo, alentada por los triunfos de este egregio ciudadano de Nicaragua, lo unge con sus votos para Jefe de aquella nación. Pero Herrera no acepta. Quién sabe qué profundas desazones amargaban su espíritu, y renuncia al puesto para el cual fuera elegido, de la manera más espontánea. La Asamblea no admite la renuncia y nuevamente se le insta para que ocupe el poder. Y nuevamente Herrera torna con instancias e interpone su renuncia, que al fin le es admitida por decreto de 2 de marzo de 1835.

De regreso a su patria, aún toma parte en la política siendo elegido diputado por Nacaome y Vicepresidente de la Asamblea que redactara la Constitución del 11 de enero de 1839.

Más la guerra vuelve a sembrar la tragedia en Centroamérica, y aunque el General Morazán gana batallas y se cubre de laureles en los campos del Espíritu Santo y San Pedro Perulapán, Centro América se fracciona, se desintegra y con el carrerismo en el Poder, el Prócer es per-seguido y desposeído de todos sus bienes.

En esta forma, la miseria y la desventura llegan a su casa y a su familia, y el grande hombre muere el 13 de junio de 1850, en el pueblo de San Vicente, sirviendo una pobre y humilde escuela de primeras letras.

Su esposa, compañera inseparable de su vida ,no ha soportado la tragedia y 10 días después lo sigue hasta la tumba.

EPÍLOGO

Don Dionisio de Herrera nació en un hogar honorable. Fueron sus padres Don Juan Jacinto Herrera y Doña Paula Díaz del Valle. No se conoce con seguridad ni el lugar ni el año en que nació. Algunos de sus biógrafos afirman que nació en Tegucigalpa; otros que nació en Choluteca; y con certeza sólo se sabe que en 1794 estudiaba en Guatemala y que el 31 de julio del propio año se presentó su señora madre ante el Alcalde Ordinario de primer voto, Don Mariano Urmeneta, solicitando la información "sobre que tanto la peticionaria como su esposo eran tenidos y reputados en la Provincia de Honduras como españoles de primera distinción, limpios de toda mala raza, de mulato, zambo, indio y hereje; sobre que muchos de los ascendientes de Don Juan Jacinto Herrera tuvieron empleos honoríficos, así en lo secular como en lo eclesiástico". Tal afirma el Padre Vallejo en su Historia Social y Política de Honduras y comenta el Dr. Rómulo E. Durón.

"Estudió en Guatemala, pero él formó su espíritu al lado de un Goicoechea y de un Valle. Desde muy joven leía los filósofos más profundos, los genios de la Francia, la Historia Antigua. Su corazón noble se había encendido en las emociones de la gloria y de la libertad. Su cabeza activa y fecunda combinaba los grandes problemas de la legislación y la política. Su estudio privado, su trato íntimo con los dos grandes literatos, honor de su país, habían desarrollado en él un carácter de empresa, un talento de gobernar, un tacto y conocimiento de los hombres y de los negocios".

"Herrera fue en su país víctima de las facciones. Su estandarte fue siempre el de la nacionalidad. Defendió con el mayor civismo la libertad política y la integración de la República, pero sucumbió al torrente desolador que trastornó las instituciones y fraccionó la nación. La persecución y la desgracia se agravaron sobre su persona; la devastación destruyó sus bienes y sus ricas haciendas. Emigró y abandonó su país casi en la miseria; y el hombre que empleara su importancia política y sus raros talentos en el servicio del país, el que había regido los pueblos y establecido la ley y la justicia, se vio careciendo de un pan, y cual otro Dionisio de Siracusa, sin haber sido como éste un tirano, sino antes bien un gran caudillo de la libertad, se vio reducido a dirigir una pobre escuela de primeras letras".

"Herrera había sido el oráculo de los patriotas. En medio de la enfermedad y la pobreza, su espíritu se reanimaba en los conflictos públicos. Sus consejos eran entonces de una sabia prudencia; pero sus planes eran siempre de decisión y de energía. Su alma llena de recursos era reservada, fuerte para los negocios públicos, era dulce y sensible, aromada y diáfana para sus amigos".

Así consagra su memoria en 1850, precisamente el año de su muerte, el periódico "El Progreso" de El Salvador, al escribir en forma sentida su Necrología.

Alguien ha dicho que ser grande implica ser incomprendido y el Prócer Dionisio de Herrera fue un grande hombre.

Pasó por la vida al lado de la fama y aunque le hizo sus misteriosas señas, él no era un mimado de la gloria. Era sólo un luchador, un hombre de gran talento, acaso dueño de genio, pero su estrella no fulguraba siempre.

Dice Heliodoro Valle, haciendo un retrato de su persona: "Yo creo que está en vuestra memoria su imagen con aquella sonrisa del Salón de Retratos del Palacio Nacional, en la que Don Dionisio mantiene el desdén que tuvo a la fama y la dignidad que tuvo en la muerte. Semblante lleno de la anticipada melancolía que nunca lo abandonó: la cabeza para el busto aislado y suficiente infinito para la luz intelectual; la frente amplia y blanca a la manera de un ala de la meditación; la boca desdeñosa y selecta; la nariz igual a la de Morazán; los ojos siempre escrutando entrañas de infinito o lejanías de ideal; el mentón de mujer; el pelo negro y con las patillas que se usaban entonces; rasurado el bigote; el óvalo fino, como que era de prócer, y prócer hubiera sido fatalmente, en cualquier tiempo o país; mano de gran señor; porte que denunciaba al que había nacido para mandar; la complexión robusta según su propia confesión. Ha de haber sido la suya una voz suave porque así es la de todos los fuertes, y suaves los ademanes, porque los generales le obedecían con dulzura; y su frugalidad tanto como su elegancia mundana".

"Ningún héroe, ningún santo, ningún dios de nuestra historia me ha cautivado lo que este hombre altivo y extraordinario a quien todavía no comprendemos y quien no necesita las palpitaciones del mármol para reincorporarse dominador y resplandeciente sobre la piedra de ara de nuestro corazón".

La pasión por la libertad fue un escudo, y la sabiduría fue el emblema de su juventud.

El amor por su tierra natal lo hizo esclavo de las pasiones miserables de su época y por sus ideas avanzadas fue el blanco de la ignorancia y de la ingratitud.

El valor del prócer no radica en sus grandes conocimientos ni en sus luchas por la paz y por la grandeza de los pueblos en que vivió. Radica en la conciencia de la libertad y del orden, de la hidalguía y de la generosidad que tan ampliamente orlaban la frente del bienaventurado.

Y para los hondureños, Herrera es la conciencia nacional, es la voz que habla con timbre sonoro de las excelencias de la tierra hondureña y con la seguridad profunda de que con brazos y mentes bien dispuestos, nuestra patria podría ser tan grande como cualquier otro pueblo de la tierra.

He ahí, hondureños, las tablas de la ley. He ahí a vuestro salvador y a vuestro guía. He ahí al iluminado de la acción y del pensamiento que aún desde la eternidad, a través de 100 años, nos está dando una lección de sapiencia ciudadana, un camino que seguir, una tarea que cumplir.

Si Honduras es el territorio que se alza entre dos océanos y si la surcan ríos que fecundan con oro y limo sus valles y collados; si es la tierra de las maderas preciosas, de las minas prodigiosas y de los campos feraces, qué más le falta para ser uno de los pueblos más civilizados y organizados de América.

Así como hemos construido un templo en nuestro corazón para albergar el recuerdo y la veneración hacia el héroe de La Trinidad; también levantemos otro, sobre el ara sagrada de nuestra alma, para que reine en él, sereno, magnánimo y omnisapiente, el pacificador de pueblos, el varón egregio de la probidad, el santo de la conciencia nacional.

BICENTENARIO DE DIONISIO DE HERRERA

Por: *VÍCTOR CÁCERES LARA*

En esta fecha, en medio de la indiferencia inexplicable y casi absoluta del Gobierno, los hondureños que no hemos olvidado el culto a los grandes valores de nuestra nacionalidad, conmemoramos el segundo centenario de nacimiento del prócer Dionisio de Herrera, padre verdadero de la nación hondureña e ideólogo, quizás el más prominente en el istmo, de la causa de la independencia nacional.

Nació Dionisio de Herrera en la Villa de Jerez de la Frontera de la Choluteca, como fruto del amor de Don Juan Jacinto Herrera y Doña Paula Díaz del Valle de Herrera, el 9 de octubre de 1781 y fue hermano de Don Próspero Herrera, diplomático de Centro América en Europa, y de Don Justo José Herrera, Jefe del Estado de Honduras.

Estudió Derecho en la Universidad de San Carlos Borromeo de la ciudad de Guatemala, donde obtuvo el título de Abogado. Se dedicó por breve tiempo al comercio en Nicaragua y se radicó posteriormente en Tegucigalpa donde fue secretario del Ayuntamiento en los años inmediatamente previos a la Independencia, durante los cuales se dedicó a difundir las luces de la ilustración y a forjar líderes para el pueblo, teniendo en mente la emancipación absoluta de Centro América del dominio español.

La mañana del 28 de septiembre de 1821, la acción de Dionisio de Herrera fue determinante al redactar el Acta de Independencia de Tegucigalpa, al declarar la identificación absoluta de la todavía Villa de San Miguel con Guatemala y al ofrecer el sacrificio de vidas y haciendas para mantener la causa de la libertad.

En momentos muy difíciles, los del enfrentamiento con Comayagua, Herrera fue Jefe Político de Tegucigalpa y a partir del 16 de septiembre de 1824, Jefe del Estado de Honduras, en instantes en que se le mencionaba como uno de los varones más capaces de Centro América y, por lo tanto, con opción a la Presidencia de la República.

Ejerció la Jefatura del Estado en medio de grandes dificultades, pero siempre con gran entonación patriótica. Fue derribado del mando después de larga lucha armada con ejércitos federales que contra él envió el Presidente de Centro América. Fue llevado preso a

Guatemala y después de liberarse, como consecuencia de la victoria morazánica de 1829, retornó a Honduras donde fue Diputado y pasó a Nicaragua donde fue pacificador y Jefe del Estado. Fue elegido también Jefe del Estado de El Salvador, pero dadas las circunstancias imperantes prefirió renunciar a la honrosa distinción para dedicarse a la enseñanza en la ciudad de San Vicente.

Todavía en los años de 1844 y principios de 1845 acompañó al prócer Joaquín Rivera en su lucha contra el Gobierno del General Francisco Ferrera, y después de la derrota, regresó a San Vicente para morir en San Salvador el 13 de junio de 1850.

Dionisio de Herrera es la máxima figura de la historia puramente hondureña y no nos explicamos el silencio indiferente que en torno de ella se viene haciendo, desde que el Doctor Marco Aurelio Soto y el Doctor Ramón Rosa lo pusieron al margen del homenaje nacional que se rindió, erigiéndoles estatuas a Francisco Morazán, José Cecilio del Valle, José Trinidad Cabañas y José Trinidad Reyes. El Presidente, Doctor Francisco Bertrand, trató de reparar el lapsus erigiendo a Herrera un busto en el parque que lleva su nombre; pero la verdad es que Herrera debería tener un monumento gigantesco acorde con sus altos méritos en un sitio céntrico de Tegucigalpa y a la vez un altar de admiración, de cariño, de gratitud y de reconocimiento en el pecho de todos los hondureños. Este año debió haber sido el de Dionisio de Herrera y por todos los medios debió hacerse la más amplia divulgación de sus méritos y de sus realizaciones en favor de Honduras.

(Tomado de Diario "La Prensa").

DIONISIO DE HERRERA JEFE DE ESTADO

Por: JOSÉ FRANCISCO MARTÍNEZ

Como expresión del Gobierno Popular Representativo Federal de Centroamérica, creado por el General Filísola, ex-lugarteniente de Agustín de Iturbide de México, el 16 de septiembre de 1824 fue electo Jefe del Estado de Honduras, el Licenciado Don Dionisio de Herrera. Lo eligió una Asamblea Nacional Constituyente reunida en el municipio de Cedros, departamento de Tegucigalpa (hoy Francisco Morazán), por un período fijo de 4 años, lo mismo que en su calidad de Vicejefe al Coronel José Justo Milla. Era Presidente Federal de Centroamérica el General Manuel José Arce. La Federación había sido proclamada a la caída de Iturbide.

Consciente de sus nuevas responsabilidades, dotado de un alto espíritu revolucionario, y sin olvidar sus deberes para con la patria, el Licenciado Don Dionisio de Herrera se interesó de inmediato por darle al territorio nacional una necesaria fisonomía política y administrativa, para la mejor marcha de los negocios públicos. En tal virtud, dividió el territorio nacional en 7 departamentos, y nombró al ciudadano Francisco Morazán, Secretario General.

Dotado de amplia cultura, el primer Jefe de Estado de Honduras, Don Dionisio de Herrera, creó la primera Corte Suprema de Justicia y el primer Escudo de Armas. Sin embargo, desde el inicio de su gestión administrativa y política, se agriaron sus relaciones con el Vicejefe de Estado Don José Justo Milla, que pretendía mantener a Honduras muy atada a las ambiciones de mando absoluto del Presidente Federal Manuel José Arce, con asiento en ciudad de Guatemala. Estas relaciones anárquicas llegaron a su punto culminante, cuando el Vicejefe Milla interpuso la renuncia de su cargo, la que aceptó de inmediato el ciudadano Herrera, convocando a su vez al pueblo hondureño para una nueva elección de Vicejefe de Estado. Milla regresó a Guatemala.

Así las cosas, en medio de este torbellino de pasiones y ambiciones criollas, por distintos conductos el Presidente Federal Don Manuel José Arce conspiró contra el Jefe de Estado hondureño Don Dionisio de Herrera, valiéndose para ello de su aliado el Vicario de la Diócesis de Comayagua, el nefasto Padre Nicolás Irías, quien llegó hasta el extremo de excomulgarlo primero y, posteriormente, intentar asesinarlo en su propia casa de habitación, donde residía en unión de su esposa e hijos. En esta conspiración se movían los hermanos Lindo.

Fracasado el cura Nicolás Irías en su malévolo propósito, el General Manuel José Arce otorgó una fuerte dotación de armas y soldados al Coronel José Justo Milla, y le ordenó marchar sobre Comayagua a través de los valles de Santa Rosa de Copán y sectores occidentales del país.

Milla invadió Honduras, y de triunfo en triunfo llegó a los alrededores de Comayagua, la que sitió e incendió a su gusto, contando siempre con la cooperación traidora del sacerdote Nicolás Irías y demás sujetos que le rodeaban sumisamente.

Morazán y amigos del Jefe de Estado Don Dionisio de Herrera resistieron al invasor en "La Arada" con denodado heroísmo personal, pero todo esfuerzo fue inútil; el traidor español Antonio Fernández, Comandante de Armas de la plaza y amigo íntimo del ex-Vicejefe de Estado Justo Milla, capituló, entregando la ciudad de Comayagua al pillaje y destrucción de los invasores.

El Jefe de Estado de Honduras, Don Dionisio de Herrera, fue apresado y conducido con grillos y cadenas a Guatemala, como si se tratara de un vulgar criminal. Ese nefasto día para la historia de Honduras fue de fiesta para el cura Nicolás Irías y comparsa.

La primera división territorial de Honduras corresponde al Jefe de Estado Don Dionisio de Herrera, que sancionó el Decreto emitido el 28 de junio de 1825, creando los departamentos de Tegucigalpa (hoy Francisco Morazán, Decreto Legislativo del 11 de enero de 1943, gobernando el General y Doctor Don Tiburcio Carías Andino); Olancho, Choluteca, Gracias (hoy Lempira, por Decreto Legislativo del 17 de febrero de 1943, gobernando el General Carías Andino); Santa Bárbara, Comayagua y Yoro.

Fomentó la educación pública, la agricultura y la ganadería, creando importantes fuentes de riqueza para el país. Dionisio de Herrera fue un Jefe de Estado muy superior al tiempo que le tocó actuar por designio de las circunstancias históricas.

ACTITUD RELEVANTE DE HERRERA

Por: Segundo Vásquez Avila

En el Palacio Nacional de Guatemala, a 19de agosto de 1829, el Presidente Interino de la República Federal de Centro América, el C. José Francisco Barrundia, autorizado por el Congreso Federal y de acuerdo con el General Morazán, nombró Conciliador, Mediador y Jefe Provisional del Estado de Nicaragua, al C. Dionisio de Herrera, ex-Jefe de Honduras, para que pasara a dicho Estado, envuelto en guerra civil, a pacificarlo y, en su oportunidad, convocar a los pueblos a elecciones de autoridades superiores, así como lograr un patriótico entendimiento entre grupos apodados desnudos y mechudos, timbucos y calandracas, orientales y occidentales, grana-dinos y leoneses. El C. Herrera cumplió su difícil misión con admirable tino, cuya política conciliadora lo llevó a la Jefatura del Estado de Nicaragua.

El Dr. D. Lorenzo Montúfar, en "Reseña Histórica de Centro América", tomo segundo, página 38, refiere la actitud relevante de Herrera, en su misión conciliadora a Nicaragua, en los términos siguientes:

"Terminada por entonces la revolución de Nicaragua, las municipalidades colmaron de elogios al mismo funcionario que antes se había denostado. En una de las actas, laudatorias se dijo que cuando entró a Managua, se le presentaron documentos en que constaban las maniobras y tendencias de sus enemigos, y que sin haberlos visto los mandó quemar. El cambio de la atmósfera que rodeaba a Herrera, hacía también que en Guatemala se respirara un aire nuevo. Uno de los partidarios de Gálvez, refiriéndose al incendio de papeles que se acaba de mencionar, comparó a Herrera con Napoleón I; y otro dijo que mucho antes de Napoleón, había observado Pompeyo igual conducta. De manera que Herrera en aquellos días, era en la tertulia del Doctor Gálvez, uno de los hombres más grandes del mundo".

Estas justas palabras dejan entrever con luz meridiana la grandeza de la vida de Dionisio de Herrera, gloria de Honduras.

IDEAS DE DON DIONISIO DE HERRERA (EN EL BICENTENARIO DE SU NACIMIENTO)

Por: RAFAEL BARDALES B.

Don Dionisio de Herrera, Primer Jefe de Estado de Honduras, está cumpliendo el día de hoy el bicentenario de su nacimiento, suceso que tuvo lugar en la ciudad de Choluteca el 9 de octubre de 1781.

El Dr. Jesús Aguilar Paz, en el prólogo que escribió para la biografía de nuestro primer gobernante del Dr. José Reina Valenzuela, descubrió como curiosidad la presencia del número 9 en hechos de la vida del ilustre chorotega. Veamos la presencia de ese número.

9 de octubre de 1781, fecha de su nacimiento.

9 de octubre de 1812, fecha de la emisión de las leyes españolas, las cuales permitieron al Alcalde Mayor recomendar la elección de Herrera como Diputado Suplente a Cortes.

9 de abril de 1820, fecha de su matrimonio con la señorita Micaela Quezada.

9 de julio de 1820, el Rey abrió las Cortes, de la cual Herrera era Diputado Suplente.

9 de agosto de 1823, escribe la carta a Francisco Antonio Márquez, proponiéndole la separación de Tegucigalpa de Comayagua.

9 de octubre de 1823, escribe otra carta al Padre Márquez, hablándole de Valle y Arce como hombres necesarios.

9 de septiembre de 1825, dirige una proclama desde Comayagua al pueblo de Tegucigalpa.

9 de mayo de 1827, la plaza de Comayagua se rinde a José Justo Milla y Herrera fue hecho prisionero.

9 de abril de 1829, Morazán sitió la ciudad de Guatemala, cuya rendición permitió que el nuevo gobierno nombrara a Dionisio de Herrera, el 19 de agosto de ese mismo año "Conciliador, Mediador y Jefe Provisional de Nicaragua".

9 de enero de 1839, Lindo Matute, con sus declaraciones al Gobierno salvadoreño, obligado por Francisco Ferrera, pretendió opacar la ideología de Herrera, perenne enamorado de la Unión de Centro América.

9 de agosto de 1839, Ignacio Vega sustituyó a Herrera como Diputado, quien, decepcionado de la situación política, se retiró del Congreso.

9 días después de la muerte de Don Dionisio de Herrera murió su esposa, Doña Micaela Quezada de Herrera, prima hermana del General Morazán. Los nueves, pues, han intervenido en la vida del prócer Herrera.

Cursó los estudios de derecho en la Universidad de San Carlos Borromeo de Guatemala, en cuyas aulas impregnó su espíritu con las enseñanzas de la Filosofía, la Historia y las doctrinas de los filósofos que fueron los ideólogos de la Revolución Francesa. Fray Antonio de Liendo Goicoechea, el reformador de la enseñanza universitaria, le dio la oportunidad de aprender a sustituir la filosofía de palabras por la de la razón y la experiencia.

Intimó con las ideas de Rousseau, Montesquieu, Diderot, Voltaire y demás enciclopedistas. Con este ideario revolucionario se entregó a la causa de la independencia de Centro América.

Influenciado por Montesquieu, Don Dionisio de Herrera sostenía que los Estados Republicanos deben ajustarse a las letras de la ley. No se le puede hacer interpretaciones cuando se trata del honor de la ciudadanía o de la hacienda de un ciudadano.

Agrupaba a los pueblos pobres en dos clases, siguiendo a Montesquieu: Hay dos clases de pueblos pobres, los empobrecidos por la dureza del gobierno y los que nunca han tenido aspiraciones por no conocer o por desdeñar las comodidades de la vida. Los primeros no son capaces de ninguna virtud, porque su empobrecimiento es efecto de su servilismo; los segundos pueden hacer cosas grandes, porque su pobreza es una parte de su libertad.

Tuvo conciencia del valor del hombre en la formación de los pueblos, lo que se advierte en la carta que dirigió al Padre Márquez. "La población debe ser el primer objeto de la política".

Apreció el poder de la imprenta como sostén de los Poderes del Estado: Para sostenerse en la Asamblea y en el Gobierno no hay más fuerza que la de la opinión.

Esta sólo se consolida por medio de la imprenta. Yo sacaría del fondo más sagrado lo necesario para establecer dos imprentas más, al lado del Gobierno y otras tres, lo menos repartiría en las Provincias confiándolas y aún regalándolas, si era necesario, a personas de luces y prudentes, que escribiesen con moderación o con energía, según conviniere".

Era hombre de paz. Como pacificador de Nicaragua dijo a los nicaragüenses sublevados contra su gobierno: "En el nombre de la religión, de la paz y del amor, en el nombre de la humanidad doliente, en el nombre de la patria afligida y finalmente por ustedes y sus hijos, los excita el Gobierno al restablecimiento del orden y al respeto de las leyes. Un denso velo cubrirá lo que ha pasado. Podrán enjugarse las lágrimas vertidas, se harán las reformas en medio de la paz y por hombres de luces, y se evitará una inmensa responsabilidad ante Dios y los hombres. El Jefe podrá separarse más pronto del Gobierno; Nicaragua será regida por quien elijan los pueblos libremente".

Al referirse al estudio y cumplimiento de la Constitución de Centro América y de la primera Constitución de Honduras, Herrera manifestó: "Estudiar de día y meditarla de noche, es el deber primero de todo funcionario público que está obligado a cumplirla religiosamente por su parte y hacerla cumplir a los demás ciudadanos. Estos deben, por la suya, saber cuáles son los deberes que la Ley les impone con respecto a la sociedad y a todos sus miembros para practicarlos y los derechos que les concede para saberlos gozar y defender".

No era partidario de las Constituciones de texto largo sino breve y claro; "que la Constitución de estas provincias fuese muy breve, muy clara, y muy liberal, cuando lo permita el estado de los pueblos".

Reconoció la necesidad de capacitar al hombre por medio de la educación para que pueda explotar los recursos naturales en función de los intereses de la nación.

"¿Y por qué Honduras ha de caminar con tanta lentitud, teniendo elementos para marchar a la par de los primeros estados? Volved la vista, ciudadanos legisladores, a esa área inmensa comprendida desde el Atlántico al Pacífico. Ella es habitada por hombres que conservan en la mayor parte su inocencia primitiva y que se hallan dispuestos a recibir las mejores impresiones. No han sido corrompidos por vicios destructores ni por revoluciones desastrosas. Se han hecho siempre distinguir por sus talentos, por su carácter y por sus virtudes. Nada más les falta, para no ser inferiores a los habitantes de la Ática y del

Lacio, que los medios de ilustrarse y de desarrollar toda la energía de su genio".

Cuando el Presidente Arce declaró la guerra civil al Jefe de Estado de Honduras Don Dionisio de Herrera, José Cecilio del Valle le testimonió su apoyo por la causa que defendía el gobernante hondureño: El Jefe de Estado de Honduras es hombre de bien, observador de la ley, y amigo de la especie humana. Si ha habido derecho para agraviarle en el sol a la faz del mundo, él tendrá también para defenderse con igual publicidad. Tiene honor, familia y propiedad.

Pero supóngase que sea un déspota. ¿El despotismo del Jefe de una nación dará derecho a un Estado de ella para separarse del gobierno legítimo y ponerse bajo la protección del gobierno de otra nación extranjera? ¿La tiranía del jefe de un Estado lo dará a un departamento para separarse del gobierno legítimo y ponerse bajo la protección del gobierno federal? La Constitución no aprueba estos actos. Manifiesta clara y expresivamente lo que debe hacerse en uno y otro caso, y lo que dice la ley es lo que debe hacerse".

La vida excelsa de Herrera es un camino generoso y bueno para Honduras, para su juventud, que debió reabrirse en esta ocasión histórica para que el pueblo lo viera como ruta que debe seguirse con fe en el porvenir. Pero aquí se olvidaron que tenían el deber de hacerle justicia en el bicentenario de su nacimiento, al Prócer de la Independencia y al creador de los primeros frutos de la República como Primer Jefe de Estado.

(Tomado de El Heraldo).

VIDA DE DON DIONISIO DE HERRERA

CONMEMORACIÓN

El 13 de junio del corriente año se cumplió la primer centuria del fallecimiento de don Dionisio de Herrera, ilustre prócer hondureño que trabajó por la independencia de estos pueblos y que ha sido respetado y admirado por todos los que conocen la historia de su vida fecunda.

Nació en la vieja ciudad de Choluteca, situada en el soleado territorio del sur de la República de Honduras, reposando sus venerables restos en la Iglesia del Rosario de San Salvador.

Su infancia pasó tranquila a la sombra protectora del hogar y su pubertad y juventud igualmente tranquilas y felices las pasó dedicado al estudio y preparación intelectual que podían suministrarse en aquella época. Parte de esos estudios los hizo en la ciudad de Guatemala a donde sus padres lo enviaron con el objeto de ampliar sus conocimientos. Esto pasó en 1794.

Al llegar a la virilidad Herrera entró de lleno en la vida política dispuesto a cumplir sus deberes ciudadanos. Desempeñó varios puestos desde la humilde Secretaría Municipal de Tegucigalpa hasta la Jefatura más elevada del Estado de Honduras. Fue pacificador y Jefe del de Nicaragua y electo con este último carácter en El Salvador, se negó aceptar renunciando del cargo.

Sus enemigos, usurpando el augusto carácter de la Historia y convirtiéndose en jueces, han acusado a Herrera de dictador y de haber cometido algunos abusos y desmanes; pero se han olvidado que para emitir un juicio imparcial acerca de un personaje histórico hay que atender a las circunstancias que lo rodearon y a la época en que vivió. De los hombres es el errar, decían los romanos (hominum est errare). Al pesar o medir las acciones humanas hay que tomar en cuenta el número de las buenas y las malas y si predominan las primeras hay que calificar al hombre como bueno, señalando con indulgencia las malas y cuando no atenuarlas.

En 1826 Herrera se vio en la necesidad de luchar contra el poder religioso del Canónigo José Nicolás Irías que quería sobreponerse a la autoridad civil fundado en las creencias de la Edad Media, desarraigadas afortunadamente por los principios redentores modernos. Herrera triunfó en esta lucha.

En 1827 Manuel José Arce, Presidente de Centro América, que nunca entendió el mecanismo del Gobierno de la Federación, quiso someter a su capricho al Jefe Herrera y como éste le opusiera resistencia a cumplir órdenes sobre asuntos que le eran privativos, comisionó al Coronel graciano, José Justo Milla, para que con pretextos fútiles lo derrocara del poder, como efectivamente ocurrió, pues incendiada la ciudad de Comayagua Herrera fue puesto en prisión y enviado a Guatemala. En 1829 José Francisco Barrundia, Presidente entonces de Centro—América, lo puso en libertad y lo envió a pacificar Nicaragua en donde cumplió con buen éxito su importantísima misión.

A su regreso de El Salvador a Honduras desempeñó la vice—presidencia de la Asamblea Nacional, aquí reunida, que dictó la Constitución Política de 11 de enero de 1839. Herrera perseguido por sus gratuitos enemigos y sin medios de subsistencia por haber sido devastados sus cuantiosos bienes de fortuna, se vió precisado a emigrar a la ciudad de San Vicente, República de El Salvador, en donde desempeñó con éxito el humilde cargo de maestro de escuela. Bellamente dice el Dr. Gámez en su historia de Nicaragua: "Un día amaneció cerrada la escuela. El alma del maestro había volado a la eternidad y su nombre acababa de ser recogido por la historia ufana de adornar con él la brillante página que le reservaba".

Perdure en los siglos la grata memoria del prócer Dionisio de Herrera a quien sus conterráneos rinden en esta fecha el homenaje de su respeto y sincera admiración.

Esteban Guardiola C.

BIOGRAFÍA DE DON DIONISIO DE HERRERA

> Memoria clarorum, vivorum, nulla unquam oblivione, delebitur
> aut obscurabitur.

Bajo el sistema de despotismo que el Gobierno español estableció en sus colonias americanas, la educación de la juventud estaba en la situación más lamentable. Las Universidades, que según el profundo Condillac tanto han retardado los progresos de las ciencias, sólo servían en América para enseñar quimeras despreciables. Formaba la lengua latina la base de los estudios, por la necesidad que de ella había para el estado eclesiástico, la jurisprudencia civil y canónica, y para el estudio de la medicina; únicas puertas que estaban abiertas al americano para obtener una mediana subsistencia, o merecer en la sociedad alguna consideración. De aquí resultaba que se llenaban las cabezas de los estudiantes de frases y versos escritos en una lengua muerta, y rara vez suficientemente entendida para apreciar su mérito, con mengua del cultivo y posesión del idioma patrio, de esta lengua tan rica, elegante y majestuosa, que se cuenta en el número de las pocas cosas buenas que debemos a los españoles.

Aprendíase también, bajo el nombre de Lógicas, a porfiar más bien que a raciocinar, a jugar con la razón más bien que a fortificarla. Cualquier hombre sensato que hubiese entrado en los antiguos claustros, sin estar advertido antes, habría juzgado por los gestos descompasados, el empeño y furor que se tomaba por el ergotismo ridículo, que se hallaba en medio de una multitud de locos o energúmenos. Habiéndose introducido el espíritu de partido en la Filosofía como en la Teología, se desatendía el provecho, sólo se buscaba la gloria estéril de un triunfo vano, inventando para conseguirlo, sutilezas y distinciones con que eludir la dificultad. El resultado A QUE SE RECARGABAN los cerebros de los discípulos, de antes de razón, de cualidades ocultas y otras mil ridiculeces, sólo propias para engendrar confusión y arrancar toda semilla de afición al estudio.

En vez de aquella Metafísica sublime que hace el análisis del espíritu humano y calcula su marcha, y en cuyos abismos penetró el profundo Loke con la antorcha de la verdad en la mano, aprendíase una Metafísica tenebrosa, en cuyos espacios se edificaban sistemas quiméricos y se aturdía la razón; lejos de ocuparse en enseñar a conocer al hombre, calcular sus facultades y móviles, propagábase el sistema de las ideas innatas. La Física, llena de formalidades, accidentes y cualidades, explicaba por estos medios los fenómenos más misteriosos de la naturaleza.

No entraban en aquel plan de estudios, las Matemáticas, ni el dibujo; un velo impenetrable cubría los idiomas extranjeros, la Química, la Historia de la naturaleza y la Ciencia social; una sombra oscura separaba a los americanos del conocimiento de su propio país, de nuestro sistema planetario y de la mecánica general del Universo; no tenía la menor idea de las relaciones que ligan al hombre en sociedad ni las sociedades entre sí. En suma, no se enseñaba nada de cuanto el hombre necesita saber; pudiendo decirse con verdad, que los jóvenes se volvían más ignorantes y necios en las aulas, porque en ellas no veían ni oían las cosas que más relación tienen con la vida en sociedad.

Empero los destellos de luz que en tanta copia despidieron Francia y los Estados Unidos de América, dieron una dirección más feliz a las ideas. A pesar y a despecho de la vigilancia del Gobierno español, penetraron en las colonias las producciones inmortales de algunos filósofos y desde entonces puede decirse que en Guatemala la juventud aplicada llegó a columbrar la luz.

Merecen esculpirse en letras de oro los nombres de aquellos varones ilustres que con sus esfuerzos contribuyeron a la benéfica obra de extender y reformar los estudios. En Guatemala Villaurrutia, Ramírez, Goycoechea y Cañas, abrieron escuelas de dibujo, hicieron adoptar nuevos cursos de Filosofía en la Universidad y plantearon otras reformas útiles.

Por aquella época estudiaba en Guatemala el joven hondureño don Dionisio de Herrera, quien se formó al lado de Goycoechea y de su pariente Valle; desde muy joven leía los filósofos y escritores franceses más profundos, por manera que cuando rayó en la antigua Capitanía general, la dulce aurora de la libertad, ya Herrera era un literato y un hombre de Estado, de pensamiento y acción.

Dotado de estas grandes cualidades, gozaba desde entonces del aura popular; así es que cuando en junio de 1823 se eligieron los individuos que debían componer el primer Poder Ejecutivo, muchos diputados distinguidos trabajaron en la Asamblea Nacional Constituyente para que Herrera fuese nombrado en vez de don Juan Vicente Villacorta, a quien era, con mucho superior en conocimientos; pero habiendo triunfado la mayoría en aquel Cuerpo deliberante, resultaron electos para desempeñar aquel alto destino, los señores doctor don Pedro Molina, don Juan Vicente Villacorta y el licenciado don Antonio Rivera Cabezas.

La Constituyente expidió el decreto de convocatoria de 5 de mayo de 1824, para que en todos los que debían ser Estados, se procediese a nombrar y reunir sus Congresos Constituyentes, los Jefes y Vicejefes, que debieran ejercer, conforme a las bases decretadas, el Poder Ejecutivo en cada Estado. En consecuencia, fue en Honduras el primer Jefe, el ciudadano Dionisio de Herrera, posesionado en septiembre de 1824, y Vicejefe el ciudadano Justo Milla.

En virtud del decreto mencionado, decretada después la Constitución federal de 21 de noviembre de 1824, procediose a elegir Presidente y Vicepresidente de la República, resultando el ciudadano Manuel José Arce, electo para la primera Suprema Magistratura.

Por el rompimiento de Arce con el partido liberal, este alto funcionario decretó el arresto del Jefe de Guatemala, ya asesinado el Vicejefe del mismo Estado, Cirilo Flores, en 13 de octubre de 1826, la Asamblea y Consejo representativo se disolvieron, y para reemplazarlos Arce convocó a elecciones, de cuya operación resultó electo Jefe del Estado, contra la opinión de Arce, don Mariano Aycinena.

Herrera en Honduras se oponía a las providencias que el Presidente dictaba, y por éste meditó los medios que debía emplear para deponer al Jefe. Aquel Estado no estaba pacífico; hubo tentativas de asesinar a este funcionario; y la Asamblea había declarado que Herrera no era Jefe sino provisional, dando por lo tanto un decreto de convocatoria a elecciones que Herrera desconoció, y continuaba en el mando. Al mismo tiempo estaba el Jefe en guerra declarada con el canónigo don Nicolás Irías, Gobernador del Obispado, y esta contienda influía en los pueblos, porque ambos tenían partido. El Provisor excomulgó al Jefe, y éste dictó órdenes para la prisión de aquél.

Entre tanto, algunos departamentos desconocían la autoridad de Herrera, y entre otros los de Gracias, donde estaban almacenados los tabacos de la Federación, en los que se decía tener el Jefe interés en apropiárselos. Con este motivo ostensible, esto es, para defender los intereses federales, situó el Presidente una fuerza en aquel departamento, a las órdenes del Coronel Justo Milla, quien se encaminaba a Comayagua, distante setenta leguas de Los Llanos. Esta marcha persuadió a Herrera de que la custodia de los tabacos era puramente un pretexto de Arce y que lo que en realidad pretendía éste, era derrocarlo. Para ponerse a cubierto de este peligro, destacó un piquete de cuarenta hombres a las órdenes del Teniente—coronel Alvarado, con instrucciones de que observase los movimientos de Milla. Llegó a Intibucá Alvarado distante treinta leguas de la villa de Santa Rosa, donde supo que aquel Jefe marchaba con toda su fuerza.

El Capitán Francisco Ferrera, que fue mandado con diez hombres, para observar los movimientos de la división federal, se encontró con ella en el pueblo de Yamaranguila, a distancia de dos leguas de Intibucá, donde peleando con sólo el puñado de hombres que conducía, logró detener por algún tiempo la marcha del batallón guatemalteco.

Arce dice en apología de su conducta, que el Jefe fue el agresor en la guerra ocasionada por esta acción, pero estando los tabacos a sesenta leguas de Comayagua, veintiocho de Yamaranguila, donde le encontró la descubierta del oficial Ferrera y a treinta de Intibucá, se viene en conocimiento de que Herrera no provocó la lucha, y que antes bien Milla dio margen a ella, en cumplimiento de las órdenes reservadas que al efecto tenía.

Este Jefe siguió su derrotero, no habiendo encontrado en el tránsito ninguna resistencia, después del suceso referido. Llegó, pues, al término de su jornada. y en 10 de mayo de 1827, ocupó por capitulación la plaza de Comayagua, que fue sitiada E INCENDIADA. Con este suceso y la prisión del Jefe que fue conducido a Guatemala, quedó Honduras enteramente sometida a la autoridad del Presidente, que mandó practicar elecciones, como lo había hecho en Guatemala, para la renovación total de los poderes constitucionales de aquel Estado.

Dedúcese de esta fiel y exacta relación, que Arce se propuso mudar el personal de la Administración política en la República, y sólo en este Estado no lo hizo por la resistencia que encontró y porque desde el 14 de febrero de 1828 que se separó temporalmente del ejercicio de la Presidencia, el Vicepresidente Beltranena se negó a devolver el mando. Como Nicaragua estaba dividido en dos partidos, cada uno de los cuales tenía a su cabeza al Jefe Cerda y al Vicejefe Argüello, quienes por una anomalía de la revolución gobernaban a la vez y eran obedecidos por sus respectivas parcialidades, Arce protegía a Cerda, y aun le remitió una cantidad considerable de fusiles, para que contra Argüello se sostuviese, porque éste era enemigo de Arce.

Cuando éste en 1° de octubre de 1826, sin facultades, convocó para la villa de Cojutepeque un Congreso Nacional extraordinario, se opinó entonces y aun se sostiene en el día, que aquel acuerdo fue dictado por Arce con la mira de cambiar las instituciones y establecer el sistema central o unitario. En efecto, no hay sino tres medios de juzgar los sentimientos de cualquiera, sus acciones, sus palabras y sus escritos; pues se aducen las últimas especies de prueba para justificar la imputación que se acumula a Arce; pero respecto a la primera, sus acciones, falta la prueba, porque la medida de que se ha hecho mención está demostrando que su autor solamente se propuso alejar de la escena pública a los representantes que estaban dispuestos a declararle responsable, aun por algunos capítulos injustos.

Hay una consideración de que no puede prescindirse y es la de que Arce estaba íntimamente convencido de que en toda la República y especialmente en El Salvador, el sistema federal era el ídolo de los pueblos, resueltos a derramar su sangre por sostener esta modificación de la forma popular; por eso él no se hubiera atrevido a abolirla, temiendo herir los sentimientos nacionales. Fué acusado de miras siniestras, porque las pasiones no permitían que otras prevaleciesen en la República. Las intenciones de los hombres sólo están patentes al Ser Supremo, que lee el fondo de las almas.

La verdadera causa de la lucha de 26 a 29 fue que ni Arce y sus banderizos, ni tampoco sus adversarios, reflexionaron seriamente que ningún pueblo tiene que esperar reposo hasta que se haya acostumbrado a sacrificar los intereses individuales, al interés general. Hasta que las leyes se miren por los ciudadanos como corazón y principio vital del Estado y no como gravámenes que cada cual debe procurar eludir por su parte, no esperen felicidad pública.

En Nicaragua agravábanse de tal modo los males que oprimían a sus pueblos, que su mismo exceso debía acelerar su terminación, y acarrear una época más tranquila y venturosa. A tan alto punto llegaron los desórdenes y la opresión de los buenos, que la desventura general trajo consigo su propio remedio, llamando la atención del General Morazán, que sucedió a Arce en la Presidencia de la República. Él se ocupó de apaciguar aquella tumultuosa anarquía, nombrando para la consecución de este fin al ciudadano Dionisio Herrera. Este tranquilizó los disturbios domésticos, restableció el orden y exterminó los descontentos y discordias en 22 de abril de 1830.

Procedióse a elecciones de las supremas autoridades, y celebradas, resultó electo para Jefe, el pacificador, quien tomó posesión de su alto empleo en mayo subsiguiente. Desde luego sacó de Nicaragua, para coronar su gloriosa empresa, a los demagogos y agitadores.

Los medios empleados por Herrera para la extirpación del mal y para calmar aquella agitación, fueron las grandes muestras de moderación y sensatez que siempre dió, no empleando más armas que su generosidad y cordura, una animosa energía y valiéndose del conocimiento que tenía de los hombres y de los negocios de todo el país.

Pero el destino había decretado que Herrera no debía concluir en paz su período constitucional. En 3 de diciembre de 1832, la Asamblea de aquel Estado, siguiendo el movimiento de reformas constitucionales que agitaba a todo el país, acordó desconocer las providencias emanadas del Congreso federal, mientras no decretase las enmiendas de la Ley Fundamental, y asimismo que quedasen a disposición del Estado las rentas federales.

En 19 de abril del año siguiente, el partido de las reformas concita una sedición en Nicaragua. La Villa de Managua es la primera que se pronuncia, desconociendo al Jefe Herrera, que ejercía tales funciones después de haberle sido admitida su renuncia por la Legislatura: Masaya y Matagalpa secundan a Managua, entre tanto que Granada y León se arman contra los disidentes. Así se dio principio en aquel

Estado a una nueva lucha, que después de varios reencuentros parciales, terminose con la rendición de Managua el 29 de junio del mismo año y con la espontánea sumisión de la villa de Nicaragua, que aunque no había tomado parte en la contienda armada, sí había desconocido al Gobierno en acta celebrada el 11 de mayo anterior.

En los partes que se publicaron de la toma de Managua, se aseguró haberse encontrado en aquella plaza multitud de miniaturas que representaban por un lado a Fernando VII y por el reverso a un sacerdote en actitud de predicar, con esta leyenda: VIVA FERNANDO REY DE ESPAÑA E INDIAS, año de 1828; pero esta especie fué desmentida y ridiculizada en varios impresos de aquella época.

En diez de diciembre del mismo año de 33, la Legislatura de Nicaragua tomó en consideración el asunto de la apertura del gran Canal de Nicaragua, decretada en 16 de junio de 1825 por el primer Congreso federal.

Aquella Asamblea se mostró en todo anuente con lo determinado por la Representación nacional, y el Jefe Herrera, que era hombre de encumbrados pensamientos, fue uno de los colaboradores más entusiastas de este gran proyecto.

Después de la caída del Jefe ciudadano Joaquín Sanmartín, acaecida en 23 de junio de 1834, fué elegido Herrera para Jefe de este Estado, pero renunció por dos veces y resistió a las repetidas instancias que se le hicieron para que aceptáse el destino.

Desde entonces se retiró a la vida privada, pero disuelta la Federación a consecuencia del decreto del Congreso federal de 30 de mayo de 1838, y de la guerra que los estados de Nicaragua y Honduras hicieron al simulacro de Gobierno nacional que existía en este Estado, el General Morazán emigró del país, y Herrera, cuyo estandarte había sido siempre el de la nacionalidad, fué en su país víctima de las facciones.

La persecución y la desgracia se agravaron sobre su persona, la devastación destruyó sus bienes y sus ricas haciendas. Emigró para este Estado en la miseria, y el hombre opulento y de alta posición social; el que con sus raros talentos había servido al país, se vió careciendo de un pan. Su vida fué consagrada a la patria, su muerte a la piedad y a la religión; falleció en San Vicente el 15 de junio de 1850.

Los filósofos más sabios del gentilismo, Sócrates, Platón y Marco Tulio Cicerón enseñaban, que para los mortales que defendieran y ensalzaran a su patria hay cierto lugar separado en el Cielo; y nosotros, iluminados por la luz del Evangelio, ¿no debemos con mayor razón pensar que el Eterno destina a aquel lugar de delicias a los beneméritos patriotas como Herrera?

Así lo creemos firmemente.

Victoriano Rodríguez,
Salvadoreño.

San Vicente, septiembre de 1875.
(Tomado de la "Revista de la Universidad", Tegucigalpa.)

DIONISIO DE HERRERA

Hijo primogénito de don Juan Jacinto Herrera y doña Paula Díaz del Valle, nació en Tegucigalpa en el último cuarto del siglo pasado. No se ha podido averiguar fijamente la fecha de su nacimiento. Sólo se sabe que en 1794 se hallaba en Guatemala, a donde había sido enviado a estudiar. El 31 de julio de ese año, se presentó su señora madre ante el Alcalde Ordinario de primer voto, don Mariano Urmeneta, solicitando se siguiera información sobre que tanto la peticionaria como su esposo eran tenidos y reputados en la Provincia de Honduras como "españoles de primera distinción, limpios de toda mala raza, de mulato, zambo, indio y hereje" sobre que ninguno de la familia fué castigado por el Santo Oficio y sobre que muchos de los ascendientes de don Juan Jacinto Herrera tuvieron empleos honoríficos, así en lo secular como en lo eclesiástico.[1]

Por aquel tiempo, gracias a los esfuerzos de los señores Villaurrutia, Ramírez, Goicochea y Cañas, se había extendido y mejorado el plan de enseñanza en Guatemala, abriéndose escuelas de dibujo adoptándose un nuevo curso de Filosofía en la Universidad, y estableciéndose otras notables reformas. Tocóle, pues, a don Dionisio de Herrera aprovechar esta favorable circunstancia, y debido a ella y al estudio que hizo de la Historia y de los filósofos y escritores franceses más profundos, "era ya un literato y un hombre de estado, de pensamiento y acción",[2] cuando se declaró la independencia de Centro—América.

Concluidos sus estudios regresó a Tegucigalpa, donde en 7 de agosto de 1820, empezó a desempeñar la Secretaría del Ayuntamiento. Dejó este modesto empleo el 3 de febrero de 1822, fecha en que entró a servir otro más importante: el de jefe político de la Provincia, que desempeñó con singular tino y circunspección.

Reunida la Asamblea Constituyente que declaró por decreto de 19 de julio de 1823, la independencia absoluta de Centro—América que, poco antes, merced a los patrióticos trabajos de Valle, se había

---

[1] Vallejo. —Historia Social y Política de Honduras, Capítulo IV, páginas 271 y 272.
[2] Biografía de don Dionisio de Herrera, por Victoriano Rodríguez.

desligado de México, muchos Diputados distinguidos se esforzaron en el seno de aquélla, porque don Dionisio de Herrera fuese uno de los nombrados para el ejercicio del Poder Ejecutivo, en lugar de don Juan Vicente Villacorta; pero no consiguieron su objeto.

La Asamblea Constituyente expidió el decreto de convocatoria para que, en los que habían de ser Estados, se procediese a organizar las Asambleas Constituyentes respectivas y a la elección de Jefes y Vicejefes que debían ejercer el Ejecutivo de cada uno de ellos. Practicadas las elecciones y reunida la Asamblea de Honduras en Tegucigalpa, eligió esta Jefe del Estado al señor Herrera, en virtud de no haber habido mayoría de votos en las elecciones primarias. Cesó, pues, en sus funciones de Jefe de la Provincia, y tomó posesión de su nuevo cargo el 16 de septiembre de 1824.

La Asamblea que se había trasladado a Comayagua, a donde tuvo que trasladarse también el Ejecutivo, dictó allá la Constitución del Estado el 11 de diciembre de 1825, y en la misma fecha la refrendó el señor Herrera con su Secretario General, el señor don Francisco Morazán.

A virtud de decreto de la misma Asamblea, que había emitido con anterioridad a la Constitución, procedióse a la elección de Diputados a una Asamblea Legislativa. Esta se reunió en Comayagua el 5 de abril de 1826. Ante ella leyó el señor Herrera el importante discurso que insertaremos en seguida.

A pesar de que los actos del Jefe del Estado se encaminaban a la organización de la hacienda pública, de las milicias y de la administración de justicia, al fomento de la agricultura, de la inmigración y de la industria y, en fin, al establecimiento de un buen sistema de gobierno, bajo el cual todo floreciera en el país, pronto se levantó contra él la reacción, al frente de la cual es puso el Vicario, Canónigo don José Nicolás Irías, contando con el apoyo del Presidente de la República, General don Manuel José Arce, quien, habiendo entrado ya en el camino de la arbitrariedad, veía en Herrera un obstáculo serio al desarrollo de sus planes. El Vicario Irías, lanzó excomunión contra el Jefe Herrera, su pretexto de haberse echado sobre los bienes de la Iglesia, y debido a esto se le intimó orden de prisión y señálasele por cárcel el recinto de la ciudad de Comayagua y Irías se fugó, y sublevó contra Herrera los departamentos de Santa

Bárbara, Gracias y Olancho y exigió préstamos y contribuciones, mandó extraer algunas alhajas de la Catedral de Comayagua, las que hizo vender, invirtiendo luego su producto en la compra de fusiles para armar a los descontentos, fomentó cuanto pudo la anarquía y provocó la invasión de Honduras por tropas federales, la que al fin conceptuó Arce necesaria, ya que la facción encabezada por aquel sacerdote no fué bastante para derrocar al señor Herrera.

En efecto, con el pretexto de custodiar los tabacos pertenecientes a la Federación, almacenados en la Villa de Santa Rosa de Copán, fuerzas federales mandadas por el Coronel Justo Milla, invadieron el Estado. Como no fuera aquél su verdadero objeto, avanzaron hacia Intibucá, pero fueron detenidas en su marcha por algún tiempo al llegar a Yamaranguila, por el oficial Francisco Ferrera que mandaba diez soldados con los que estaba allí de observación. Sin más contratiempos las tropas de Milla llegaron a Comayagua y le pusieron sitio. Sucedió esto el 4 de abril de 1827. Comayagua fué incendiada y saqueada en gran parte, y aunque las fuerzas con que se defendía eran inferiores en número a las del invasor, hubieran triunfado de éstas si su Comandante, el Coronel Antonio Fernández, español, no hubiera traicionado al señor Herrera, poniéndolo preso y entendiéndose con el Coronel Milla, con quien ajustó una capitulación el 9 de mayo, en virtud de la cual le entregó la plaza y la persona del Jefe.

El señor Herrera fué conducido a Guatemala, en donde debió habérsele sometido a la Asamblea para que declarara si su conducta daba o no lugar a formación de causa. Pero como no se le acusaba de arbitrariedades, y el Presidente Arce, al hacerle la guerra, no tenía más mira que la de separarlo del Gobierno de Honduras para organizarlo conforme a sus intereses, lo que estaba ya conseguido, el Presidente de la República no se preocupó de aquello, y retuvo al prisionero en su propia casa de habitación.

Arce, cayó, y después de una serie no interrumpida de gloriosos triunfos, el General Morazán ocupó la ciudad de Guatemala. Restableciéronse las autoridades disueltas por aquél en 1826, y entró al ejercicio del Poder Ejecutivo Federal el distinguido patriota don José Francisco Barrundia.

En Nicaragua estaba encendida la guerra civil desde hacía tres años. Era preciso ponerle término cuanto antes. El General Morazán, de acuerdo con el Presidente Barrundia, envió allá a don Dionisio de Herrera, con la misión de pacificar el país, atrayendo a los pueblos al orden por medio de la persuasión. El éxito demostró que la elección no pudo ser más acertada y La anarquía cesó como por encanto, y el pueblo, agradecido a las gestiones de su pacificador, les dió sus votos para Jefe del Estado. La Asamblea declaró la elección el 2 de noviembre de 1829, pero hallándose ausente a la sazón el señor Herrera, entró al ejercicio de su elevado cargo hasta el 12 de mayo de 1830.

Los enemigos de la Federación trabajaban sin descanso por destruirla, y para conseguirlo procuraban encender la guerra civil en los Estados. Varias Municipalidades de Nicaragua publicaron exposiciones contra el Jefe Herrera. Este entonces presentó su renuncia. La Asamblea acordó admitirla en 19 de marzo de 1833, pero habiéndose ocasionado con esto grandes agitaciones, tres días después revocó el acuerdo y llamó al ejercicio del poder al señor Herrera, autorizándolo para hacer uso de las facultades extraordinarias de que lo había investido por decreto de 8 de febrero del mismo año. Con este motivo, los desafectos de Herrera se insurreccionaron. Herrera se propuso conjurar la insurrección por medios suaves, pero no tuvieron eficacia, y se vió en la dura necesidad de emplear la fuerza. El foco principal de la insurrección era Managua, a quien había seguido Masaya, Matagalpa y el departamento de Nicaragua. León y Granada permanecieron fieles al Gobierno. Una partida de disidentes se dirigió a León con el objeto de sorprender la ciudad, pero los leoneses le salieron al encuentro, y en la Huerta de Delgado la derrotaron al amanecer del 19 de mayo de 1833. Al mismo tiempo las tropas de Granada triunfaban sobre los rebeldes cerca de Masaya.

La acción decisiva fué la de Managua, que fué tomada el 30de junio. El señor Herrera, que no quería abusar del triunfo, dictó el 17 de julio siguiente un decreto de amnistía, y pasó luego a Granada desde donde se puso en comunicación con los rebeldes del departamento de Nicaragua. Estos se sometieron pronto, espontáneamente.

Concluida la guerra, se presentó una ocasión que puso de manifiesto la magnanimidad del señor Herrera. Habiéndosele presentado varios documentos en que constaban las maniobras y tendencias de sus enemigos, los mandó quemar sin haberlas visto. A este propósito el Doctor Montúfar refiere que en la tertulia del Doctor Gálvez en Guatemala, hubo quien comparara a Herrera, por lo del incendio de los papeles, con Napoleón I, y otro dijo que mucho antes de Napoleón, había observado Pompeyo igual conducta.

En 10 de diciembre de aquel año, trató la Asamblea de la apertura del Canal Interocéanico por Nicaragua, que había sido decretada por el primer Congreso Federal con fecha 16 de julio de 1825. Al señor Herrera, verdadero hombre de estado no podía ocultársele la importancia del gran proyecto y la necesidad de su pronta realización, y fué uno de sus más entusiastas colaboradores.

Terminada la administración del señor Herrera en Nicaragua, trasladóse a El Salvador. Rodeado de la aureola que prestan las virtudes republicanas, no es de extrañarse que haya sido electo allí Jefe del Estado. No ha habido en la Historia de Centroamérica otro ciudadano que, como el señor Herrera, haya sido electo popularmente Jefe de tres Estados.

¿Puede darse mejor prueba de los méritos de aquel hombre extraordinario? En vano se pretenderá empequeñecer la figura de aquel ilustre repúblico. Grande y serena, ella se destacará inalterable del pedestal magnífico en que la colocaron sus gloriosos hechos.

El señor Herrera no aceptó la Jefatura del Estado de El Salvador y presentó su renuncia. La Asamblea se negó a admitírsela. Repitió la entonces con instancia, y le fué admitida por decreto de 2 de marzo de 1835.

De regreso a Honduras, todavía tomó parte en la política del país, y como Diputado por Nacaome, fué Vicepresidente de la Asamblea que dictó la Constitución de 11 de enero de 1839.

Pronto estalló la guerra que debía traer por resultado el fraccionamiento de Centroamérica. En vano la victoria coronó de nuevo las sienes del General Morazán: las batallas del Espíritu Santo y Perulapán, libradas en defensa de la gran patria, fueron infructuosas: la causa federal sucumbió, y el señor Herrera, que había sido uno de sus más firmes sostenedores, fué víctima de la persecución.

Sus enemigos devastaron sus ricas haciendas y destruyeron sus demás bienes hasta dejarlo en la miseria, y en este triste estado emigró a El Salvador en cuya hospitalaria capital falleció el 13 de junio de 1850.

Esta es, a grandes rasgos, la vida de aquel ciudadano eminente, cuyo nombre será pronunciado en Centroamérica con cariño y respeto, mientras rindamos culto a la inteligencia y a las virtudes republicanas.

RÓMULO E. DURÓN

(Tomada de "Honduras Literaria", Tomo I, página 73).

NOTA: —En el Boletín de la Biblioteca y Archivo Nacionales, Nos. 9 y 10, página 36 se lee lo que sigue: Don Dionisio de Herrera nació en la Villa de Choluteca, posteriormente quizá su familia vino a establecerse a Tegucigalpa, para volver de nuevo a instalarse en Choluteca en el año de 1802".

DON DIONISIO DE HERRERA

(Fragmentos del Discurso que el Dr. Rómulo
E. Durón, pronunció en la Facultad de
Jurisprudencia de El Salvador, como delegado
de la Facultad de Jurisprudencia de Honduras,
con motivo de la celebración del primer centenario
del Grito de Independencia, dado en aquella
provincia, el 5 de noviembre de 1811.)

La vida de Herrera fué, en sus diferentes aspectos, la vida de un patriota. Educado en Guatemala cuando se habían ya introducido grandes reformas en la enseñanza merced a Villaurrutia, Ramírez, y Goycoechea y Cañas, y habiendo tenido la fortuna de poder leer los filósofos y escritores franceses más profundos, era, como dice su biógrafo (Dr. don Victoriano Rodríguez, hijo de El Salvador): "cuando rayó la dulce aurora de la libertad, un literato y un hombre de pensamiento y acción".

Va a Tegucigalpa en 1820 graduado de Doctor, y comienza su campaña en favor de la independencia, luchando con audacia y tesón contra toda clase de obstáculos e imponiéndosele al Alcalde Mayor Licenciado don Narciso Mallol; y así cuando el 28 de septiembre de 1821, por la tarde, recibió el Ayuntamiento los pliegos que contenían el Acta firmada el 15 en Guatemala, se acordó jurar en el acto la independencia sin que hubiera habido un solo voto disidente; la obra iniciada aquí el 5 de noviembre de 1811 y que parecía una ilusión empezaba a convertirse en realidad.

Herrera, que redactó el Acta del 28, se dedicó desde este momento a procurar por todos los medios el afianzamiento de la obra.

Al ofrecerse el problema de la anexión a México, bien hubiera querido seguir la opinión que aquí en San Salvador defendía el Padre Delgado; pero habiéndose unido a Guatemala la Provincia de Tegucigalpa, tuvo que pasar por lo que en Guatemala se resolviese para no aumentar con nuevas divisiones las dificultades del momento que podían conducir a la anarquía. Ya sabemos que la anexión se decretó y cuán funestos fueron sus resultados. Herrera no creyó deber rehusar en estas circunstancias el gobierno político superior de la provincia de Tegucigalpa: adivinaba lo que iba a suceder y aceptó el puesto para evitar con mano segura los peligros de la transición que esperaba. Proclamado Iturbide Emperador de México, el Ayuntamiento juró el Imperio el 28 de agosto de 1822 y celebró al mismo tiempo la independencia de España. Para las fiestas que dispuso, levantó una suscripción entre los vecinos: ésta apenas, produjo $ 37.00. Del entusiasmo con que contribuyó don Dionisio de Herrera a los gastos da muestra la cuota con que en la lista figura: figura con la cuota de un peso, y era el Jefe Político de la Provincia! Más tarde dijo de Imperio que en aquel régimen había cosas de que no se podía hablar sino con reserva.

El imperio cayó, y el 1° de julio de 1823 se firmó en Guatemala el Acta que declarara a Centro América independiente de España, de México, y de cualquiera otra nación. La primera firma de ese documento inmortal es la del Padre Delgado, que presidía la augusta Asamblea Constituyente. ¡Por fin! el Padre Delgado, que desde el 5 de noviembre de 1811, quería una Patria, veía vivir la Patria, tal como la soñara, iluminada por el sol de la libertad, dueña y señora de sus destinos! ¡Gloria, eterna gloria al gran patricio y a sus ilustres compañeros!

Para el ejercicio del Poder Ejecutivo se creó un triunvirato: fueron elegidos para tomarlo don Manuel José Arce, uno de los compañeros del Padre Delgado, desde 1811, don Pedro Molina y don Juan Vicente Villacorta. Hubo quienes en lugar del último propusieron a don Dionisio de Herrera, pero no pudieron lograr su objeto.

Más tarde, el 16 de septiembre de 1824, Herrera fué elegido Jefe del Estado de Honduras y entró inmediatamente al ejercicio de sus funciones. Pensó en nombrar Secretario de Estado y del Despacho General al ciudadano Francisco Morazán; pero vacilaba en hacerlo por temor a la censura, a causa de que Morazán era primo—hermano de su esposa doña Micaela Quesada. ¡Es digno de aplauso que haya rendido tal homenaje a la opinión pública! Herrera acordó al fin el nombramiento, contando con el beneplácito de los Diputados y el de otros distinguidos ciudadanos. Este nombramiento puso a Morazán en condiciones de ser conocido y apreciado por todos y marca el punto de partida de su gloriosa carrera, en la cual llegó a ser el pueblo salvadoreño el pueblo más caro a sus afecciones por lo que, al morir, le legó sus restos, que ha sabido guardar con religiosa veneración.

Firmada la Constitución de Honduras en 11 de diciembre de 1825 y reunida la primera Asamblea Legislativa, leyó ante ésa Herrera un magnífico discurso por el cual se pueden apreciar sus admirables dotes de estadista, su vasta ilustración, sus grandes miras y los importantes actos que había realizado en el gobierno. Luego, deseoso de que las instrucciones republicanas arraigasen en la conciencia popular, mandó por un decreto abrir tertulias patrióticas en todo el país, a las que asistirían las autoridades y las personas capaces de dirigir la opinión y a las que se procuraría atraer al mayor número de ciudadanos: en ellas se dedicaría un rato a la lectura y explicación de las Constituciones de la República y del Estado. Y al mismo tiempo se empeñaba en atender al desarrollo e incremento de los grandes intereses de la Administración.

Pero sus esfuerzos pronto empezaron a encontrar obstáculos, la Asamblea se le tornó hostil, mandó a practicar elecciones declarando que tan sólo era Presidente provisional y el choque había de producir graves resultados. Herrera renunció, pero no hubo número en la Asamblea para conocer de su renuncia y así le tocó seguir en el poder, para encontrar primero con movimientos revolucionarios que hubo de sofocar y luego con un atentado que puso en peligro su vida. Los descontentos, para desprestigiarlo, lanzaron la especie, con los francmasones, de que caminaba a destruir la religión, Herrera demostró la falsedad de las acusaciones que le hacían; pero nuevos acontecimientos habían de presentarse, de carácter gravísimo. Herrera entró en choque con el Gobierno Federal por no haber aceptado, como tampoco aceptó la Asamblea, el decreto de 10 de octubre de 1826 en que se convocaba un Congreso extraordinario para Cojutepeque. Honduras fue invadida por tropas federales. El resultado de esa invasión es bien conocido; Comayagua fué entregada por una capitulación que se firmó con un subalterno, y el Jefe Herrera, conducido prisionero a Guatemala.

Pero también son conocidas las consecuencias: Honduras hizo causa común con El Salvador, que también había sido invadido por el Gobierno Federal, y luego vino la campaña que terminó el 13 de abril de 1829.

Reorganizadas las autoridades, se trató de pacificar en Nicaragua en donde ardía la guerra civil desde hacía tres años. Don Dionisio de Herrera fué el comisionado para llevar a cabo esta empresa. Pasó a aquel Estado, y empleando medios que acreditan su prudencia y sagacidad, alcanzó su objeto, prestando, como lo reconoció su enemigo político don Manuel Montúfar en las Memorias de Jalapa "a la humanidad y al orden social un señalado servicio". Esto lo granjeó una gran popularidad y le valió ser elegido Jefe de aquel Estado, cargo que ejerció en 1830. Uno de los rasgos de Herrera en el último año de su gobierno que lo acreditan extraordinariamente, es el de que, habiendo renunciado su cargo por haber publicado exposiciones contra él varias Municipalidades y habiéndosele aceptado su renuncia se produjeron agitaciones de tal naturaleza que la Asamblea, tres días después revocó el acuerdo y lo llamó al poder, confiriéndole las facultades de que en 8 de febrero lo había investido. Esto hizo que los desafectos se insurreccionaran; pero Herrera triunfó y en esta vez dió una prueba más de su magnanimidad, mandando quemar, sin haberlos visto, varios documentos que se le presentaron en que constaban las maniobras y tendencias de sus enemigos.

Herrera se trasladó a El Salvador: aquí fué elegido Jefe del Estado, después de la caída del Jefe don Joaquín San Martín. La Asamblea declaró la elección el 11 de octubre de 1834. Herrera se negó a tomar posesión de su cargo por creer que su elección no era legal según el orden de sucesión. Luego presentó su renuncia. Acerca de ella dice el Doctor don Lorenzo Montúfar: "Una comisión abrió dictamen; ese dictamen es el más completo elogio del señor Herrera. Contiene la enumeración de sus servicios y la serie de sufrimientos que aquel ilustre ciudadano había experimentado por la libertad y por la patria. No hay en la historia de Centro América otro ciudadano que cuente haber sido electo popularmente Jefe de tres Estados. Herrera gobernó a Honduras y a Nicaragua y en seguida fué electo Jefe de El Salvador. Esta tercera elección es la prueba más grande que podía dársele de que se aprueban sus actos anteriores. La renuncia no fué admitida, pero el señor Herrera la repitió con instancia. En consecuencia se admitió"; el decreto es de 2 de marzo de 1835.

En mayo de 1837 volvió a Honduras el señor Herrera, siendo Jefe del Estado su hermano don Justo José Herrera. Por este tiempo el deseo de que se reformara la Constitución Federal había avanzado ya mucho terreno. La Asamblea de Honduras que acept6 el decreto del Congreso Federal que dejaba a los Estados en Libertad para constituirse como mejor les pareciera, convocó en 1º de junio de 1838 una Constituyente para reformar la Constitución de 11 de diciembre de 1825. La constituyente se reunió en Comayagua el 7 de octubre, y fué Vice—Presidente de ella como Diputado por Nacaome don Dionisio de Herrera. Por los decretos de 28 del mismo y del 5 de noviembre se declaró Honduras independiente del pacto Federal. Es de considerar con qué tristeza y dolor vería esos decretos el señor Herrera que, como dice su biógrafo, el Doctor Rodríguez, tuvo "siempre por estandarte el de la nacionalidad".

Concluiré mis referencias a este ilustre hombre público recordando estas palabras del señor Rodríguez:

"La persecución y la desgracia se agravaron sobre su persona; la devastación destruyó sus bienes y sus ricas haciendas. Emigró para e te Estado (El Salvador) en la miseria, y el hombre opulento y de alta posición social, el que con sus raros talentos había servido al país, se vió careciendo de un pan. Su vida fué consagrada a la Patria, su muerte a la piedad y la religión: falleció en San Vicente el 13 de junio de 1850".....

NACIMIENTO, MATRIMONIO Y MUERTE DE DON DIONISIO DE HERRERA

Por JUAN B. VALLADARES R.

Abogado hondureño

Hasta hoy se ha tenido por cierto que el primer Jefe del Estado de Honduras—el primero no sólo en la cronología presidencial sino en más de un concepto relevante nació en la Real Villa de Tegucigalpa, en el último cuarto del siglo XVIII; así lo afirma el Doctor Vallejo, en su documentada Historia Social y Política de Honduras (pág.200, 2a edición) publicada el año de 1882. Siguiendo al Doctor Vallejo, el ilustre historiógrafo Doctor Durón dice que "nació en Tegucigalpa en 1788" (Bosquejo Histórico de Honduras, página 170); el historiador Salgado da el 8 de abril de 1783, como fecha del nacimiento de Herrera (Elementos de Historia de Honduras, (Elementos de Historia de Honduras, 4° edición, pág. 67).

No obstante la autoridad de que justamente gozan los tres historiadores nombrados, me atrevo a afirmar—"Amicus Plato, sed magis amica veritas"—que don Dionisio de Herrera nació en la Villa de Jerez de la Choluteca el 9 de octubre de 1781, apoyado en la certificación, hasta ahora inédita; de su fe de bautismo que dice:

"...ifico q. en uno de los libros de Bautismo de esta Administración q. dió principio, el año 1772, y concluyo el de mil setcs, nobenta y tres al folio 132 vto, se encuentra la partida del tenor siguiente:

En la Santa Yglesia Parroquial de esta Villa de Choluteca a los veinte y cinco Díaz del mes de octubre de mil setecientos ochenta y uno. Yo el Rdo. Pe. Predicador Jubilado Fr. José Gines de Mayorga, del Sacro Rl. y Militar orden de Ntra. Sra. de la Merced, Difinidor de mi Prova, con licencia del Sor. Teniente de Cura de ella Don José Gabriel Xalón, Bautise solemnemente, a un Niño, que nació el día nuebe de este mismo mes y año, Hijo lejítimo, y de lejítimo matrimonio del Teniente de Miliciaz y del Alce. mor. Dn. Juan Jacinto Herrera, natural de la Villa de Tegucigalpa, lejítimo hijo de Don José

... Herrera, y Da. Leocadia Rivera; y de Da... Díaz del....lle ...natura de esta Villa ...tima Hija....José Díaz del Valle, y Da. Manue…; y al Niño le puso pr. nom. José .. o de la Trínidad, fué su p…. q....tubo Dn. José Tomé Santo…legado del RI. Dro. de Tierras....y Teniente interino del… quien cierto del parentesco es... de la buena Educación... ometió, siendo necesario su cum…; y pa. su constancia lo firmo. —Fr.......es de Mayorga…….. legal a que me repito. Choluteca y Marz .... ocientos veinte.

Manuel Ygnacio Gutiérrez.”

A causa de las apolilladuras, este documento contiene no pocas lagunas; a ello se debe que no aparezca completo el nombre del bautizado, solamente se lee "7 al Niño…le puso pr. nom... José ... o de la Trinidad;" pasaje que, restaurado, queda así: "y al Niño (se) le puso p (o)r nom (bre) José Dionisio o de la Trinidad". No debe olvidarse que el infante a que se refiere la fe de bautismo fué ungido por Fr. José Ginés de Mayorga el 9 de octubre, fecha en que la Iglesia Católica rememora el martirio y tránsito de San Dionisio de Areopagita, y que in illo tempore era usual imponer a los recién nacidos el nombre del santo del día en que venían al mundo. Además, la certificación fué acompañada por don Dionisio de Herrera a la solicitud que presentó al Cura y Vicario de la Villa de Tegucigalpa Br. don José Francisco Pineda, en 24 de marzo de 1820, para contraer matrimonio con doña Guadalupe Quesada.

El expediente matrimonial contiene algunas menudencias curiosas. Don Dionisio declaró que tuvo que ver con Martina Ramírez, prima hermana de doña Micaela Quesada, por lo que, además de las proclamas, pidió se le dispensara el parentesco de segundo grado igual de afinidad por cópula ilícita; también declaró: "Que desde niño se fué de esta Villa (Tegucigalpa) para Guatemala en donde se acabó de criar, que de allí vino a estarse en diferentes parages en comercio y diligencias; que a donde más se ha establecido fue en Macuelizo, donde estuvo como cuatro años y en Choluteca como.. ..en diferentes tiempos".

El 24 de marzo citado, fecha en que fueron examinados por el Padre Cura, el pretendiente "dijo ser de edad mayor de treinta y ocho años". Aparecen declarando sobre la libertad de estado de ambos, don

Miguel Bustamante, D. Mariano José Urmeneta, "Subteniente, retirado de estas milicias y don Esteban Travieso, "Subteniente actual de estas milicias"; los tres dijeron ser la pretendida huérfana de padre y madre y pobre, pues, según declararon Bustamante y Travieso, doña Micaela vivía bajo la protección de su hermano mayor don Isidoro Quesada. Que don Dionisio fué muy aficionado a las parientas de la que despúes fué su esposa, lo demuestra el hecho de que, estando aprobada la información por el Padre Pineda y listo el expediente para que el interesado ocurriera al Gobierno Eclesiástico de Comayagua a impetrar la dispensa de proclamas y del impedimento menciona.do, confesó que también tuvo que ver con una tía carnal de su prometida, lo que motivó que la gestión se extendiera a la dispensa del nuevo impedimento de primero con segundo grado de afinidad por cópula ilícita.

Concedidas las dispensas por el Provisor y Vicario General, Doctor don Juan Miguel Fiallos, el Reverendo Padre Encomendador Fr. Ignacio González les impartió la bendición nupcial el 9 de abril de 1820, siendo testigos don Miguel Bustamante, Francisco Juárez y don Francisco Morazán, primo hermano legítimo de la contrayente. Dice la partida matrimonial:

Al margen: "D (on) Dionisio Herrera con D (oñ) a Micaela Quesada"—"En la Iglesia Parroquial del S (eñor) S (an) Miguel de Tegucigalpa, el día nueve de abril de mil ochoc (ientos veinte, el R (everendo) P(adre) Comendador Fr(ay) Ygn (aci)o González con mi lic (enci)a velo in facie Eclecie a d (on) Dionicio Herrera, hijo leg (itim o de D (on) Juan Ja (cin)to y D (oñ)a Paula Valle, con D(oñ)a Micaela Quesada hija lexítima de D(on) José María y D (oñ)a Mar (i)a Borjas, habiéndoles dispensado las moniciones por el S(eñor) Prov (isor) del Obis (pado) ciendo te (stigos D (on Fran (cis)co Morazán, D (on) Miguel Bustamante y Francisco Juárez, y firmé.

José Fran(cis)co Pineda".

Don Dionisio aportó al matrimonio "como ocho mil pesos en dinero, efectos mercantiles y plata copela", y su esposa diez onzas de oro acuñado que él le dió en arras, más cuatrocientos pesos en moneda de cobre que aportó después, provenientes de la venta de la casa que había sido de sus abuelos don Juan Bautista de Quesada y doña María Borjas que es la misma que hoy pertenece a los herederos del Doctor don Presentación Quesada, situada frente al "Jardín de Italia", y que tiene más probabilidades de ser el techo que cobijó el primer aliento de Francisco Morazán. Durante el matrimonio, Herrerá adquirió las haciendas "Hato Nuevo" y "El Guayabo", situadas en el Estado de Honduras, "pero fueron destruidas en las revoluciones".

Nueve fueron los hijos legítimos de don Dionisio de Herrera: Julián, María Manuela, José Dionisio, Mariano, Esteban, Miguel, José María, Dolores y José Antonio. Ya habían fallecido Julián, a la edad de veintiséis años, y José Antonio de dos años, cuando Herrera testó. Dolores contrajo matrimonio con Ezequiel Aplícano, efectuado en San Salvador, el 19 de febrero de 1873.

Dos semanas antes de su muerte, encontrándose enfermo en San Salvador el 30 de mayo de 1850, a la edad de sesenta y ocho años cumplidos, Herrera dispone de sus bienes: autoriza el testamento al Escribano Público, Juan Sanabria, ante el Licenciado don Victoriano Rodríguez—el biógrafo de Herrera—, don Manuel Muñoz y el General don Domingo Asturias, como testigos. Son interesantes las cláusulas sexta y novena, donde declara: "que el Gobierno de Honduras me es en deber cantidades considerables"; que cobrado lo que alcance a mi favor de lo que el Gobierno de Honduras, me es en deber, se le entreguen al Gobierno Nacional, cuando se instale para sus primeras erogaciones, mil doscientos pesos". En una cláusula adicional dispuso: "que dejaba a su hija María Manuela, un crucifijo con la mesa y flores que hay en ella o le pertenezcan a dicha imagen, en remuneración de sus servicios en su actual enfermedad'. Falleció en San Vicente, República de El Salvador, el 13 de junio de 1850. Resumiendo su vida, Don José Dolores Gámez (historia de Nicaragua, páginas 432, 435 y 436) dice: "Herrera, hombre de elevada inteligencia, fué tolerante con el derecho de insurrección, y sólo miró en los revolucionarios a hermanos extraviados, a quienes debía atraerse por el convencimiento. Perteneció a una familia distinguida de Honduras, y gozó de una fortuna opulenta. La persecución y la desgracia que sufrió durante las primeras convulsiones de Centro América, se agravaron sobre su persona, viendo desaparecer por la devastación, sus bienes y sus ricas haciendas.

Emigró de Honduras casi en la miseria; y el hombre opulento y de una alta posición social, el que empleara toda su importancia política y sus raros talentos en el servicio de la patria, el que había regido los pueblos y establecido la ley y la justicia en Honduras y Nicaragua, el que se negó a servir la Jefatura del Estado de El Salvador, se vió un día careciendo de pan y reducido a dirigir en la capital salvadoreña una triste y pobre escuela de primera letras, con cuyo escaso sueldo se mantuvo en sus últimos años.

Un día amaneció cerrada la escuela. El alma del maestro había volado a la eternidad y su nombre acababa de ser recogido por la historia, ufana de adornar con él la brillante página que le reservaba.

Don Dionisio de Herrera murió en suma pobreza y rodeado de numerosa familia, el 13 de junio de 1850. Su entierro fue humilde y a su sepulcro llegó a acompañarle, diez días después, su esposa, que no pudo resistir el pesar de aquella cruel separación".

Revisando a la ligera la historia, llegamos al convencimiento de que ella es verdadera maestra de la vida, porque las enseñanzas de Dionisio de Herrera, a menos de un siglo de su muerte, han sido bien aprovechadas; ya casi nadie que haya ocupado las alturas que él ocupó muere pobre y humilde, sin la execración de las generaciones, mereciendo el mármol eterno e impoluto.

(Tomado de la "REVISTA ROTARIA".)

TESTAMENTO

TESTAMENTO DE DON DIONISIO DE HERRERA

En nombre de Dios todo Poderoso. Amén. Notorio sea a los que la presente carta de mi testamento vieren, como yo Dionisio de Herrera, hijo legítimo de don Jacinto Herrera y Paula Valle, natural de Honduras, estando enfermo de accidente que Dios Nuestro Señor se ha servido darme, por su infinita misericordia en mi entero y cabal juicio, memoria y entendimiento natural, creyendo como firmemente creo en el alto misterio de la Santísima Trinidad, en cuya fe y creencia he vivido y protesto vivir y morir: temeroso de la muerte como natural y su hora incierta, he determinado hacer esta mi disposición para declarar en ella los descargos de mi conciencia y para su mejor acierto invoco por mi intercesora y Abogada a María Santísima, Madre de Dios y Señora Nuestra, a su castísimo esposo Señor San José; el Santo Ángel de mi Guarda y de mi nombre y a todos los demás de la Corte del Cielo, con cuyos divinos auxilios los establezco en la forma siguiente:

Primeramente encomiendo mi alma a Dios, que la crió y la redimió con el infinito precio de su sangre, y el cuerpo a la tierra de que fuí formado, el cual hecho cadáver es mi voluntad sea amortajado con hábito de nuestro Padre San Francisco y "Sepultado en el Panteón de esta Capital" lo más humilde que se pueda.

Segundo. —Y ten declaro: que soy casado y velado en facie eclecie; en primeras nupcias con la Señorita Micaela Quezada, en cuyo matrimonio hemos tenido nueve hijos llamados, Julián, María Manuela, José Dionisio, Mariano, Esteban, Miguel, José María, Dolores y José Antonio y el mayor de edad murió intestato.

Tercero. —Y ten declaro: que cuando contraje el expresado matrimonio aporté a él ocho mil pesos en dinero, efectos mercantiles y plata copela, y mi esposa diez onzas de oro acuñado que le dí en arras y cuatrocientos pesos de moneda cobre que le tocaron de la herencia de una casa.

Cuarto. — Y ten declaro: que durante la sociedad conyugal adquirí las haciendas "Hato Nuevo" y "El Guayabo" por vía de compra en el Estado de Honduras, pero fueron destruidas en las revoluciones; y mi citada esposa nada ha adquirido.

Quinto. —Y ten declaro: que actualmente poseo por mis bienes la mitad de las tierras de la hacienda "Pavana", compuesta de diez y siete y media caballerías de medida muy antigua, las cuales heredé de mi finada madre Paula Valle.

Sexto. —Y ten declaro: que el Gobierno de Honduras me es en deber cantidades considerables, y suplico a mis albaceas liquiden este crédito y lo que alcance a mi favor lo agreguen al cúmulo de mis bienes.

Séptimo. —Y ten declaro: que la testamentaria del finado Ramón Vigil me es en deber más de mil pesos, mando a mis albaceas los cobren y se agreguen a mis bienes; y aunque don Ramón Vigil quedó de pagarlos por mí, ignoro si lo verificó y suplico se tenga presente.

Octavo. —Y ten declaro: que cobrado, lo que alcance en mi favor de lo que el Gobierno de Honduras me es en deber, se entreguen al "Gobierno Nacional" cuando se instale para sus primeras erogaciones "Mil Doscientos pesos" pues es así mi voluntad.

Noveno. —Y ten declaro: que lego al colegio de esta capital en beneficio de la instrucción pública tres pesos.

Diez. —Y ten declaro: que he tenido cuentas con mi hermano Próspero e ignoro cuánto le debo, mando se pague éste y pase por lo que él diga.

Once. —Y ten declaro: que nombro por únicos y universales herederos a mis expresados hijos para que tan luego que yo fallezca, los hayan y gocen con la bendición de Dios y la mía.

Doce. —Y para cumplir este mi testamento y todo lo que en él ha contenido, nombro por mi única albacea a mi citada esposa Micaela Quezada, para que después de mi fallecimiento entre en posesión de mis bienes y los administre todo el tiempo que fuere necesario, pues yo le prorrogo el que necesite, aunque haya pasado el año fatal.

Trece. —Y por el presente revoco y anulo todos los testamentos y demás disposiciones testamentales, que antes de éste haya hecho, por escrito, de palabras o en otra forma para que no valga por mi testamento o en la forma que más haya lugar en derecho, es este que ahora otorgo y que en contesto se cumpla en todas sus partes. Y yo, el Escribano que presente soy, doy fe de conocer al otorgante y de que está en su entero y sano juicio según contesta... y dispone, y de que así lo digo, otorgo y firmo a presencia de los testigos señores

Licenciados Victoriano Rodríguez, Manuel Muñoz y el General Domingo Asturias, vecinos y presentes, doy fe. En este estado, añadió: que dejaba a su hija Micaela Manuela, un crucifijo con la mesa y flores que hay en ella o le pertenezca a dicha imagen, en remuneración de sus servicios en su actual enfermedad.

San Salvador, mayo 30 de 1850.

Dionisio de Herrera.

Victoriano Rodríguez, Manuel Muñoz, Domingo Asturias.
Ante mí, Juan Sanabria, Así está en mi Protocolo.

BIBLIOGRAFÍA DE DIONISIO DE HERRERA

POR RAFAEL HELIODORO VALLE

Estos apuntes forman parte del fruto de una indagación (1821—1850) que propende a esclarecer los acontecimientos y las vidas de los centroamericanos que tomaron parte activa en la política de Centro—América después de su separación de México.

Su publicación anticipada se une al homenaje a Dionisio de Herrera en el primer centenario de su muerte.

Siglas ACAM: "La anexión de Centro—América a México", por Rafael Heliodoro Valle; ARV; "Compendio de la historia social y política de Honduras (Tegucigalpa, 1926); RABN: "Revista del Archivo y Biblioteca Nacionales de Honduras"; y RU: "Revista de la Universidad" (Tegucigalpa).

1821.—El capitán general de Guatemala, brigadier don Gabino Gaínza, comunica al ayuntamiento de Comayagüela, Honduras, la resolución de la Junta Consultiva sobre las medidas de gobierno propuestas por don Dionisio de Herrera, secretario del ayuntamiento de Tegucigalpa (22 noviembre 1821). En: "ACAM",1936, III: 18—19.   (1)

1822.— El ayuntamiento de Tegucigalpa, Honduras, dispone que el comandante general de la provincia, coronel don Simón Gutiérrez, tome providencias para defenderla de los ataques del gobierno de Comayagua, en el Imperio Mexicano (26 enero 1822). En "ACAM", 1936, III: 155—56.   (2)

—El ayuntamiento de Tegucigalpa, Honduras, sugiere al comandante general de la provincia, coronel don Simón Gutiérrez, que para la entrevista con el gobernador de Comayagua, en el Imperio Mexicano, tome debidas precauciones (28 enero 1822). En "ACAM", 1936, III: 157.   (3)

—El ayuntamiento de Tegucigalpa, Honduras, se dirige al comandante general de la provincia, coronel don Simón Gutiérrez, definiendo cargos contra las autoridades de la provincia de Comayagua, en el Imperio Mexicano, y augurando que será infructuosa la entrevista con el gobernador de ella, coronel don José Gregorio Tinoco de Contreras (31 enero 1822). En "ACAM", 1936, III:163 165. (4)

Actas en la sala capitular de Tegucigalpa (10 y 11 marzo 1822). En "RU", 1912, IV (7): 412—413.

1823.—Peticiones formuladas por Dionisio de Herrera, por encargo de la Municipalidad de Tegucigalpa, para el Congreso Constituyente de México y que son testimonio de la mentalidad renovadora del autor (1823). En "ACAM", 1946 V:247—250.

(5)

1823—1826.—Cartas de don Dionisio de Herrera al Padre Márquez (1823—1826). En "RU", 1912, IV (6):353—373; (7): 405—416. (6)

1824. Proclama (a los habitantes de Tegucigalpa) (Comayagua, 9 septiembre 1824). En '"ARV", I: 400—401. (7)

—Decreto del Congreso Constituyente del Estado de Honduras nombrando Jefe de éste a Herrera. (Tegucigalpa,16 septiembre 1824). En "ARV, I: 385. (8)

1826. —Discurso del primer jefe supremo de Honduras en la instalación de la primera asamblea ordinaria del Estado (Comayagua, 5 abril 1826). En "Honduras Literaria" por R. E. Durón, 1896, I: 79—86; y en "RABN", I (1): 9—17 (9)

—Circular del jefe supremo del Estado a los jefes intendentes del departamento (Comayagua 12 agosto 1826) En "RABN",1928, VI (8): 264—265. (10)

1830.—(Decreto de la Asamblea Ordinaria del Estado de Honduras sobre la forma para pagar la deuda a la División Expedicionaria de Olancho). Tegucigalpa, 9 febrero 1830). En RABN", 1937, XV (10—11): 523—524. (11)

(Lo firma Herrera como diputado Presidente. Es el documento número 169 de "Documentos justificativos" del tomo segundo de "ARV").

SOBRE HERRERA

Alonzo, Agustín. —Nuestro benemérito Dionisio de Herrera. "El Día", 1° junio 1950. (12)

ANALES PARLAMENTARIOS. Asamblea Ordinaria del Estado de Honduras. Año de 1830 "RABN", 1941, XIX (9): 618—19;(10): 583—585;(11): 647 (13)

Alvarado García, Ernesto. —Historia de Centro—América, Tegucigalpa, pp. 175 y 229. (14)

Presencia espiritual de don Dionisio de Herrera. "El Pueblo", Tegucigalpa, 17 junio 1950. (15)

Alvarado R., Martin. —Dionisio de Herrera, pacificador. "Diario Comercial", San Pedro Sula, 21 marzo 1950; y "Boletín Mensual de Información", Tegucigalpa, 1950, I (8): —6. (16)

Arce, Manuel José. —Memoria... San Salvador, 1947, pp. (13), 33, 54, 84, 90, 92 y 124. (17)

Aplicano Herrera de Sequeira, Manuela. —Carta de la nieta de Dionisio de Herrera. "El Día", Tegucigalpa, 13 junio 1950. (18)

Bancroft H. H.—History of Central America. San Francisco, 1886—87, pp. 70 y 111. (19)

Barrundia, José Francisco. (Elogio de Herrera). "El Progreso", Cojutepeque (El Salvador), junio 1850. (Cita de J—D. Gámez, p. 436). (20)

Barrios, Roberto. —Dionisio de Herrera. "Centro—América". Guatemala, 1912, IV (2): 209 211; y "El Día ,13 junio 1950. (21)

Berdiales, Germán. —Dionisio de Herrera. En "Semblanza de Honduras, Tegucigalpa, 1947, pp. 208 9. (22)

Bones Quinónez, Antonio. —Dionisio de Herrera. En "Geografía e Historia de Honduras', Choluteca, 1927, pp. 50—59. (23)

Castellón, H. A.—Historia patria elemental para las escuelas de Nicaragua. Managua, 1940, p. 55. (24)

Coello, Augusto C.—Dionisio de Herrera (Soneto). "El Día", 13 junio 1950. (25)

Chamorro. Pedro Joaquín. — Parte que correspondió a don Dionisio de Herrera. "La Prensa", Managua, 10 julio 1950; y "Nuestro Criterio", Tegucigalpa, 22 abril 19". (26)

Chamorro, Pedro Joaquín. Dionisio de Herrera ante la historia. "Nuestro Criterio", Tegucigalpa, mayo 1950. (27)

De Witt, Charles G.— (Charles De Witt, United States Chargé d'Affairs in Central America, to John Forsyth, Secretary of State of the United States of America) (24 octubre 1834). En "Diplomatic correspondence of the United States", por W.R. Manning, 1933, III: 81.   (28)

(En un párrafo anuncia que Herrera fué electo gobernador de El Salvador y que era uno de los decididos partidarios de Morazán).

DECRETO EN QUE se declara electo jefe y vice—jefe de Estado (16 septiembre 1824). "RABN", 1904, I (3): 67.   (29)

Durón, Rómulo E.—Biografía del presbítero don Francisco Antonio Márquez. "RU", 1916, VIII (2): 95—97.   (30)

—Bosquejo histórico de Honduras. San Pedro Sula, 1927, pp.130—31,136,138,140,148—50.   (31)

—Dionisio de Herrera. En "Honduras Literaria", 1896, II 73—77.   (32)

—Don Dionisio de Herrera y Dr. José Trinidad Reyes. "RU", 1912, IV (2): 88—92; y "RABN", 1950, XXVIII (7—8): 330—334.   (33)

—Efemérides de Honduras. Año de 1821. "RU", 1911: III (8): 229 y 235.   (34)

—Efemérides de Honduras, Año de 1822, "RU", 1911, III (5): 289—90 y 294.   (35)

—Efemérides de Honduras. Año de 1827. "RU", 1913, V (1—2):76—80.   (36)

—Efemérides de Honduras. Año de 1842. "RABN", 1935, XIV (5): 275—76.   (37)

Efemérides de Honduras. (1844) "RABN"', 1937, XV (8—9): 431—2.   (38)

(Firma el acta de la municipalidad de Danlí apoyando a Texíguat y Nicaragua),

—Efemérides de Honduras. Año de 1845. "RABN", 1937, XV (12): 623.   (39)

(El 28 de marzo de 1845 al aproximarse Guardiola a Yuscarán se retiró Herrera de Texíguat).

—Efemérides de Honduras. (13 junio 1850). "RABN", 1942, XXI (5): 344.   (40)

—José Nicolás Irías. "RABN", 1936, XIV (8): 476—79;(9): 541—45 (41)

—Oradores sagrados, parlamentarios y forenses de Honduras.: "RU", 1920, X (1):44. (42)

—Efemérides de los hechos notables acaecidos en la República de Centro América desde el año de 1821 hasta el de 1842.Guatemala, 1895, pp. 23—4, 39, 41 y 47. (43)

Echeverría, María Antonia. —Francisco Morazán. "RABN",1942, XXI (5): 328—380. (44)

Fernández Lindo, Juan N.—La Junta de Gobierno de la provincia de Comayagua intima la entrega de los caudillos de Tegucigalpa que se oponen al Imperio Mexicano (4 diciembre 1821). En "ACAM", 1936, III: 36—39. (45)

Fields, Harold Bond. —The Central American Federation,1826—39; a political study. Chicago, University of Chicago Libraries, Department of Photographic Reproduction, 1945, II,184 pp.
(46)

Figeac, José F.—Recordando a don Dionisio de Herrera. "Tribuna Libre", San Salvador, 13 junio 1950. (47)

Ferrera, Fausta. — Himno al eminente patriota don Dionisio de Herrera, en el primer centenario de su muerte. "Diario Comercial", San Pedro Sula, 12 junio 1950. (48)

—Gobernantes de Honduras. Historia anecdótica. "RABN",1905, I (19):581; 1906, II (18): 581; y "RU", 1911, III (2):108.
(49)

"GACETA FEDERAL", Guatemala 30 enero,7 febrero y 1° mayo 1827. (50)

(En el primero se dice que Herrera era "'gobernador absoluto". Hasta fines de 1826 no se había podido instalar la Corte Superior de Justicia de Honduras).

Galindo, Juan. — (Informe confidencial para el Secretario de Estado de los Estados Unidos). En "Central America. Guatemala and Salvador. Department of State', Vol. I:131, (51)

(Al parecer fué enviado desde Guatemala, con carta del 26 de junio de 1835, y trata de la ruta interoceánica. Sin embargo, dice: "El ciudadano Dionicio (sic) Errera (sic), ex—jefe de Honduras, ha sido electo jefe del Estado de Nicaragua, y ha entrado en funciones. Su imparcialidad y neutralidad con respecto a los diversos partidos que anteriormente han perturbado aquél Estado infortunado, unidas a sus habilidades y carácter distinguido, le han capacitado para restaurar la tranquilidad perfecta en toda Nicaragua, y ha establecido el orden, la libertad, la tranquilidad y la felicidad en Centro América, esta región favorecida del globo". Galindo era irlandés).

Gámez, José Dolores. Historia de Nicaragua. Managua,1839, pp. 373, 404—5 y 421—436. (52)

Administración de Herrera y de Núñez. En "Catecismo de Historia patria". Managua, 1889, pp. 62—3. (53)

Gómez Carrillo, Agustín. —Compendio de historia de la América Central. Madrid, 1892, pp. 184, 186,189 y 197; y en "RU", 1920, X (8): 495—8, 501 y 503 (54)

González Saravia, Miguel. —Compendio de la historia de Centro—América. Guatemala, 1881. (55)

HERRERA, Dionisio.—En "Diccionario enciclopédico de las Américas". Buenos Aires, 1947, p. 335. (56)

HERRERA, Dionisio.—En "Diccionario enciclopédico hispano americano". Barcelona, Montaner y Simón, XI:247. (57)

(Nótese que aunque él se firmaba "Dionisio de Herrera", en las firmas de su padre Juan Jacinto y de sus hermanos Próspero y Justo José no aparece el "de". Arce en sus "Memorias" le llama "Dionisio Herrera" y el historiador Marure "José Dionisio Herrera", En la Audiencia de los Confines figuró el Oidor Lic. don Diego de Herrera y entiendo que es el mismo que fué gobernador y alcalde mayor de Honduras (1573—1577), y antes hubo un Vasco de Herrera, que fué gobernador con Oereceda y asesinado después (1531). Es curioso que no haya usado el "de" don Gonzalo Herrera y Berrio, cuarto marqués de Villalta, quien hacia 1710 se trasladó a Cuba después de haber sido gobernador de Cartagena de Indias).

"EL INDICADOR". Guatemala, 1827, números 85,115,126 y 128. (58)
(Señalan a Herrera como un "gobernador absoluto").

Irías, José Nicolás. (Declaratoria de suspensión de los Pbros. Brizo y González y Fray Gii, por haberse comunicado con Herrera) (1826). En "Monografía histórica de la batalla de la Trínidad", por Pedro Rivas, 1927, p. 221.   (59)

Martínez López, Eduardo. Biografía del general Francisco Morazán, 1931, pp. 14, 17,21, 26 y 28.   (60)

Marure, Alejandro. Bosquejo histórico de las revoluciones de Centro América. Guatemala, 1878, II:17, 27—32, 127, XXV—XXVIII.   (61)

Milla, Justo José. —Documentos relativos a la guerra da 1827, que el Presidente D. Manuel José Arce hace a Honduras para deponer al Jefe D. Dionisio de Herrera. "RABN", 1935, XIV (1):9—11;(2):73—4:(3):136 38.

(62)

(Son comunicaciones de Milla como comandante general de las Armas del Estado de Honduras, enviadas al Secretario del general en jefe del Ejército (Tegucigalpa, 30 septiembre 1827). En el "Bosquejo histórico" de Marure, los documentos 4 y 5 son la Capitulación celebrada entre el jefe de las tropas federales que sitiaban a Comayagua y el comandante de dicha plaza" (9 mayo 1827), firmada por Antonio Fernández; y la nota de Milla al comandante de la plaza de Comayagua, en la misma fecha).

Moncada, Liberato. — (Narración de sucesos del 5 de octubre al 3 de noviembre de 1826. "RU", 1912, IV (4):297—299.   (63)

Montalván, José H.—Apuntes para la historia de la Universidad de León. León (Nicaragua), p. 33.   (64)

(Afirma que Herrera fundó en Nicaragua la Escuela Lancasteriana).

Monterrey, Francisco J.—Historia de El Salvador. San Salvador, 1943, pp. 135. 148, 150, 151, 170, 184,186,192,203,205, 215, 216, 218, 235 y 301.   (65)

Morazán, Francisco. Memorias de David. En "Honduras Literaria", por R E. Durón, Tegucigalpa, pp. 103—109.   (76)

Montúfar, Lorenzo. —Causas de la guerra de Guatemala con El Salvador y Honduras. En "Reseña histórica de Centro América". Guatemala, 1878, I: 9—10, 200, 201 y 338.   (67)

Montúfar, Manuel. —Memorias para la historia de la Revolución de Centro América. Jalapa (México), 1832, pp. 22, 32, 44 y 61.
(68)

Medina, Alberto. Efemérides nicaragüenses. F1502— 1941.Managua,1945, pp. 240—42.   (69)

Moreno, Laudelino, Historia de las relaciones interesales de Centro—América Madrid, 1928, pp. 66, 67, 70 y 71.   (70)

Murillo Soto. Céleo. —El prócer Dionisio de Herrera. "EI Día", 15 junio 1950.   (71)

(En la página 575 de ese número el Dr. R. E. Durón reproduce lo que el último alcalde mayor de Tegucigalpa, Lic. Narciso Mallol, decía del "agitador insurgente" Herrera el 19 de enero de 1821).

—Paralelo entre los generales Manuel José Arce y Francisco Morazán y entre José Francisco Barrundia y Antonio José Cañas. "RU", 1922, XII (12): 744.   (72)

Ortega, Francisco. Nicaragua en los primeros años de su emancipación política. París, 1894, p. 168.   (73)

Picado, Teodoro. —El centenario de don Dionisio de Herrera. "Novedades", Managua, 24 febrero 1950.   (74)

Portas, S. J. Bernardo. —Compendio de la historia de Nicaragua. Managua, 1918, pp: 112—114.   (75)

Reyes, Rafael.—Nociones de historia de El Salvador. Barcelona,1910 p. 176.   (76)

Ríos, José León. —(Nota al Ministro General del Gobierno Supremo Federal ·e Centro América. "Gaceta del Gobierno", Guatemala, 12 enero 1828.   (77)

(Dirigida desde Comayagua el 22 de octubre de 1827, como Ministro General del Estado de Honduras. Dice que el de El Salvador 'si antes había mandado tropas había sido por pedimento de Herrera, y clamores de sus habitantes que gemían bajo un gobierno militar".)

Rivas, Pedro. —Monografía histórica de la batalla de la Trinidad. Tegucigalpa, 1927, pp.53_72,101—111,172 y 221.   (78)

Rodas M., Joaquín—De jefe de Estado a maestro de escuela. En "Alma Patria", Barcelona, (s. f.), pp. 117—125.   (79)

Rodríguez, Victoriano. —Biografía de don Dionisio de Herrera. "RU", 1909, I (9): 544—550.   (80)

Reina Valenzuela, José. Herrera y Mallol. Proclamación de la independencia de Centro América. Tegucigalpa el 28 de septiembre de 1821. "El Día"', Tegucigalpa, 13 junio 1950.   (81)

Salgado, Félix. —Compendio elemental de historia de Honduras. "RABN", 1906, II (9): 278—79; (11 :342—3.   (82)

Sánchez, Francisco. —Monografía del municipio de Morolica. "RABN", 1945, XXIII (7—8: 425.   (83)

(Dicho municipio fué fundado (1824) siendo Herrera el Jefe del Estado).

Soto Hall, Máximo. —Independencia de Centro América. En "Historia de América", Buenos Aires, 1940, VII: 203, 218—221, 234 y 242.   (84)

PROBIDAD del prócer. Actas del Consejo Representativo del Estado de Honduras. Acta del 15 de diciembre de 1838. "El Pueblo", Tegucigalpa, 14 junio 1950.

Sanfel. Galería de rivenses notables. Lic. don Laureano Pineda. "Díario de Granada", 14 noviembre 1907.   (85)

Valladares R., Juan B.—Nacimiento, matrimonio y muerte de don Dionisio de Herrera. "RABN", 1950, XXVIII (7—8): 334—338.   (86)

Valle, Rafael Heliodoro. —Dionisio Herrera. "Latino América", Washington, D. C., 18 marzo 1950.   (87)

—Ilustres profesores de Centro América. "Centro América", Guatemala, octubre diciembre 1917. p. 498.   (88)

Vallejo, Antonio R.—Compendio de la historia social y política de Honduras. Tegucigalpa, 1926, I:111—293.   (89)

—Apéndice. Documentos justificativos del tomo primero de la historia social y política de Honduras. Tegucigalpa, 1883, pp.21,22,106, 107,128,129,165—167.   (90)

(El documento número 6 es la nota de Gaínza, capitán general de Guatemala (22 noviembre 1821, al ayuntamiento de Tegucigalpa, sobre las medidas propuestas por Herrera (Dionisio José (sic) a la Junta Consultiva, en relación con Tegucigalpa y Comayagua. Siguiendo la declaratoria del Congreso Constituyente del Estado de Honduras sobre la elección de Herrera como Jefe del Estado; la proclama de el te dirigida a los habitantes de Tegucigalpa (9 septiembre 1825); y la nota de la Asamblea Ordinaria 15 septiembre 1827) sobre haber cesado Herrera como Jefe del Estado desde el 18 de agosto).

—Algunos capítulos inéditos del II tomo del compendio de la historia social y política de Honduras. "RABN", 1935, XIV (2):76 77.
(91)

Vidal, Manuel. —Nociones de historia de Centro América. San Salvador, 1944, pp. 120, 136, 160 y 161.   (92)

Vijil, José Antonio. Datos sobre la vida pública del General Francisco Morazán, tomados literalmente die las memorias de......"RABN", 1942, XXI (4): 246.   (93)

Villacorta C., José Antonio...—Historia de la América Central. Guatemala, 1928, pp. 164 y 177.

Wilgus, Alva Curtis. —The development of Hispanic America. New York, 1941, p. 548.   (94)

Valle, Rafael Heliodoro. Don Dionisio de Herrera (Soneto). "RABN", 19?3, XII (3):179. El prócer Herrera. (Discurso en la Casa Municipal de Comayagüela, el 15 de septiembre de 1914). "RABN", 1934, XII (11):686—91;(12):765—68; y "Pan América", Tegucigalpa, 1950, V (73): 5—11.   (95)

Washington, D. C., 9 junio 1950.

EL SOÑADOR HERRERA, VETERANO DE LA LIBERTAD

EL SOÑADOR HERRERA, VETERANO DE LA LIBERTAD

Ramón Oquelí

Cuando José Dionisio Herrera se queja de la abulia e incomprensión de sus contemporáneos, recurre a la expresión de Carlos III de España: el pueblo es como un niño que llora cuando se le asea. En otro país, tal vez hubiera podido hacer más, —dice—pero aquí, es casi de todo punto imposible.

A pesar de esta concepción aristocráticamente pesimista, Herrera—que gustó anteponer a su apellido la preposición "de", significa el primer intento de constituir a Honduras como nación progresista. Las contradicciones entre sus deseos y la realidad, no acaban siquiera con su muerte; el drama de la vida política de Dionisio Herrera no ha perdido actualidad, amén de que faltan todavía por aclararse algunos aspectos de la misma.

Según el expediente de información de limpieza que se le siguió cuando contaba 13 años de edad, su linaje se encontraba limpio de toda clase de mezcla. No había en su familia, nadie que fuese mulato, zambo ni indio; ni herejes ni quien hubiera tenido que ver con la inquisición. Antes bien, algunos de sus antecesores desempeñaron funciones de cierta importancia en la provincia, y a sus padres (Juan Jacinto y Paula), se les consideraba como españoles de primera distinción.

Nacido el 9 de octubre de 1781, en la villa de Jerez de la Choluteca, inició sus estudios probablemente en Tegucigalpa y los prosiguió en Guatemala, donde según sus propias palabras, "se acabó de criar". Su lectura predilecta fue la historia y el pensamiento político. Aunque no tan rico e ilustrado como su primo José del Valle, sí era hombre acomodado, dueño de haciendas y de algunos miles de pesos, destruidos en las revueltas internas.

Después de su regreso a la provincia natal, se dedicó al comercio y otras diligencias, pasando a desempeñar la secretaría del ayuntamiento de Tegucigalpa, poco antes de proclamarse la independencia, de la cual fue uno de los más activos propagandistas.

SIETE AÑOS FUNCIONARIO EN HONDURAS

Desde el 7 de agosto de 1820, es secretario del alcalde Narciso Mallol, trabajando por la declaración y fortalecimiento de la independencia del dominio español. Cuando se organiza el primer poder ejecutivo provisional de Centroamérica, por la Asamblea Nacional Constituyente, Herrera obtuvo votos pero no resultó electo miembro del mismo. Quienes lo propusieron, aducían entre otras razones, el que no debían existir dos salvadoreños en el triunvirato (Manuel José Arce y Juan Vicente Villacorta), sino un guatemalteco (Pedro Molina), el mismo Arce y el hondureño Herrera. Este demostró alegría por haber sido preferido: "Me hace honor que se hayan acordado de mí y me alegro de no haber salido yo. Fue fortuna que no hubiese ningún Diputado de esta provincia, de la de Comayagua y de León, que acaso habrían sufragado por mí. Creeme: Deseo positivamente que haya por mi patria muchos hombres que deben preferírseme".

Manuel Montúfar y Coronado, diez años menor que Herrera, le dió más importancia a este hecho que el presunto interesado: "El partido moderado quiso elegir en lugar de éste (Villacorta) a D. José Dionisio Herrera, hijo de la provincia de Honduras, para evitar la preponderancia que debían ejercer decididamente dos salvadoreños en el gobierno, y porque también era superior a Villacorta en capacidad; pero los exaltados lograron triunfar, y esta fue una de las concurrencias que dejó más marcados a ambos partidos".

El Ejecutivo provisional nombrado demostró debilidad frente a la primera sublevación militar: la dirigida en la propia capital guatemalteca por el sargento mayor Rafael Ariza Torres, el 14 de septiembre de 1823. El 4 de octubre la asamblea admitió la renuncia de los miembros del ejecutivo y nombró nuevamente a Arce, que se encontraba en Estados Unidos, a Valle, que no había regresado de México y a Tomás O' Horan, quien no había nacido en Centroamérica, pero sí se había nacionalizado y prestado servicios a la república. Herrera comentó: "Valle y Arce hacen falta bastante, el uno para ayudar a pensar, y el otro para ejecutar. Dios nos los traiga pronto". En cambio, cuando en el mes de abril anterior, el Jefe Político de

Comayagua, Juan Fernández Lindo, trató de convocar una junta de individuos de los ayuntamientos para que apoyaran al emperador Iturbide, utilizando como pretexto el ministerio de Valle en el imperio mexicano, Herrera se opuso: "aunque se desean los adelantamientos de Valle, Tegucigalpa, si éste fuese Emperador no contestaría de otro modo, ni antepondría jamás intereses individuales ni de ningún pueblo al bien general".

Era consciente de la falta de visión y patriotismo de muchos de los hombres públicos de la etapa inicia de la república, a la vez que no tenía mucha fe en el sistema federal escogido: "Se dice en apoyo de la federación, que basta un hombre en cada estado para poder legislar; se nos cita a Solón en Atenas, a Licurgo en Lacedemonia, a Locke en la Carolina; pero ¿en dónde están nuestros Solones, nuestros Licurgos, ¿nuestros Lockes?".

"Chocan las opiniones de los unos, con las de los otros en el congreso, y este es un mal muy grave, no digo que todos piensen de un mismo modo: esto es imposible, pero sí quisiera que todos fueran a un fin y que la elección de los sujetos se hiciere por razón y conveniencia, y no por espíritu de partido. Parece que todos nos distraemos y entretenemos en ver solamente a nuestros intereses y adelantamiento, y nos olvidamos delo principal. El riesgo es urgente en mi concepto"; "sólo veo hombres que quieren elevarse, y que sin títulos bastantes se creen capaces de gobernar el mundo".

El mismo Herrera cometió el error de querer perpetuar la división administrativa que durante la colonia existió entre las provincias de Tegucigalpa y Comayagua. El 9 de agosto proponía a su amigo, el diputado Márquez: "La Provincia de Honduras debe comprender lo que comprendía la Alcaldía Mayor de este nombre, y agregársele el partido de Segovia, por su inmediación y sus minas. El partido de Olancho debe también pertenecer a Tegucigalpa, por su inmediación, por sus relaciones íntimas de comercio y por haberse separado de Comayagua para nunca volverse a unir, como consta en sus actas".

"Trujillo y Olanchito son también necesarios a Tegucigalpa: en primer lugar, porque esta provincia debe tener un puerto y no hay otro sino Trujillo; en segundo, porque este puerto está más inmediato a Tegucigalpa que a Comayagua; en tercero, porque voluntariamente se separó de aquella ciudad; en cuarto, porque Tegucigalpa puede sostener con toda clase de auxilios, principalmente en dinero, a Trujillo y Comayagua no puede; y en quinto, porque dependiendo Trujillo de Tegucigalpa, dependerá de un pueblo más liberal, y en esto gana el Gobierno y gana la Nación, y no estará expuesta o lo estará menos a las empresas que pueden formarse en un punto tan a propósito como Trujillo". Pero cuando Márquez le comunicó que se había tomado en Guatemala, la decisión de hacer de las dos provincias (Comayagua y Tegucigalpa) un sólo estado, y dicho acuerdo fue refrendado en Honduras, Herrera acabó aceptándolo, muy a su pesar.

El 3 de febrero de 1824, se convirtió en Jefe Político de la Provincia de Tegucigalpa, sustituyendo al coronel Simón Gutiérrez, a quien el Jefe Político de la nación centroamericana, Gabino Gaínza, destinó comandante de Trujillo, y desde el 16 de septiembre del mismo año al 10 de mayo de 1827, fue el primer jefe de Estado de Honduras.

EL FRACASO DE UN ESTADISTA

Para el cargo de jefe de estado, Herrera no obtuvo mayoría absoluta, sino que compartió sufragios con otros cinco ciudadanos: Lindo, Antonio Tranquilino de la Rosa, José Justo Milla, José Santiago Milla y Jerónimo Zelaya. La asamblea constituyente lo declaró electo como jefe y a Milla como vicejefe.

Herrera trató de romper la inercia ambiental, abría a sus expensas clases para que los niños se ilustrasen, pedía libros al extranjero, organizaba tertulias patrióticas. Con frecuencia se quejaba de la escasa respuesta a sus solicitudes: "No hay país en el mundo donde haya más apatía, más pereza en los negocios y menos espíritu público que en Honduras. Yo rabio; he hecho el sacrificio de mi salud, de mi reposo, de mis inclinaciones y de mis intereses; pero Honduras necesita de muchas palancas para moverse".

El 5 de abril de 1826 pronunció ante la primera asamblea ordinaria del estado, que había tardado mucho en reunirse, su magistral discurso con ocasión de la instalación de la misma. En él reconocía que el espíritu público no había llegado al grado de perfección necesaria "para que la independencia y las instituciones que hemos adoptado produzcan todos los bienes que deben producir y que columbramos aún a distancia harto remota".

"La fuerza de Honduras se halla enteramente desorganizada". La circulación de malas monedas, "de que se ha hecho un tráfico vergonzoso, en que sólo la Hacienda pública ha perdido, se verá la multitud de causas que han influido en su decadencia y que tiene gravadas las rentas de los años siguientes y no presenta otra cosa con claridad a los ojos del espectador, que un déficit espantoso en medio de un caos que todo lo oscurece".

La hacienda pública, "después de la dilapidación vergonzosa en que estuvo por muchos años, entregada a manos muy impuras, tuvo que hacer frente a los gastos que causó la división de las dos provincias que forman hoy el Estado. Cuatrocientos mil pesos se gastaron, por lo menos, en saber si la provincia de Tegucigalpa debía estar sujeta a la Junta Provincial de Comayagua, y al que entonces gobernaba a nombre del rey de España, o si tenía derecho para adoptar el acta de 15 de septiembre proclamada en Guatemala".

Al enfocar este grave problema, Herrera afirma que este desorden no fue de los pueblos, "como se ha querido decir, sino obra de intereses particulares, siguió la centralización de las rentas más productivas, la arbitrariedad y dilapidación de los que quedaron al Estado, la ley que decretaba nuevas erogaciones, los obstáculos que se oponían a los nuevos impuestos, la resistencia de los pueblos, la apatía de los funcionarios y el temor de la Asamblea Constituyente en arreglar este ramo".

Además de presentar este cuadro "melancólico y funesto" de los males de la administración pública, el jefe de estado indicó las posibles medidas para remediarlos. Optimistamente expresaba que era ya pasado el tiempo de la anarquía y del desorden, que los recursos naturales tendían a multiplicarse; "siento finalmente y me glorío en los bienes inmensos que las futuras generaciones van a disfrutar en el suelo de Honduras".

Las disensiones internas (levantamiento del provisor del obispado José Nicolás Irías, el propósito de algunos diputados en desconocer la autoridad de Herrera) y la arbitrariedad del presidente de la Federación, Arce, hicieron fracasar los propósitos de Herrera. Tropas federales, al mando del teniente coronel José Justo Milla, a quien los sufragios hondureños habían favorecido en 1824, invadieron territorio con el pretexto de custodiar los tabacos que se encontraban en los llanos de Santa Rosa de Copán, y sitiando la capital Comayagua a principios de abril de 1827. Después de ocho días de asedio, según el propio Milla, los sitiados colocaron un cañón sobre la catedral, con el que empezaron a batir a los invasores: "... en el instante dispuse que se incendiara la ciudad por tres rumbos, atacándola al mismo tiempo".

Por la traición del jefe militar de la plaza, Antonio Fernández, ésta se rindió y Herrera fue arrestado y trasladado a Guatemala. Rómulo E. Durón indica que el presidente Arce lo retuvo prisionero en su casa de habitación. Su pariente Valle lo defendió de los ataques que se le hicieron desde el periódico mexicano El Sol: "El Jefe de Estado de Honduras es hombre de bien, observador de la ley, y amigo de la especie humana. Si ha habido derecho a agraviarle en El Sol a la faz del mundo, él lo tendrá también para defenderse con igual publicidad. Tiene honor, familia y propiedad".

Se había cumplido lo que había vaticinado: "Todo lo he sacrificado por la Patria; pero he creído que son ya inútiles mis servicios, y aún me hallo con fuertes tentaciones de irme a vivir a otra parte. No sé qué presagios funestos, no sé qué porvenir desgraciado cubren mi alma de luto y tedio". Haekfens asegura que Herrera permaneció preso en Guatemala, cerca de un año, permitiéndosele después vivir en ella, bajo la condición de no abandonarla.

Concluida la primera etapa de la guerra civil centroamericana, Herrera regresa a Tegucigalpa ("en todo el septentrión no hay pueblo más quieto que el de Tegucigalpa"). Habiendo sido nombrado por la asamblea centroamericana, comisionado para la pacificación de Nicaragua, sumida en la disensión, se dirigió a aquel estado. Juan Ángel Arias, encargado del poder ejecutivo de Honduras, celebró la elección recaída en "una persona que por sus conocimientos e ilustración, por su acreditado patriotismo y su deferencia al sistema de instituciones libres, hace honor a su patria".

Montúfar y Coronado, que no desdeñó críticas a Valle y Morazán, elogió en 1832 a Herrera por su actuación en Nicaragua: "No es conocido el pormenor de estos acontecimientos, ni tampoco los medios empleados por Herrera para obtener un resultado tan satisfactorio: sean cuales fueran estos medios, Herrera hizo a la humanidad y al orden social un señalado servicio, y reparó los perjuicios ocasionados por haberse impedido y disuelto la división que el presidente Arce preparaba en Honduras para terminar la anarquía, que tanto progresó después en Nicaragua".

José D. Gámez juzgó la administración de Herrera como de "verdadera reparación para Nicaragua. Su política conciliadora, al par que digna, su sagacidad para resolver las mayores dificultades y el tino admirable con que siempre se condujo, a pesar de los muchos obstáculos con que tropezó, fueron muy notables y hace que todavía se le recuerde entre nosotros como un modelo de un buen gobierno".

Electo jefe de estado de Nicaragua, al terminar su mandato pasó a El Salvador, donde también fue favorecido con la mayoría de los votos para ser gobernante de aquel estado, pero Herrera no quiso aceptar esta nueva responsabilidad, dirigiendo al Consejo Representativo, notas de renuncia, hasta que el 2 de marzo de 1835, se le relevó de ejercer el cargo de Jefe Supremo de El Salvador.

Diez años después de haber sido derribado del gobierno de Honduras, resultaron electos jefe y vicejefe del estado, su hermano Justo José y José Trinidad Cabañas, iniciado en la vida pública cuando Herrera había sido gobernante de Honduras (es el tiempo en que se habla en plural de ciertas figuras políticas: los Herrera, los Márquez, los Vijiles). Dionisio regresó a Honduras y en su calidad de diputado por Nacaome y vicepresidente de la asamblea constituyente (el presidente de la misma fue Juan Lindo), firma la segunda constitución de Honduras, el 11 de enero de 1839 (había puesto también el ejecútese a la primera de 1825).

Este año de 1839 es de ajetreo diplomático entre los partidarios de mantener el pacto federal y los separatistas. Aunque Morazán logró derrotar a Francisco Ferrera en las acciones de El Espíritu Santo (el 5 de abril) y de San Pedro Perulapán (el 25 de septiembre) ambas en territorio salvadoreño, Ferrera, con el apoyo de Carrera y los aliados de éste, logró imponer en Honduras su punto de vista: el fraccionamiento de la unión centroamericana. Herrera optó por retirarse a El Salvador, radicándose en San Vicente al lado de su familia, según José Reina Valenzuela. Sus propiedades en Honduras fueron devastadas y su biblioteca incendiada por estar abastecida de libros "heréticos". Vallejo relata que don Francisco Botelo comentó ante esta señal de barbarie, que "no había cosa más hereje que la ignorancia".

¿Qué hace Herrera durante los años 1840a 1843?, ¿Cuál fue su reacción ante el fusilamiento de Morazán?, Su hijo Miguel fue también eliminado en la campaña antimorazanista?. Estos son algunos puntos no esclarecidos en su trayectoria vital.

En 1844, los morazanistas deciden recuperar Honduras e inician su acción desde Texiguat.

El 25 de marzo es incendiada la población rebelde y el ganado que la abastecía es llevado a Choluteca para ser vendido en pública subasta. Joaquín Rivera, a quien se consideraba inspirador del movimiento fue capturado y fusilado en Comayagua el 6 de febrero de 1845. El sexagenario Herrera y algunos de sus compañeros—según el relato de Reina Valenzuela—lograron salvarse, pasando a nado los ríos Guayape y Guayambre, y socorridos por los payas, pudieron llegar a la frontera de Nicaragua.

"Cuán difícil me parece que lleguemos a constituirnos" pronosticó Herrera en 1823. En marzo de 1845, el cívico Herrera, el organizador de las tertulias patrióticas, jefe a un movimiento guerrillero para derrocar al tremendo Ferrera. Desde Choluteca, parte Santos Guardiola, el fiero Guardiola, a combatirlo y el viejo Herrera, no sintiéndose con suficiente fuerza para luchar (el Redactor Oficial lo había llamado "nuevo jefe de vándalos), se dirige a San Miguel, en El Salvador, entregando las armas de que disponía su gente. Los derrotados "coquimbos", no volverán a acercarse al poder en Honduras hasta en 1852 (un año después de la muerte de Herrera) en que toma posesión de la presidencia Trinidad Cabañas.

Nuevo silencio en torno a Herrera desde abril de 1845 al 30 de mayo de 1850, en que otorga testamento. Se dice que fue maestro de enseñanza primaria en San Vicente y San Salvador en los últimos cinco años de su vida. ¿Y el político, qué hace?

En su testamento recuerda a sus nueve hijos: Julián, María Manuela, José Dionisio, Mariano Esteban, Miguel, José María, Dolores y José Antonio, a las haciendas perdidas en las revueltas hondureñas: Hato Nuevo y El Guayabo. Lo único que posee es la mitad de las tierras de "La Pavana", compuesta de 17 1/2 caballerías de medida muy antigua, que heredó de su madre Paula Valle (hermana de José Antonio Díaz del Valle, padre de José Cecilio) y los créditos que espera hacer efectivos del gobierno de Honduras "por cantidades considerables, y suplico a mis albaceas liquiden este crédito y lo que alcance a mi favor lo agreguen al cúmulo de mis bienes". De este fondo, esperaba se entregara al gobierno centroamericano, cuando volviera a organizarse, mil doscientos pesos. Al colegio de San Salvador, le legó tres pesos en beneficio de la instrucción pública y a su hija Manuela, un crucifijo con la mesa y flores que hay en ella, en remuneración de sus servicios en su última enfermedad.

EL VETERANO DE LA LIBERTAD

Dionisio de Herrera falleció el 15 de junio de 1850, asistido espiritualmente por Tomás Miguel Pineda y Saldaña, obispo de Antígona (in partibus infidelium) y gobernador del obispado de San Salvador. Concluido el novenario del hombre tachado de hereje, masón y enemigo de la iglesia, muere su esposa, doña Micaela Quezada, prima hermana de Francisco Morazán. En la Necrología que publica el número 12 de "El Progreso" de San Salvador, José Francisco Barrundia lamenta la muerte de su amigo. Ya desapareció, dice, el oráculo de los patriotas, el veterano de la libertad. "En medio de la enfermedad y la pobreza, su espíritu se reanimaba en los conflictos públicos. Sus consejos eran entonces de una sabia prudencia, pero sus planes eran siempre de decisión y energía".

Cuando en 1883, Soto y Rosa establecen el culto a los héroes, piden a Durini una estatua ecuestre de Morazán para la plaza principal de Tegucigalpa, una de pie de Valle (frente al convento—plaza militar de San Francisco) y busto de Reyes y Cabañas, para colocarlas frente a la iglesia de La Merced. Es hasta 1915, que Bertrand ordena levantar un busto de Herrera en el parque que lleva su nombre, aledaño a la Iglesia El Calvario.

También durante el gobierno de Francisco Bertrand, Augusto C. Coello gestionó ante los descendientes de Herrera el traslado de sus restos a Honduras. Estos, según la versión de su nieta Nelita Aplícano de Herrera, se encontraban en 1896 en una cajita de madera que se depositó en el ataúd de su hija Dolores. Volvieron a ser exhumados para trasladarlos a Honduras, pero como este proyecto se frustró, en

1928 fueron depositados en la capilla de la Inmaculada de la Iglesia del Rosario en San Salvador.

La lápida dice sencillamente: DIONISIO HERRERA/E.P.D./FUE PRESIDENTE DE HONDURAS, EL SALVADOR Y NICARAGUA.1850.

Remodelada la escuela que llevaba su nombre cerca del propio parque Herrera en Tegucigalpa, fue bautizada con el nombre de "Estados Unidos de América". Este grave error e injusticia se trató de rectificar en las proximidades de la celebración del primer centenario de su fallecimiento, al disponerse que la Escuela de Ensayo N°. 1 se llamase "Dionisio de Herrera".

Sin conocer el elogio de Francisco Umbral que llamó a Quevedo "el más raro y grande y hermoso español de cualquier tiempo", Rafael Heliodoro Valle escribió: "Ningún héroe, ningún santo, ningún Dios de nuestra historia, me ha cautivado lo que este hombre altivo y extraordinario a quien todavía no comprendemos y quien no necesita las palpitaciones del mármol para reincorporarse dominador y resplandeciente sobre la piedra de ara de nuestro corazón". Sin la espalda de Morazán, sin los laureles de Valle, Herrera es—en la frase del orador Céleo Murillo Soto—"el pacificador de pueblos, el varón egregio de la libertad, el santo de la conciencia nacional".

Pese a sus errores, a sus dramáticos fracasos, que siguen siendo también los nuestros, merece que su nombre —como lo resaltó Rómulo E. Durón—sea "pronunciado en Centroamérica con cariño y respeto, mientras rindamos culto a la inteligencia y a las virtudes republicanas".

CIRCULAR DEL JEFE SUPREMO DEL ESTADO, A LOS JEFES INTENDENTES DEL DEPARTAMENTO

La Constitución de la República Federal de Centro América, es la obra maestra de la Sabiduría y el esfuerzo mayor del Genio que preside siempre a la Ciencia Social. Forma los vínculos que unen a los Estados entre sí: cría un Poder grande de todos ellos, y mantiene la Soberanía de cada uno: divide las funciones del que dicta las leyes, del que las ejecuta, y del que las aplica; prescribe los deberes y obligaciones del hombre público: asegura los derechos del Ciudadano; da garantías contra los ataques del Poder y de la Fuerza: mantiene la igualdad y la participación de todos a la supremacía, y al arreglo común de los negocios: conserva la libertad, la seguridad y la propiedad, quita las trabas al pensamiento o la palabra, y a la escritura: allana los obstáculos que se oponen a la prosperidad pública; y al interés personal; y rompiendo para siempre las cadenas del despotismo, opone el más fuerte Baluarte a la dependencia extranjera y a la arbitrariedad de la tiranía.

Tales, y mayores son, los bienes que debe producir el cumplimiento de la Constitución; pero para cumplirla, es necesario saberla; para amarla, es necesario conocerla; para defenderla, es preciso haberse penetrado de sus ventajas; y sólo la aplicación y el estudio pueden hacer que se conozca; y que se perciban los inmensos bienes que su práctica debe asegurar.

Estudiarla de día, y meditarla de noche, es el deber primero de todo funcionario Público, que está obligado a cumplirla religiosamente por su parte; y hacerla cumplir a los demás ciudadanos. Estos deben, por la suya, saber cuáles son los deberes que la Ley les impone, con respecto a la sociedad y a todos sus miembros para practicarlos; y los derechos que les concede para saberlos gozar y defender.

Penetrado el Congreso Federal de estas verdades, mandó en la Ley de 30 de Septiembre del año anterior; que la Constitución fuera materia de primera y precisa enseñanza en las Universidades, Colegios y Escuelas de primeras letras. Iguales motivos ha tenido el Gobierno del Estado, para recomendar repetidas veces el estudio de la Constitución; para mandar que se explique, en las tertulias patrióticas; y que exista en los Archivos de los Jefes, Municipalidades, Jueces y demás funcionarios.

Los Jefes intendentes habrán logrado llenar el primer objeto de su creación; y poner el primero y más sólido fundamento del Orden, de la ilustración, de la felicidad y de la seguridad pública en sus respectivos departamentos, cuando se haya hecho común el estudio de la Carta Fundamental; cuando los ciudadanos la conozcan, la amen, y se hallen en disposición de defenderla contra los ataques de toda especie, que dirigen contra ella sus enemigos, enemigos también de los pueblos de Centro América.

El esmero y eficacia de los Jefes Intendentes de propagar en sus respectivos Departamentos los principios de la Constitución, de procurar su perfecto, estable y exacta observancia, serán mirados por el Gobierno como la prueba menos equívoca de su amor a la independencia y a nuestras instituciones; y de que están animados de los mejores deseos de la felicidad de los pueblos, que el mismo Gobierno les ha encargado. Sus servicios, en esta parte, serán reputados por los más útiles y relevantes; serán tenidos en consideración para sus ascensos, al mismo tiempo que les proporcionarán la dulce satisfacción de haber llenado su primer deber, de haber desempeñado la más augusta de sus funciones; y de haber proporcionado a los pueblos el medio mejor de ilustrarse y de ser felices.

Este es el grande y único que el Gobierno se propone en el nombramiento de los Jefes Intendentes. Ellos, sin duda, sabrán corresponder a esta confianza; y al sacrificio que hacen los pueblos para sostenerlos; ellos sabrán justificar la elección del Gobierno y acreditar su gratitud a sus conciudadanos, difundiendo en ellos los conocimientos más útiles, y haciéndolos contraer el hábito de practicar constantemente la Ley Fundamental; de que pende toda su prosperidad.

Dado en Comayagua a 12 de Agosto de 1926.

Dionisio de Herrera

EPISTOLARIO

Se publican dos cartas de don José Dionisio de Herrera al presbítero Francisco Antonio Márquez, su amigo, y una a su primo don José Cecilio del Valle, ya que en ellas se reflejan el estadista y el hombre.

CARTAS A FRANCISCO ANTONIO MÁRQUEZ

Comayagua, abril 28 de 1826

He visto la tuya de 23 del corriente. El Senado de la República, en concepto de todos, es el que la ha salvado en el Congreso pasado, cuya mayoría era de serviles. El del Estado de Guatemala parece que no era muy bueno, pero se ha mudado en virtud de la ley omnipotente que dirige todas las cosas a la libertad. Completamente han ganado los liberales en todas las elecciones. Se temen agresiones de México, y con este motivo he dictado varias providencias políticas y militares, que mando se comuniquen a ese Jefe; las verás y merecerán tu aprobación. También he mandado se establezcan tertulias patrióticas, y que en cada sesión, después de la lectura del acta anterior, lo primero que se trate sea la justicia de nuestra independencia y la obligación que todos tenemos de defenderla del modo que la ley nos llame.

El 1º. del corriente acordó el Congreso Federal, entre otras muchas cosas, que la Comisión de Legislación presente un proyecto de ley que dé forma a la policía que debe establecerse según el artículo 170 de la Constitución, para que la República se purgue de los enemigos interiores que tiene.

He visto varias cartas en que se asegura que los electores del Partido de Santa Bárbara quieren elegirte Diputado para esta Asamblea, sin embargo que saben que has sido nombrado Senador de la Federación.

El nombramiento o nueva elección de Jefe ha causado aquí bastante calor en el partido que quiere que se nombre otro y en el partido que quiere que subsista el mismo.

Ya sabrás que los diputados no quisieron reunirse en Asamblea hasta no tener completo el número de ocho, pues un artículo de la

Constitución del Estado, exige dos tercios de diputados, por lo menos, para que haya Asamblea. Con este motivo admitieron a Vigil, a pesar de que él mismo, por escrito y de palabra, manifestó la nulidad de su elección.

Al fin declararon ésta, y han dejado otros diputados cuya elección es tan nula como la de Vigil.

Al día siguiente hizo proposición Pablo Irías, manifestando; que conforme al artículo N°. 7 de la ley de 5 de mayo de 824, debía procederse a nueva elección de Jefe, pues el actual era interino como la Asamblea Constituyente. Fue aprobada en el momento dicha proposición, salvando su voto y protestando el Diputado Milla. Dos órdenes salieron el mismo día para elecciones. La del Vice—Jefe porque se le ha admitido la renuncia y la del Jefe porque era interino como la Asamblea Constituyente. Se pasó la orden al Gobierno, y éste, mirando que la Asamblea no había observado para darla las lecturas y trámites que previene el Reglamento Interior; que dicha orden derogaba la ley de 16 de septiembre de 24 de la A.C.; que la Constitución del Estado dice que para derogar una ley se necesitan los mismos trámites con que se dió: que la orden no venía anunciada por el Consejo como si fuera una calificación de elecciones, pues aquí no se trata de saber si estuvo bien o mal elegido el Jefe, sino del tiempo que debe durar, que la duración de cuatro años se la da la Constitución de la República, las bases de la misma Constitución y la del Estado; el Gobierno acordó pasarla al Consejo y éste le consultó suspendiese su cumplimiento hasta que la Asamblea determinase en vista del reclamo que iba a hacer el mismo Consejo. Lo hizo en efecto, y la Asamblea mandó se le contestase que no debía aconsejarla ni interpretar las leyes.

El Consejo hizo nueva exposición, manifestando a la Asamblea que no aconsejaba ni interpretaba leyes sino que reclamaba el cumplimiento de ellas y de la Constitución, porque la misma Constitución se lo prevenía. Entre tanto leyó su voto particular Milla, que llama la atención sobre quererse mudar Jefe, nunca que sostiene la independencia y el sistema en Honduras, a tiempo que se reunen tropas españolas en La Habana y se teme una agresión por parte de México. En seguida presentó una retractación el diputado de Tegucigalpa, manifestando que había sido sorprendido, etc. No permitió Castejón en la Asamblea que se leyese, y parece que hoy saldrá nueva orden para que se hagan las elecciones, sin darse la ley que he reclamado cuando se dió la orden para elegir Vice—Jefe, pues las leyes que hay sobre elecciones son provisionales.

Yo he hecho una exposición muy sencilla de todo el Congreso Federal, comprobada con los documentos. No es más que una relación del caso, y concluyo manifestando: que careciendo este Gobierno de autoridad, de hacienda y de fuerza; que viéndose en la necesidad de trabajar más que ningún otro funcionario de la República, de gastar hasta el papel que no le suple la Tesorería, y tener por enemigos a todos los que lo son del orden, de la independencia y del sistema, no tiene ningún atractivo el mando, y que por consiguiente no es la ambición de mandar la que la ha dictado.

Milla dicen que ha hecho una exposición muy fuerte al Congreso Federal. El Consejo hizo la lista documentada al Senado de la Federación. Las primeras autoridades y algunos vecinos conocidos se han dirigido también al Senado, y dicen que obrando la Asamblea como obra, ha llegado el caso de una insurrección. Ya veremos en qué para esto. No hay sacrificio que yo no esté dispuesto a hacer para evitar un mal a los pueblos de Honduras.

La Asamblea continúa procediendo de un modo raro. Ella tiene comunicación directa con Lagos y Bustillo, ambos presos por revolucionarios y por otros delitos. ¿Creerías tú que Castejón fuese el que protegía a estos pillos? Ella ha nombrado al Consejo un acompañado en un asunto particular, que es don Juan José Díaz, que no tuvo siquiera votos para Consejero, y lo más célebre es que quiso Castejón, y consta en la nota que lo propuso que se le avisase a Díaz su nombramiento por un recaudo. Los electores de aquí son todos apasionados a Irías. Se ha mandado que elijan suplente por enfermedad del propietario, suponiendo renuncia que no ha hecho el suplente, y habiendo reclamo por no haberse citado a Opoteca y a otras poblaciones para la elección.

Castejón ha mandado quitar la guardia al Consejo, diciendo al cabo que la tropa sólo él la manda. De éstas podía contarte mil anécdotas muy célebres; pero basta lo dicho para que formes idea de cómo andan las cosas por acá. Desgraciado pueblo! Pero ellos al fin han de conocer sus intereses y mejorarán seguramente las cosas. Yo pienso como tú que hemos de ser libres porque este es el espíritu del siglo, y el curso del tiempo.

Saludo a nana Antonia y a Carmelita, a quien le tengo buscado un galán novio. Micaela las saluda y a ti también. Soy tuyo.

Dionisio de Herrera

Tegucigalpa, enero 17 de 1824

Es en mi poder tu carta del 5 del que rige. No va bien mi salud.

Yo mismo dirigí la representación de los segovianos, y te hablé sobre ella para que la apoyaras, manifestándote cuán conveniente era esta unión a los intereses de ambos pueblos. Creo que es de justicia concederla, ya por la inmediación, ya por el fomento de las minas, ya por la voluntad decidida de ellos. Sin embargo, el mayor interés de esta Provincia no es aumentar en extensión, sino en población. La de Tegucigalpa se aumenta sensiblemente. Es duplicado el valor de las casas, y no se halla en que vivir. La población debe ser el primer objeto de la política.

Han venido muchas gramáticas francesas, diccionarios y algunas obras de literatura. Se han vendido públicamente algunos ejemplares de las Ruinas de Palmira, del Compo, Mateo, del Citador, etc. Hay en Trujillo algunas Chaf d'octubre, destinadas a Tegucigalpa.

No es necesario hacer invitaciones para que traigan azogue los extranjeros. Hay algunos quintales en estos minerales; vienen otros de camino; hay depósitos de este fluido en La Habana, y de Guayaquil han ofrecido traer 400 quintales. Insensiblemente va bajando el precio de él y, con haberse abolido los derechos de las platas y de él será grande la suma que se extraiga de estos metales. Sin embargo, más quisiera que se compusieran los caminos y que hubiese un par de ríos navegables, y no que se sacase mucha plata. Es ya establecida la Federación en México; se establecerá entre nosotros; sea enhorabuena; pero no quiera Dios que haya un retroceso que nos haga desandar lo que hemos andado.

Ha sido celebrada con júbilo la noticia de estar abolidos todos los derechos de las platas y el oro, y lo mismo la introducción de estos metales a nuestros puertos.

La ley de Asilo fue la primera que debió dictarse en el Congreso. Ella sola podrá proporcionarnos los elementos que nos faltan. Nosotros podremos aprovechar el resultado de las guerras y de las disputas de los europeos, sobre si la cartas dan los derechos, o los derechos a las cartas. Es creíble el suceso del hermano de Barrundia. Haz a mi nombre una visita a éste. Linda gracia, por cierto, la de estar reventando bombas a los diputados. Mientras no se respete a esos como debe serlo, los pueblos no son libres. La ofensa que se hace a un Diputado se hace a todos los ciudadanos, y la poca impresión de esos hechos sirve de termómetro para graduar la poca ilustración de los pueblos.

Supongo a Próspero muy inmediato a esa, pues hace días que tuve noticia que pasó por San Vicente. Valle puede haber llegado o llegará el 20, según se dice. Siento que a su llegada haya partido, que serán obstáculos que impedirán al Gobierno y a la Asamblea obrar con energía.

Parece que los sucesos de La Habana irán tomando cuerpo, según puede traslucirse de los papeles publicados. La independencia de la Isla de Cuba es necesaria a esta América; pero creo que los sucesos de España la apresurarán o la retardarán más que el influjo de sus logias.

Adiós. No hay novedad en tu casa. Te saluda Micaela.

Dionisio de Herrera

CARTA A JOSÉ CECILIO DEL VALLE
Comayagua,10 noviembre 1826

Mi amado José: es en mi poder tu apreciable fechada a 22 de junio sin duda por equivocación, pues me hablas en ella de sucesos muy recientes.

Quedo entendido de todo.

Vas a horrorizarte. E13 de este, a las 2 de la mañana me tiraron 5 balazos por las ventanas de mi casa. Por una de ellas escaparon de matar a un soldado. En la otra erraron la puntería y no entró la bala; y en la otra en frente la cual estaba la cama de mi mujer y la mía tiraron

3 tiros, de los cuales, uno rompió mi catre, y los otros rompieron el pabellón de la cama de mi mujer, escapando ella como por milagro, pues hacía medio minuto que se había quitado del lugar por donde había estado sentada con un hijito de pecho. En el momento se dictaron providencias activas, se han puesto presos algunos, se han fugado otros, entre ellos el Provisor Irías. Van descubriéndose planes sanguinarios, que hacen estremecer a la humanidad. No sólo se debían deponer las autoridades, sino que debían matarse a muchos. Se dice también en la causa, de saqueo, estupros, etc., etc. He aquí los efectos de los planes de variar el Gobierno—Irías tenía hasta cañones de palo. Como el Presidente de la República (Arce) ha mantenido correspondencia con mis enemigos, y con los hombres más inmorales de Honduras, se dice generalmente aquí que estos sucesos son efecto de sus planes.

Yo he puesto tropa sobre las armas, y voy a poner más no sólo para conservar el orden interior, sino para impedir cualquier ataque exterior, pues el Presidente ha dado orden a San Salvador para que marche a Honduras una división respetable. Ya se dice lo conveniente sobre esto al Gobierno de la Federación, y al de San Salvador.

Tú verás la Relación que el ministro ha hecho, de los sucesos ocurridos en esta para conocimiento de las municipalidades. Verás también el parte que doy a los Jefes de los Estados.

Los pueblos inmediatos han venido a manifestarme sus sentimientos y a ofrecérseme a pesar de los esfuerzos que ha hecho el infame, indecente y malvado Irías, por mano de los curas y de otros emisarios.

Antes, con los primeros anuncios de la revolución que se tramaba contra mí y desde el momento que los pueblos conocieron que se trataba de atacar la constitución, se han levantado algunos en masa; pero principalmente el impertérrito pueblo de Texiguat, que juró también defenderla y defender al Jefe hasta derramar la última gota de su sangre, y ha levantado de pronto 400 hombres. La municipalidad de Tegucigalpa y el pueblo reunido, han mandado a ofrecerse al Gobierno y han tenido acuerdos, que se celebrarán en la historia de los libres, entre ellos, según se me dice en una carta que acabo de recibir, el de hacer exequías solemnes al Vice Jefe Cirilo Flores.

Se me ha hecho invitación por el Gobierno de San Salvador para proceder de acuerdo a sostener, dice, la Constitución. Me remite 40 ejemplares del dictamen de una comisión del seno de la Asamblea, y copia de la contestación que dio al Gobierno de la Federación con motivo del decreto de 10 de octubre. En él me dice que el Congreso a que han convocado tiene inconvenientes; que pueden reunirse los dos partidos y deponerlo; y que lo que conviene es, que el mismo Presidente convoque nueva Asamblea y haga elegir nuevo Jefe en el Estado de Guatemala. Ya verás los términos en que se contesta al Jefe del Salvador.

Me hallo en estrechas relaciones con los Jefes de Nicaragua y Costa Rica. El último me ha remitido un decreto de su Asamblea en que no deba reconocerse ninguna providencia de las autoridades federales, hasta que no se trasladen a otro punto fuera de Guatemala. Yo le contesto que he sido el primero en opinar por la traslación; pero que en el serio está peligrosa, porque ningún Estado tiene los elementos que el de Guatemala para sostener la independencia y la Constitución.

Se ha leído con gusto el Redactor, y el acta de la Junta Preparatoria; pero mientras el Presidente y los de su partido circulan a todos los pueblos 100 ejemplares de cada papel, los del contrario mandan uno.

Se escribe a tu esposa por una Señora de aquí, y yo te recomiendo este negocio.

Soy tuyo
Dionisio de Herrera

EL PRÓCER DIONISIO DE HERRERA POR JOSÉ REINA VALENZUELA (EXTRACTO)

I: LA ALCALDÍA MAYOR DE TEGUCIGALPA Y LA REAL VILLA DE JEREZ DE LA FRONTERA DE LA CHOLUTECA. DON JUAN JACINTO HERRERA.

El Real de Minas de San Miguel de Tegucigalpa que se supone fundado el 29 de septiembre de 1578, dio origen a la Alcaldía Mayor de su nombre, pues tuvo tan rápido desarrollo que, casi un año después de aquella fecha, el Presidente de la Audiencia, Lic. García de Valverde, reconociendo de cuanta importancia sería la organización civil y militar de este pueblo en cuyas cercanías se beneficiaban abundantes minas de plata, nombró a don Juan de la Cueva Alcalde Mayor, dividiendo así el territorio de Hibueras ú Honduras en dos provincias: la de Comayagua, y la de Tegucigalpa que dependería de Guatemala, Capital del Reino.

Posteriormente, por Real Cédula de 31 de octubre de 1580, se incorporó a la Alcaldía Mayor, la Villa de Xerez de la Frontera de la Choluteca con los pueblos de su jurisdicción desmembrándola de la Provincia de Guatemala y dándole a la de Honduras, las costas en el Golfo de Fonseca del Mar del Sur.

La Villa de Xerez de la Frontera había sido fundada por el Capitán don Cristóbal de la Cueva, lugarteniente de don Jorge de Alvarado, en marzo (?) de 1535 en un sitio que los indios llamaban Choluteca— Malalaco, a la derecha y en las cercanías de un río muy caudaloso "que en tiempo de corriente es muy furioso" y que los indios conocían con aquel nombre.

Según el Cronista—Cosmógrafo don Juan López de Velasco la Villa estaba asentada en un "llano grande" de tierra fértil donde se cultivaba muy bien el maíz y se daba frondoso el algodón y, aunque no se daba trigo, el principal caudal de sus moradores eran las estancias de ganado mayor, "porque menor no lo hay a causa de ser la tierra caliente y falta de yerba menuda, que todo es sabana brava y cenagosa y la tierra muy montuosa". Oviedo dice que había en la comarca chorotega "todos los árboles de nísperos, que en aquella lengua se llaman nunozapot que es la mejor fruta de todas las que yo he visto en estas partes ni fuera de ellas".

El pueblo tenía 30 vecinos españoles, con iglesia y cabildo que servía un Alcalde Ordinario aunque no existía organización municipal; no pasaba de 20 casas pero en su jurisdicción había muchos pueblos de indios de los que casi todos eran tributarios doctrinados por clérigos sufragáneos de la iglesia de Guatemala. Los españoles pronto comenzaron a beneficiar las ricas minas de oro y plata que encontraron "en el cerro de San Juan" y a labrar la tierra rica en humus iniciando así la prosperidad de la región.

Entre las estancias de ganado estaba la de GUALACOPE (1561) legua y media distante del entonces pueblo de indios de Guacirope y Cosicana, la cual pertenecía a Esteban Amaya que a su vez sembraba maíz, frijoles y otros mantenimientos; las de Andrés Benítez y Juan Vásquez, la de Juan Rodríguez del Clavo, Defensor de los Indios nombrado por su Majestad, ésta última cercana al pueblo de Coray, la que trabaja "sin perjuicio de los indios de Guacirope y Cosicana" que más bien le ayudaban en el pastoreo del ganado y en la cosecha de los granos, y la de Fernández Montero, qua hacía de Alcalde Ordinario, muy buena con ingenio de azúcar moscabado, por el sitio de Ola, lo que indica que en ella se cultivaba la caña de azúcar.

Todos vivían en paz, pero tentados por la codicia, los españoles comenzaron a repartir los indios que, acostumbrados a vivir en libertad, no quisieron aceptar la esclavitud; protestaron primero, suplicaron después y no habiéndoseles oído en su demanda, optaron por "alzarse" y huir a las montañas desde donde mantenían en constante amenaza el pequeño poblado castellano. Como los indios rebeldes estaban del lado occidental del río lo mismo que la Villa de Jerez, los pobladores hispanos decidieron trasladarla a la margen izquierda pero, desgraciadamente, sin dejar memoria de la fecha de su traslación.

Las quejas de los indios llegaron al fin a oídos del Monarca; los castellanos negaron las acusaciones pero fueron tan repetidas éstas que en Cédula del 7 de febrero de 1560 el Rey ordenó al Gobernador de Honduras Lic. Ortiz de Elgueta, que visitase "al pueblo o poblado de españoles en los chorrotecas que se llama la nueva Xerez" que le diera un informe de cuantos vecinos había, si éstos trataban bien a los indios, si vivían en orden y en paz "y en los que en ello hallara culpados los castiguéis conforme a justicia".

La paz volvió a reinar cuando la Villa fue incorporada a la Provincia de Tegucigalpa y dejó de formar parte de la de Guatemala cuyas autoridades, por la lejanía, no podían atender adecuadamente a sus necesidades. En lo espiritual, quedó dependiendo de la Diócesis guatemalense hasta el año de 1672 en que el Curato de la Villa de Jerez, fue agregado al Obispado de Comayagua, agregación que fue confirmada en 1676.

Así transcurrieron los años al paso que la villa iba desarrollándose, creciendo la fama de su riqueza minera que atrajo muchas familias, entre éstas a no pocas del Real de Minas de San Miguel Tegucigalpa, las que ya encontramos asentadas y con patrimonio, al alborear el Siglo XVIII.

Conforme a la "Relación Geográfica de la Alcaldía Mayor de Tegucigalpa" hecha por el Alcalde Mayor Don Pedro Baltazar Ortiz de Letona en 20 de julio de 1743, la jurisdicción de ella se extendía en cincuenta leguas de Este a Oeste y sesenta de Norte a Sur, existiendo nueve curatos o Partidos así: Tegucigalpa, Cantarranas, Danlí, Choluteca, Nacaome, Ojojona, Orica, Aguanqueterique y Guascorán.

"El territorio de "Tegucigalpa que es el primero —decía Ortiz de Letona— comprende los Valles de Yeguare, Río Hondo y Amarateca, pueblos de Tegucigalpa, Comayagüela y Támara y los minerales platosos de San Antonio, San Salvador y Santa Lucía; el de Cantarranas los Valles de Talanga, Xacala, Ciria, Yuculateca, Tapale, Guarabrequi, Guaymaca u Moroselí, las villas de negros de Guaymaca, San Juan y San Francisco y los minerales de plata de Suyatal, Cedros, Pelanariz y San Antonio de los Achiotes; el de Danlí, los valles de Jamastrán, Cuscareca y Teopazenti, el pueblo de Teopazenti y el Mineral de Potrerillos que también es de Plata; el de Choluteca, los valles de Oropolí, San Joseph, Colón, Guazaule y los minerales de oro de El Corpus y San Martín; el de Nacaome los valles de Coyolar y Santa Inés, pueblo de Pespire y los minerales de San Carlos que son de oro; el de Ojojona los valles de San Joseph, Quibaripanela, Apacunca y el Coyolar con Salalica y los pueblos de Ojojona, Santa Ana Ula y Lepaterique; el de Aguanqueterique los pueblos de Aguanquererique, Locterique, Curarem, Alugaren y Reytoca; el de Guascorán los pueblos de Guascorán, Langue y

Aramecina; y el de Orica los pueblos de Origa, Agalteca, Tatumnbla con el dicho mineral de Santa Lucía, que en suma son veinte y ocho valles, cuatro villas, las tres de negros y la de Choluteca que tiene el título de tal Villa y en que hay Cabildo, Justicia y Regimiento; y veintitrés pueblos de indios con más de ocho minerales de plata corrientes y tres de oro; en toda la jurisdicción hay doce compañías de milicianos con sus cabos de primera plana y además de su manejo compuesta de todos linajes de gentes excepto indios y su vecindario todo consta de cuatrocientos seis personas españolas setecientos cuarenta y dos mulatos, ciento setenta y siete negros y mil trescientos setenta y siete indios tributarios todos de confesión de ambos sexos".

La provincia disfrutaba de variados climas: en la región del Norte, compuesta por los Partidos de Cantarranas y Orica, era templado y seco; en la del centro, donde estaban los Partidos de Tegucigalpa y Ojojona, era frío y agradable y en la del Sur, formada por los de la Choluteca, Nacaome y Guascorán, era caluroso.

En esta última región compuesta de dilatados llanos que daban hasta la mar del Sur para formar bellísimos y espaciosas playas de arenas ardorosas que "causan muchos bochornos" y de tierras fértiles regadas por números riachuelos, a la margen de un gran río que en lenguaje nativo se dice "Choluteca", se alzaba la Real Villa de Jerez de la Frontera, asiento de Cabildo, de las Justicias Reales y de un Regimiento militar, a cuya cabeza estaba a principios del último cuarto del Siglo XVIII, el Teniente de Milicias Don Juan Jacinto de Herrera, natural de la Villa de Tegucigalpa y "legítimo hijo de Don José Antonio de Herrera y Doña Leocadia Rivera" de las más distinguidas personas de la Provincia.

La zona era rica. Las minas de El Corpus, de Clavo Rico y otras de menor rendimiento daban a la Corona jugosos beneficios y a los vecinos una renta apreciable; la cría de "ganados mayores de todas calidades" y la siembra y cultivo del maíz, frijoles, tabaco, algodón y caña dulce de la cual "se fabrica algún azúcar y otra calidad de dulce de más alto temple que la azúcar que llaman raspaduras" formaban el patrimonio de aquella gente laboriosa y aunque la tierra pudiera dar más, no sembraban sino lo necesario para el consumo pues "no hay puerto de mar a donde conducir las cosechas" ni tampoco a quien venderlas en los poblados que, distantes varias leguas, se tenían como vecinos.

No corría esta suerte la cría de ganado mayor, pues conforme a los datos consignados por el Alcalde Mayor Ortiz de Letona en su "Relación" ya citada, "son como cinco mil novillos que anualmente producen cosa de cuarenta mil reses de todos ganados" de los cuales llevaban los hacendados a vender a Guatemala año con año regulares partidas, como también quesos y cueros de res al natural o curtidos. Además, la región del Sur de la Provincia por aquellos tiempos de 1779 producía "cosa de diez mil libras de tinte añil" cuyos importes empleaban los vendedores en adquirir ropas y otros menesteres para el bien vivir que con todo era modesto, pues la generalidad de las gentes acomodadas vivían en sus "Chacras o haciendas" viniendo a sus casas de la Villa en fechas de excepcional solemnidad o al llamado de las autoridades, porque así, decía Ortiz de Letona, "ahorrando gastos atesoran medios para lucir en sus funciones especialmente en las de hacer el Culto Divino, a que son muy aplicados igualmente que a la paz que es lo que hace célebre a esta jurisdicción...".

En este ambiente vivía el Teniente de Milicias Don Juan Jacinto de Herrera, emparentado con una de las familias más notables de la Villa, como era la de su esposa Doña Paula Díaz del Valle, hija del legítimo matrimonio de Don José Díaz del Valle, noble hijodalgo "de las más distinguidas familias españolas de la Provincia" y de Doña Manuela Díaz del Valle, abuelos paternos de Don José Cecilio del Valle, nacido el 22 de noviembre de 1777 en la Choluteca.

Ambos cónyuges eran acaudalados: Don Juan Jacinto, propietario de la Hacienda de San Francisco de Yeguare, de la cual sacaba anualmente más de cien novillos que llevaba a los mercados de la Metrópoli, poseía también en Tegucigalpa otras propiedades, entre ellas una hermosa casa sobre la cual había fundado una Capellanía de ochocientos pesos a favor del Convento de La Merced.

Doña Paula, había recibido en herencia la Hacienda de Tapatoca, en la cual se ponían cada año tres queseras, y la de Pavana en donde se beneficiaban cinco, contando entre ambas con más de ciento quince vacas, amén de buenas novilladas y otros semovientes.

Cuando los piratas ingleses tomaron Roatán en 1781, el Teniente de Milicias Don Juan Jacinto de Herrera, que se encontraba en su

Hacienda de Pavana, se trasladó a Choluteca para organizar un contingente de tropa, de orden del Capitán General Don Matías de Gálvez, asumiendo provisionalmente las funciones de Teniente de Alcalde Mayor; pero habiendo desalojado a los ingleses el 17 de marzo de 1782, no hubo necesidad de que el batallón de milicianos de Choluteca fuese a la costa atlántica a prestar su auxilio. Se puso fin a la guerra con la celebración de un tratado en 1783 en el que se estipuló que los ingleses evacuarían no sólo el continente sino todas las islas que de él dependieran, excepto un pequeño territorio en que se permitiría hacer cortes de madera de tinte y nada más". Así se quedaron con Belice.

II: NACIMIENTO DE DIONISIO DE HERRERA. TRASLADO DE SU FAMILIA A TEGUCIGALPA. PRIMEROS AÑOS DEL PRÓCER.

Las brisas de octubre refrescan la tierra humedecida por las lluvias y los campos que han rendido su cosecha reverdecen de nuevo; en los graneros se acomodan las mazorcas para los días de escasez; los labriegos de Pavana y Tapatoca "bajan" a la Real Villa de la Choluteca y se unen al alboroto que hay en el pueblo. Es el 25 de octubre de 1781. Las campanas de la iglesia parroquial sueltan al viento sus notas jubilosas y en el amplio corredor de una casona señorial protegido por grandes arcos de elegante estilo, se reúnen algunas personas notables. En brazos de una india hermosa, quizá una esclava, va un niño hacia la iglesia para recibir el sacramento del bautismo y tras ellos, la comitiva que luce elegantes atuendos.

En el atrio espera el Reverendo Padre Fray José Ginés de Mayorga, Predicador Jubilado, Definidor de la Provincia, perteneciente a la Sacra y Real Orden de Nuestra Señora de La Merced, quien ha obtenido el permiso de bautizar, otorgado por el Teniente de Cura Don José Gabriel Xalón. Llegados a la pila bautismal, Don Joseph Tomé, caballero distinguido, Delegado del Real Derecho de Tierras y Teniente de Alcalde Interino, toma al niño en sus brazos como padrino y el Definidor, en el nombre del Padre, del Hijo y del Espíritu Santo, le administra las aguas lustrales del bautismo con el nombre de JOSÉ DIONISIO DE LA TRINIDAD, hijo legítimo de Juan Jacinto de Herrera y de Paula Díaz del Valle, nacido el 9 de octubre de 1781 en la Real Villa de Jerez de la Frontera de la Choluteca.

Por muchos años se creyó que Don Dionisio de Herrera había nacido en Tegucigalpa consignando distintas fechas; ello se debió sin duda a que por ningún lado aparecía la Partida de Bautismo del Prócer y sólo constaba en documentos de la época que Don Juan Jacinto de Herrera era vecino de la Real Villa de San Miguel de Tegucigalpa y Heredia pero la diligente investigación del Lic. Juan B. Valladares R. se vio premiada al encontrar en un expediente de 1820, en estado casi ruinoso, el documento que prueba que Herrera efectivamente nació en Choluteca. Así se ha aclarado una de las dudas que más inquietaron a nuestros distinguidos historiadores.

Exigencias de su cargo y quizá asuntos de personal interés obligaron a Don Juan Jacinto de Herrera a trasladarse con su familia a Tegucigalpa. Allí vivía cuando nació su tercer hijo, Justo José Vicente Herrera, bautizando en la Iglesia parroquial del Señor San Miguel por el Cura Don Juan Francisco Márquez el 23 de julio de 1786. De esta suerte la niñez de Dionisio de Herrera trascurrió lejos de su tierra natal y debe haber sido tranquila, como lo era la de los hijos de la gente acomodada de aquellos tiempos, sin otros incidentes que los propios de la infancia, bajo la vigilante mirada de una madre amorosa y con el ejemplo de un padre honesto y laborioso.

En la sencillez y austeridad del crisol hogareño, tal como lo exigían las costumbres, el niño Dionisio comenzó a formar su carácter y como en aquel entonces no existían escuelas elementales púbicas, fue como otros niños hijos de familias ricas a la escuela privada para aprender el abecedario y las reglas de la aritmética o quizá concurrió a la Casa Cural de San Miguel Arcángel o al Convento de San Francisco, en donde, entre la explicación de los Diez Mandamientos y el Yo Pecador, el buen cura enseñaba a leer con la Cartilla de San Juan, el Catón y la palmeta.

Triste era el panorama. Pero realmente, que podía esperarse de aquella Villa de Tegucigalpa que, aunque rica por su abundancia de minerales, era escasa en población y estaba distante muchas leguas de León en Nicaragua y de Guatemala, ¿entonces los emporios del saber y de la cultura? Hacía poco que Carlos III le había confirmado el Título de Real Villa y otorgado el privilegio de usar Escudo de Armas, merced que el monarca concedió "por lo distinguida que es aquella población de ricos y abundantes minerales, y ha corresponderle por este motivo la mayor civilidad, distinción y buen gobierno de sus vecinos", pero quizá más le hubiera valido la organización de una escuela de primeras letras que el ostentoso escudo; quizá más habría contribuido a "la mayor civilidad, distinción y buen gobierno de sus vecinos" un centro aunque fuese rudimentario, para educar y enseñar a los jóvenes, que el escudo de armas, distintivo nobiliario que seguramente colmó de orgullo a los principales personajes de aquel tiempo.

La Provincia de Honduras, a pesar de haber sido entre las que formaban la Capitanía General o Reino de Guatemala la que más oro y plata dio a España, fue relegada al olvido y recibió un trato injusto de notoria indiferencia. En Comayagua, su capital, a esfuerzos del episcopado se había regularizado el funcionamiento de un centro de estudios, y para fines del siglo XVIII, en el Colegio Seminario o Tridentino se enseñaban y leían las cátedras de Latinidad, Filosofía, Cánones y Matemáticas, pero es evidente que estas materias no satisfacían las aspiraciones de las familias que deseaban para sus hijos otra carrera que la canónica. . Esto explica por qué en el horizonte cultural de la Capitanía General, la Universidad de San Carlos Borromeo fundada en Guatemala por el Obispo Marroquín, era el faro que esparcía destellos de ilustración, pero a causa de la rigidez de sus Constituciones redactadas por el Oidor Don Francisco de Sarasa y Arce en 1681, no podían franquear sus puertas todos los que estaban anhelosos de aprender.

Por otra parte, su plan de estudios resultaba arcaico para el último cuarto del Siglo XVIII cuando ya en España había evolucionado la enseñanza desde en tiempos de Felipe II, por lo que seguramente Don Victoriano Rodríguez, primer biógrafo de Herrera haya dicho que en aquel entonces "no se enseñaba nada de cuanto el hombre necesita saber; pudiendo decirse con verdad, que los Jóvenes se volvían más ignorantes y necios en las aulas, porque en ellas no veían ni oían las cosas que más relación tienen con la vida en sociedad".

Afortunadamente la Universidad de San Carlos acogió con beneplácito la savia renovadora que le inyectó Fray Antonio de Liendo y Goicoechea, el benemérito cartaginés que desafiando el medio, introdujo reformas atrevidas en la enseñanza en tal grado que pasmaron la docta opinión de los catedráticos que antes de él habían dado lustre y gloria a los antiguos claustros de la Real y Pontificia Universidad del Reino de Guatemala.

Nuestro ilustre Ramón Rosa elogiando al reformador se expresa en estos términos: "Goicoechea, de alma grande, de acerado carácter, de talento superior, y de vastos y sólidos conocimientos, formado en la escuela del escolasticismo, escéptico después, y casi positivista por último, fue el más activo reformador del plan de estudios en Guatemala, estableciendo los principios fundamentales y útiles de que las ciencias exactas debían subordinarse a la demostración; las ciencias naturales a los experimentos; las ciencias políticas y morales al bien de los pueblos; y las ciencias filosóficas al examen crítico de la razón humana". .

En circunstancias tales era lógico que las familias de posibilidad económica, entre las cuales estaba la de Herrera, volvieran sus ojos hacia la metrópoli en busca de una educación superior para sus hijos. Allá estaba el porvenir; allá se conocían para fines del 700 los nuevos libros que el franciscano costarricense había traído de Europa; allá se difundían las nuevas ideas que abrían surcos de luz en las conciencias y fortalecían los espíritus; hacia allá debía ir el niño Dionisio de Herrera como había ido su primo José del Valle y tantos hijos de distinguidos caballeros que fueron posteriormente hombres notables. Y Herrera partió hacia la metrópoli con el corazón abierto a la esperanza y la mente llena de proyectos generosos.

III: EL VIAJE A GUATEMALA. SUS ESTUDIOS UNIVERSITARIOS Y PRIVADOS. EL MEDIO EN QUE LLEGÓ A LA ADOLESCENCIA. RETRATO DE HERRERA.

Trece años tenía Dionisio de Herrera cuando partió hacia Guatemala. Penoso era el viaje desde Tegucigalpa. Las jornadas de diez a doce leguas diarias haciendo noche en haciendas o en pueblos tan humildes y escasos de todo que sólo la hospitalidad de sus moradores disimulaba la pobreza y la incomodidad. En la alforja peregrina había que llevar la hamaca y la cobija, el totoposte y la panela. Las bestias para el viaje tenían que ser escogidas y el hábil mozo, un verdadero chane.

Había que cruzar extensos valles, altas montañas y caudalosos ríos y al través del imponente panorama que ofrecían los pinares eternos, la tierra fértil y la gente buena, se llegaba a la capital del Reino. Esta larga caminata realizó Herrera para llegar a Guatemala, en donde vivían sus parientes cercanos Don José Antonio Díaz del Valle y Doña Gertrudis su esposa, padres de José del Valle, para cuya educación se habían trasladado de Choluteca desde 1789. En aquel hogar modelo de cristianas y sobrias costumbres viviría el joven Dionisio durante los años de estudios en la Real y Pontificia Universidad de San Carlos.

Llevaba Herrera el testimonio de la Información de limpieza de sangre seguida en julio de 1794 por el Alcalde de Primer Voto de Tegucigalpa Don Mariano Urmeneta a solicitud de su madre, en la cual constaba que procedía de legítimo matrimonio contraído ante la iglesia; que sus padres eran tenidos y reputados en la Provincia como españoles de la primera distinción, limpios de toda raza de mulato, zambo, judío y hereje; que entre los de su familia no hubo ninguno castigado por el Santo Oficio y que muchos de sus ascendientes tuvieron empleos honoríficos así en lo secular como en lo eclesiástico.

Don Juan Jacinto de Herrera, efectivamente, venía desempeñando desde el año 1793 el cargo de Alcalde Provincial de la Villa de Choluteca, mereciendo elogios del Capitán Don Pedro de Aguiluz y Vásquez, a la sazón Teniente de Gobernador del Partido, por su conducta ejemplar, su celo y su diligencia. .

La información aludida le abrió las puertas de la Universidad en donde, a raíz de la reforma de Goicoechea, como se ha dicho, se había pasado de "las abstrusas disertaciones teológicas y controversias metafísicas" al estudio de los textos de Brixia, Leibnicio, Nolet, Duhamel, Heister, Colet, González Coto y otros autores que formaban "un plan de arquitectura integralmente universitaria que edificaba una docencia de talla humanista y que abría la senda a la inquietud por la investigación". .

El estudio de las Ciencias Jurídicas que seguía Herrera requería los cursos de Historia Civil, Historia del Derecho, Historia Romana, Derecho de Gentes, Derecho Natural y Canónico, siguiendo los autores clásicos: Heinecio, Covarrubias y Hugo Grocio. En cuanto a la filosofía, se había roto el trazo de las formas cerradas de escuela para darle una especialización ajustada al nuevo pensamiento humanista del reformador.

Pero si bien la Universidad le brindaba tales enseñanzas, Herrera por su parte se empapaba en los libros y escritos que escasamente llegaban a Guatemala procedentes de Europa. Ello le dio oportunidad de conocer las doctrinas políticas sustentadas por los escritores franceses y lo familiarizó con la Revolución de 1789 y con los sucesos de 1793 que culminaron con la caída de Luis XVI y que dieron la representación en el poder de Francia al pueblo, fundándose "el tercer estado" que otorgó el reconocimiento oficial a los sagrados derechos del hombre dando nacimiento a la burguesía moderna frente a la sociedad feudal y aristocrática. Estas lecturas afirmaron en su mente las ideas renovadoras que le colocaron después entre los hombres más cultos y evolucionados de su tiempo.

Cabe entonces afirmar que el estudio y comprensión de las nuevas teorías filosófico—políticas, la atención que puso en las ideas revolucionarias que fluían de Francia y de la América del Norte expuestas en folletos y libros que, no obstante la estricta prohibición del Gobierno colonial, se infiltraban en toda la América Hispana, determinaron en Herrera el amor a la justicia y a la libertad y su devoción por el respeto a la dignidad humana como atributos innatos de la ciudadanía.

Al finalizar Herrera sus estudios de Abogado, era ya un hombre de sólida preparación intelectual , cuyo físico describe maravillosamente nuestro ilustre polígrafo Rafael Heliodoro Valle con estas palabras: "Yo creo que está en vuestra memoria su imagen, aquella del Salón de Retratos del Palacio Nacional, en la que Don Dionisio mantiene el desdén que tuvo a la Fama y la dignidad que tuvo en la muerte. Semblante lleno de la anticipada melancolía, que nunca lo abandonó; la cabeza para el busto aislado y suficiente infinito para la luz intelectual, la frente amplia y blanca a la manera de un ala de la meditación; la boca desdeñosa y selecta; la nariz igual a la de Morazán; los ojos siempre escrutando entrañas de infinito o lejanías de ideal; el mentón de mujer; el pelo negro y con las patillas que se usaban entonces; rasado el bigote; el óvalo fino, como que era de prócer, y manos de gran señor; porte que denunciaba el que había nacido para mandar; la complexión robusta, según su propia confesión; ha de haber sido la suya una voz suave porque así es la de todos los fuertes y suaves los ademanes, porque los generales le obedecían con dulzura; y su frugalidad tanta como su elegancia mundana; quitándole la levita y poniéndole tonsura parecería un monje torvo o acaso uno de aquellos héroes que se imponen con la sola presencia y en quienes—según Michelet—la magnanimidad es la virtud fundamental".

IV: LOS PRIMEROS MOVIMIENTOS EN FAVOR DE LA INDEPENDENCIA DE CENTRO AMÉRICA.

La propagación de las ideas revolucionarias y los levantamientos ocurridos en distintos lugares de América, especialmente en La Nueva España, dieron como resultado algunos conatos de rebelión en Centro América. Tanto el Grito de Dolores dado el 16 de septiembre de 1810 por el Cura Don Miguel Hidalgo y Costilla como el contenido de la constitución de los Estados Unidos de América, repercutieron en la Capitanía General de Guatemala con rapidez sorprendente y fueron adoptados por los hombres de pensamiento, a pesar de las distancias y de la dificultad en las comunicaciones.

A esto hay que agregar los acontecimientos españoles: la insurrección de Aranjuez, la abdicación de Carlos IV en favor de su hijo Fernando VII y la usurpación bonapartista del Trono español, qua dió origen a la organización de una Junta Patriótica de Gobierno que ejercería el poder en nombre del nuevo Rey, iniciándose así la guerra para liberarse de la dominación francesa.

Propicio era el momento político que vivía la Península para dar concreción a las ideas independentistas de sus colonias. España luchaba por su libertad y ningún ejemplo más grande y patético que éste para lograr la independencia de los pueblos hispano—americanos. Ya las colonias inglesas del Norte se habían liberado. ¿Porque no las castellanas del Sur? ¿Acaso no luchaba España para sacudirse el yugo que la sometía a un tutelaje bochornoso? Tales reflexiones levantaron el espíritu del criollo y se alzó en protesta el español de las colonias, se encendieron las mentes de muchos patriotas y "quince meses después de las renuncias de Bayona, se di el primer grito de independencia en Quito, el 10 de agosto de 1809". En el mismo año se insurreccionan los patriotas en Ciudad Real de Chiapas y, a mediados de 1810, el Ayuntamiento de Guatemala pretende negar su reconocimiento al Consejo Supremo de Regencia con el propósito de establecer la autonomía del Reino.

Los patriotas se organizan secretamente pasando de mano en mano las fogosas proclamas de Miranda y de Hidalgo. El Capitán General Don Antonio González Mollinedo manda que se instalen los Tribunales de Fidelidad para juzgar a todos los que propalen noticias contrarias y subversivas al Gobierno del Rey, así como a los que se llamen insurgentes. En el Partido de San Miguel se encarcela a los primeros patriotas: Justo Zaldívar del pueblo de San Alejo y Valentín Porras, a quienes se confiscan sus bienes.

El 14 de junio de 1810 se publica en todas las Provincias de la Capitanía General un Manifiesto de la Regencia, en el que se reconocen los derechos políticos de los americanos y se les faculta para elegir Diputados a Cortes, correspondiendo un Diputado por cada cabeza de Partido, pero aquellos privilegios son tardíos, y el 10 de septiembre del mismo año, el Capitán General comunica a la Regencia que las proclamas de los patriotas de Caracas, Cartagena, Santa Fe de Bogotá, México y Buenos Aires llegan con profusión a las Provincias del Reino alentando más a los rebeldes en sus propósitos; que de nada había servido el Manifiesto que él había lanzado al pueblo el 22 de mayo, así como tampoco la facultad de elegir Diputados a Cortes como se habían elegido, pues el movimiento de insurrección continuaba incubándose dirigido por mano oculta pero de mucha inteligencia.

El 4 de enero de 1811 el Vicario Capitular de Guatemala dió un Edicto "fulminando anatemas" contra los insurgentes, prohibiendo y mandando a recoger los impresos en favor de la independencia y anunciando que se había suprimido el Tribunal de Fidelidad "por sus bárbaros procedimientos", ordenando a los curas que instruyan a los indios y les hagan saber que desde el mes de octubre de ese año quedaría derogado el aumento de tributos que por la Intendencia se les había impuesto.

Pero todo esfuerzo es vano. El 5 de noviembre de 1811 estalla en San Salvador una conspiración promovida por el Cura Doctor José Matías Delgado, los sacerdotes Nicolás, Manuel y Vicente Aguilar, Don Juan Manuel Rodríguez y Don Manuel José Arce con la mira de apoderarse de tres mil fusiles que estaban guardados en la Casa de Armas y de 2.000 pesos que había en depósito en las Cajas Reales, una vez conseguido lo cual, darían el Grito de Independencia. El movimiento fracasó, pero el 13 del mismo mes se sublevaron los vecinos de León de Nicaragua contra el Intendente Don José de Salvador y el 22 del mismo mes el Alcalde de Granada Don Juan Argüello, el Regidor Don Manuel Antonio de la Cerda y el Padre Benito Soto, en unión de varios criollos, piden en Cabildo Abierto que sean depuestos todos los empleados españoles, obligándolos a renunciar y a huir hacia Masaya.

Prende la chispa en la Provincia de Honduras. El 1de Enero de 1812 el pueblo de La Plazuela, el de San Sebastián, el de Comayagüela y la reducción de Jacaleapa, reunidos en número de más de cien hombres armados de palos y machetes se presentaron ante el Cabildo para impedir que tomasen posesión de sus cargos los alcaldes electos Don José de la Serra, Don Juan Judas Salavarría y Don José Irribaren, gritando este estribillo:

Si quieren que no haya guerra
y todo sea alegría,
renuncie Salavarría
con su compañero Serra.

Mientras tanto, un tumulto rompió las puertas y penetró a la casa de Don Tranquilino de la Rosa, principal promotor de la desavenencia entre el pueblo y los referidos Alcaldes, pero el tino y buen juicio del Cura de Tegucigalpa, Don Juan Antonio Márquez, salvó la situación, logrando que se depositasen las alcaldías en Don José Manuel Márquez y Don Joaquín Espinoza, Regidores que habían sido electos para el año de 12. Sin embargo, el pueblo logró que se diera libertad a Juan Antonio Duarte Garai, conocido por el apodo de PITORETE, que guardaba prisión porque en una tertulia había dicho: "Viva Francia y muera España".

En julio de 1813 fueron descubiertas por una traición las reuniones de los conspiradores del Convento de Belén en Guatemala. Las juntas eran presididas por Fray Juan Nepomuceno de la Concepción, y a ellas concurrían destacados patriotas, entre ellos Don Francisco Barrundia, Fray Benito Miquelene, Don Manuel Julián Ibarra, el Lic. Don Venancio López, el Dr. José Tomás Ruiz, Don Joaquín Yúdice y otras personas connotadas. Todos fueron conducidos a prisión y sometidos a causa criminal.

En Costa Rica todo estaba en calma, pues los disturbios populares de enero de 1812 "no pasaron de ser una protesta contra el estanco del tabaco y del aguardiente", según asegura el historiador Don Ricardo Fernández Guardia.

Mientras esto sucedía, Don Dionisio de Herrera permanecía en la metrópoli guatemalteca. ¿Qué reacción produjeron en su ánimo estos conatos de liberación? ¿Qué opinión pudo formarse el Prócer viviendo al lado de Valle que disfrutaba de altos cargos y honores en el gobierno colonial y que, aunque deseaba una patria libre, grande y próspera, opinaba por una espera prudente y provechosa? ¿Qué comentarios escucharía? ¿Herrera en las tertulias de la nobleza metropolitana con la cual tenía contacto?

Aunque estas preguntas son difíciles de contestar parece indudable que Herrera pensó desde un principio con los patriotas de San Salvador y Tegucigalpa; que anheló la libertad de su suelo soñándolo como el Precursor Miranda, sin ataduras al viejo León Ibero, gozando de soberanía y con una organización social basada en la justicia y la equidad. Prueba de ello fue la conducta que observó en Tegucigalpa a partir del año 1820 cuando comenzó su militancia política, trabajando intensamente por la emancipación de la centenaria Capitanía General de Guatemala.

V: HERRERA REGRESA A HONDURAS Y SE DEDICA AL COMERCIO. SU TRASLADO A TEGUCIGALPA. SUCESOS DEL AÑO 1819.

Concluidos sus estudios en Guatemala, Don Dionisio emprende viaje de regreso a Honduras para dedicarse al comercio, entonces patrimonio de muy pocas personas. Se sabe, por propia confesión, que durante cuatro años estuvo establecido en Macuelizo, atendiendo sus negocios y que hacía "en diferentes tiempos" viajes a Choluteca con el mismo objeto.

Macuelizo, efectivamente, por los primeros años del Siglo XIX, era un pueblo de mineros en el partido de Nueva Segovia, al que concurrían comerciantes y ganaderos de Honduras, de Nicaragua y de Costa Rica. La explotación de ricas vetas de plata había convertido en pueblo próspero la pequeña aldea que tenía como vecinos los minerales de La Misericordia y de Dolores, en el mismo Partido, por lo que, siendo el poblado más grande, era a la vez el mercado de mayor atracción y movimiento en donde se hacían negociaciones magníficas de ganado para llevar a León, Granada y Heredia, así como de ropas, víveres y otros artículos llevados unos de Tegucigalpa y otros desde Guatemala.

Como centro de operaciones comerciales, Macuelizo reunía por aquel entonces a importantes personajes; en documentos existentes en el Archivo Nacional, así como en expedientes que se conservan en los Juzgados de Tegucigalpa, aparecen los nombres de Don Juan Lindo, más tarde Sub—Delegado del Partido de Nueva Segovia, Don Lucas Reconco, rico hacendado y vecino de Tegucigalpa, Don Julián Avilés, hermano del anterior y quien tenía un comercio de pulpería en el que vendía géneros "y otros menesteres", Don Cornelio Midence, Don Valentín Gallegos, Don Basilio Carrillo y Don Pío Castellón, los tres últimos vecinos de León de Nicaragua y personas acomodadas y Don Pedro Diez Dobles, rico y vecino principal de la Villa de Heredia en Costa Rica, cuyo principal negocio era el de comprar partidas de ganado para llevarlas a su tierra.

De esta suerte don Dionisio de Herrera, aunque domiciliado en Macuelizo, visitaba constantemente sus haciendas de Pavana,

Tapatoca y San Francisco de Yeguare, interesándose no sólo en aumentar el ganado vacuno sino el caballar, como lo hizo en 1818 con la Hacienda de Pavana, a la que llevó 60 potros que había comprado a Don Vicente Fiallos, del pueblo de Somoto, y que trajo desde allá el mozo Blas Zamora, a quien pagó doce pesos y los avíos por su conducción1.

El 6 de diciembre de 1817 tomó posesión como Alcalde Mayor de Tegucigalpa el Licenciado Don Narciso Mallol, nombrado por real título de 25 de abril del año anterior para suceder a Don Simón Gutiérrez, que desempeñaba interinamente estas funciones. Mallol, según descripción que de él hace el ilustre historiador Durón, era de complexión delgada, rostro enjuto y facciones duras, de ojos azules inquietos y de temperamento irritable, pero con una energía asombrosa y un sentido de organización indiscutible. . Había sido trasladado de Quetzaltenango, en donde servía igual empleo, y tomaba posesión del mismo en circunstancias bastante difíciles, pues la propaganda subversiva continuaba exaltando los ánimos de los pueblos como consecuencia de los movimientos de independencia habidos en los años de 11 y 12.

En 1819 hubo gran inquietud: aparecieron cuadrillas de salteadores que cortaban los caminos y amenazaban la conducta (sic) de plata que iba a Guatemala ordinariamente. En marzo de ese año, "frente a Sonsonate había sido hecho prisionero el bergantín "Nuestra Señora de Guadalupe", llamado también El Gallardo, por una fragata pirata y otras cuantas velas que se advirtieron y que se decía eran procedentes de Buenos Aires; y en abril, una fragata de porte alto, un bergantín, una cañonera grande y lanchas armadas" habían capturado dos bergantines y dos goletas del comercio de Nicaragua frente al puerto de El Realejo, asegurándose que tales barcos o eran de piratas ingleses o eran de insurgentes.

El Gobernador Tinoco de Contreras hizo salir de Comayagua 100 hombres el 18 de abril, concentró otros tantos en Choluteca al mando del Teniente de Milicias Don José Justo Herrera y se aprestó a la lucha, que no llegó, porque los piratas no volvieron a presentarse por aquellos rumbos.

Sin embargo, aquellas noticias causaron visibles trastornos en el comercio; los beneficios de las minas de Dolores, Macuelizo y La

213

Misericordia se paralizaron y, como consecuencia, el mercado o "feria" de ganado que ordinariamente se realizaba en el segundo de estos pueblos, suspendió sus transacciones. La situación de incertidumbre y los malos negocios deben haber influido en el ánimo de Herrera para resolver su traslado a Tegucigalpa, en donde fijó su residencia, pues para principios de 1819 sus negocios se mantenían por los créditos; sólo a Don Benito Rodríguez, vecino del pueblo de El Viejo, le dió varias partidas de ganado al precio de cinco pesos cuatro reales por cabeza, en atención a que el señor Rodríguez había tenido negocios con su padre Don Juan Jacinto de Herrera desde 1780 y siempre había pagado en plata sonante y contante, "pero ahora los temores y la amenaza de disolución del orden han rebajado tanto el beneficio particular" que no era posible comerciar de contado teniendo que aceptar "obligaciones" debidamente aseguradas, a cambio de dinero.

En los últimos meses de 1819, Herrera se encontraba radicado en Tegucigalpa desempeñando la Secretaría del Ayuntamiento en forma provisional y sin remuneración alguna y, según el Censo de Población levantado en 1821, ocupaba la casa de propiedad de la hoy sucesión de Don Manuel de Adalid y Gamero, entre la que ocupa el Señor Doctor Don Ernesto Argueta y la de las Señoritas Matute.

VI: LA VILLA DE SAN MIGUEL DE TEGUCIGALPA EN LAS POSTRIMERÍAS DE LA COLONIA. AMORÍOS DE DON DIONISIO.SU MATRIMONIO.

Cuando Don Dionisio de Herrera se estableció en Tegucigalpa, era una pequeña población extendida entre la falda del cerro Sapusuca y las tranquilas aguas del Río Grande sobre el cual lucía orgullosamente la arquitectura de un gran puente de mampostería que había proyectado y estaba construyendo el Alcalde Mayor Lic. Don Narciso Mallol. La Iglesia Parroquial del Arcángel San Miguel, glorioso Patrono de la Villa, era el edificio más hermoso y había sido construido a expensas del Cura Bachiller José Simón de Zelaya en el Siglo XVIII. La población gozaba de un espléndido clima y era famosa por la riqueza inagotable de sus minas de plata. Tenía tres plazas: La Plaza Mayo la de la Merced y la de Los Dolores que estaba poblándose rápidamente.

Su comercio era activo y su principal fuente de riqueza la minería, aunque contaba con magníficas haciendas como las de Archaga, Guadalquivir y El Hato. La vida era tranquila y sólo se alteraban los ánimos en los días de mercado y durante las fiestas religiosas que eran celebradas con toda pompa. En la Plaza Mayor se alzaba el edificio de Los Portales (hoy Palacio del Distrito Central) en donde estaba alojadas las oficinas de la Alcaldía, los Juzgados y el Cepo, teniendo al lado Norte la iglesia de La Concepción y la Casa secular de los ricos de la Rosa y del lado del Sur, la hermosa casa de Don Miguel Joseph Garín.

La principal distracción era la tertulia, los cumpleaños y las procesiones; los hombres concurrían a la cancha de gallos, paseaban a caballo y solían reunirse a conversar para hacer el comentario a la puerta de alguna casa amiga; había buenos comerciantes, carpinteros, herreros, sastres, albañiles, zapateros y coheteros; buenos músicos, escribanos honestos y tinterillos peligrosos; no faltaban algunos locos que honraban la familia, pero con todo no pasaban de ocho a nueve mil sus habitantes.

Eran los tiempos de una Tegucigalpa encantadora, los tiempos del romanticismo y de las ensoñaciones inenarrables, cuando los mancebos abrigados en sus negras capas de satín, sombrero de alas grandes y camisas con cuellos festonados de ricos encajes, transitaban sigilosos por las estrechas callejas de aquella Villa de San Miguel, apenas alumbradas por la luz languideciente de uno que otro farol colocado en la puerta de la casa de algún rico que se daba el lujo de pagar "por alumbrado de su casa" la respetable suma de dos reales al mes. Tiempos lejanos. Cuando la imponente iglesia parroquial, después del toque de oración y bañada por la luna, proyectaba su negra silueta sobre la fina piedra de los pavimentos, y en el silencio infinito se oían los pasos medrosos de uno que otro transeúnte a quien la "hora de ánimas" había sorprendido lejos de su morada. ¿Eran acaso rondadores nocturnos que hablaban con las sombras? ¿O eran románticos amantes que cautelosamente se ocultaban "entre el silencio grave de la calleja sola" como decía Ortega, para deslizarse después hacia la alcoba de la mujer amada? ¡Quién sabe! Pero ahora por esas calles, en altas horas de la noche, aún flota el espíritu de las gentes de antaño que enriquece de leyendas la vieja población.

Para el inquieto Don Dionisio este era un escenario pedido de encargo. Joven y apuesto, de modales distinguidos, de bien vestir y de fácil palabra, no tardó en demostrar que era un travieso impenitente. Requirió de amores a varias doncellas con quienes tuvo sus enredos; la Historia apenas sabe que sucumbió en sus brazos la bella Martina Ramírez y que sedujo a una honorable dama cuyo nombre ha quedado en el misterio. Pero al final, su corazón cayó rendido ante las virtudes de la Señorita Micaela Quesada, hija legítima de Don José María Quesada y Doña María Borjas, ya difuntos, que vivía al cuidado y paternal celo de su hermano mayor Don Isidoro Quesada.

Herrera dispuso sentar cabeza, amaba entrañablemente a aquella joven singular y pidió su mano en matrimonio. Gordos eran los pecados que había de confesar al Padre Cura. Su temperamento de conquistador de corazones le había llevado a seducir mujeres hermosas emparentadas muy de cerca con la que había de ser su compañera ante Dios y ante los hombres, y el 24 de marzo de 1820 declaró en el expediente matrimonial que había tenido que ver "con Martina Ramírez, prima hermana de Doña Micaela Quesada" y "con una tía carnal de su prometida", por lo cual, además de la dispensa de las proclamas que la iglesia exigía a los contrayentes, suplicaba "se le dispensara el parentesco de segundo grado igual de afinidad por cópula ilícita", lo cual le fue concedido por el Provisor y Vicario General del Obispado de Comayagua Dr. Don Juan Miguel Fiallos.

Después de esto, el 9 de abril de 1820, en la Iglesia Parroquial del Señor San Miguel, bendijo el matrimonio de Don Dionisio y Doña Micaela el Padre Comendador Fray Ignacio González con permiso previo del Cura Don José Francisco Pineda, siendo padrinos Don Miguel Bustamante, Don Francisco Juárez y Don Francisco Morazán, primo hermano legítimo de la desposada.

Herrera aportó al matrimonio ocho mil pesos en dinero, efectos mercantiles y plata copela y Doña Micaela diez onzas de oro acuñado que él le dio en arras y cuatrocientos pesos en monedas de cobre que le tocaron en herencia de una casa que era de sus padres y que el Lic.

Valladares Rodríguez asegura ser "la misma que hoy pertenece a los herederos del Doctor Presentación Quesada, situada frente al Jardín de Italia y que tiene más probabilidades de ser el techo que cobijó el primer aliento de Francisco Morazán". .

La vida conyugal hizo olvidar a Don Dionisio sus conquistas amorosas; fue el marido modelo y hombre de hogar preocupado por la educación y el porvenir de sus hijos legítimos que fueron: Julián, María Manuela, José Dionisio, Mariano, Esteban, Miguel, José María, Dolores y José Antonio.

Preocupábale también la suerte de su suelo querido, cuyo porvenir veía preñado de incertidumbre. Al estudio de sus problemas dedicó largas horas viendo compensados sus desvelos el memorable 28 de septiembre de 1821.

Durante el matrimonio adquirió las haciendas de "Hato Nuevo" y "El Guayabo", por compra en el Estado de Honduras, las que agregadas a la mitad de la Hacienda de Pavana en Choluteca que constaba de diecisiete y media caballerías y recibida como herencia de su difunta madre Doña Paula Díaz del Valle, formaban su patrimonio.

VII: HERRERA ES NOMBRADO SECRETARIO DEL AYUNTAMIENTO Y ELEGIDO DIPUTADO SUPLENTE A CORTES

No tardaron en hacerse visibles las cualidades de Herrera. Nuestros antepasados tuvieron mejor espíritu analítico que nosotros, aún viviendo en los primeros lustros del siglo XIX cuando escasamente se disponía de unos cuantos libros y la imprenta se dedicaba, en lo general, a publicar novenas y uno que otro comentario atrevido. Ese espíritu analítico o más bien ese donde selección de valores, se puso en evidencia cuando los miembros del Ayuntamiento de la Villa de San Miguel de Tegucigalpa, convinieron en que Dionisio de Herrera además de hombre estudioso, tenía dotes de organizador y madera de estadista. Le habían estudiado bien; le habían seguido los pasos uno a uno y se interesaban por escuchar sus polémicas durante las reuniones que había diariamente en la casa de

Selva o en la esquina del edificio de Los Portales frente a la plaza, en donde su voz reposada de timbre ameno, comenzaba a tener sonoridades de doctrina y mucho de evangelio.

No obstante su juventud, Herrera pensaba con gran juicio; sus polémicas no eran vanas conclusiones de filosofía política, sino crítica de la realidad, planteamiento de problemas de tipo social, económico y político que le impulsaban con profunda convicción, a buscar el medio de organizar un nuevo sistema de administración. Hablaba ya el lenguaje de la revolución cuando analizaba la situación de las Provincias de la Capitanía General, de la grave tensión que se había creado en la Madre Patria, del cambio repentino del autócrata Fernando VII al promulgar la Constitución de la Monarquía dictada en 1812, actitud que, según él, no se había inspirado en los deseos del Rey hacia sus vasallos, sino en un lógico plan defensivo y previsor que fue adoptado con rapidez al estallar el 1º de enero de 1820 el levantamiento encabezado por Riego, en el corazón mismo de España.

Herrera no estaba equivocado y deseaba que sus amigos y compatriotas tampoco lo estuvieran, pero no podía libremente predicar tales conceptos; se limitaba a exponerlos en tertulias reducidas, a comentarlos con su entrañable amigo el Presbítero Francisco Antonio Márquez con quien canjeaba frecuentemente "papeles importantes" en que se noticiaba el movimiento de independencia de las provincias de Sur América, así como lo mucho que se hacía en los Estados Confederados del Norte y en México, en donde los movimientos del Cura Hidalgo se habían proseguido sin interrupción por otros patriotas.

Mallol, que sospechaba de los sentimientos de Herrera, quiso neutralizarlo ya que no podía reducirlo ni por la fuerza ni por el convencimiento, pues lo primero, habría sido contraproducente porque Don Dionisio en poco tiempo había ganado el favor popular y lo segundo, era un imposible precisamente porque no se trataba de un mediocre o de un político improvisado. Pensó el Alcalde Mallol que, entre más cerca lo tuviera era más fácil anular su acción y, con este pensamiento, el 7 de Agosto de 1820, lo nombró Secretario del Ayuntamiento con el sueldo de seiscientos pesos anuales.

Por ese entonces la libertad de imprenta era vigilada. por un tribunal de censura conforme a la nueva Constitución, lo que permitió que en Guatemala se editaran dos periódicos: "El Editor Constitucional" dirigido por el Doctor Pedro Molina, y "El Amigo de la Patria", por el Licenciado José Cecilio del Valle, cuyo prospecto vio la luz pública el 6 de octubre de 1820. Ambas publicaciones propugnaban por la independencia con distinto criterio: el Doctor Molina con encendido patriotismo predicaba la urgencia de una transición violeta, la ruptura total con España y el nacimiento inmediato de una nueva nacionalidad desligada del régimen y de las normas tradicionales de gobierno; Valle, más reposado, más calculador y mejor conocedor del medio —y no por ello con menos patriotismo que Molina pero sí más sabio que aquel insigne Prócer— buscaba como base de un nuevo sistema, como respaldo para una nueva nación, el estudio de los problemas económicos que, como el de vías de comunicación para crear un patrimonio que con su riqueza fuera capaz de sostener la nueva nación, eran de vital y primaria importancia; buscaba la difusión de las ideas innovadoras por medio de la educación del pueblo mismo y la solución de otros problemas que tendrían que enfrentarse inevitablemente, al desligarnos del gobierno colonial.

Herrera sabía bien que se planteaban estas dos tendencias y que se trazaban dos rutas para llegar a la independencia; conocía que con una, estaban varios hombres de pensamiento, pero apegados al tradicionalismo que soñaba con un régimen monárquico constitucional desligado de España y asentado en América; con la otra, hombres igualmente ilustrados, proclamaban la organización de un régimen republicano al modo de Estados Unidos del Norte o ajustado a las ideas de Santander. Sin embargo, sabía también que los primeros, pretendían desnaturalizar el pensamiento de Valle, que era sensato pero que no podía prosperar por el único obstáculo de la espera. Colocado en el sitio de elegir, se decidió por el segundo.

Y esta decisión, no fue de extrañarse. ¿Se había logrado en la Confederación del Norte la creación de la República con largas esperas? ¿No había sido la violencia quien había logrado la ruptura con la vela Albión? ¿Acaso en Francia los principios de Libertad, Igualdad y Fraternidad no habían costado ríos de sangre y horas de angustia? Si el panorama de América era tenebroso y todo parecía envuelto en las llamas de la revolución, más tétrico se ofrecía el porvenir encadenados a la colonia y, para Herrera que se había dado cuenta durante sus andanzas de comerciante, de la miseria del pueblo, de las injusticias que con él se cometían y del desamparo en que se debatía, no encajaba la idea de una larga espera ni era razonable una demora que podría segar toda esperanza de liberación.

Él tenía fe en que aquellos hombres miserables podían llegar a ser, bien orientados, el conglomerado vital el material sagrado con que iba a formarse la nación, para lo cual se necesitaba moldearlo en los crisoles de la nueva doctrina, pero una vez emancipado de las viejas cadenas. No opinaba como Valle que esperaba civilizar primeramente y después, como consecuencia de ella, en la instrucción popular sobre lo que era la nueva situación. ¿Y, podrá preguntarse, en que basaba Herrera este pensamiento? Seguramente, en el hecho de que no todos los que iban a ser ciudadanos tenían capacidad para opinar y decidir acerca de su mejor destino y en que, siendo él, hombre honesto y patriota de verdad, confiaba en que todos los dirigentes del movimiento emancipador, lo eran también.

Entre tanto, el Licenciado Don Narciso Mallol, empeñado en que Herrera figurara en todo cuanto diera la impresión de que era un monárquico convencido, le preparaba nuevos honores: le designó Secretario en la elección de Escrutadores y Compromisarios de la Parroquia de Tegucigalpa verificada el 20 de agosto de 1820ly le postuló como Diputado Suplente a Cortes junto con Don Esteban Milla que era el propietario, resultando electos ambos el 20 de Noviembre del mismo año .

Pero tales honores no daban al futuro Prócer más que la oportunidad de proseguir su labor independentista, la que supo llevar a término sin ese alarde de patriotismo, sin ese afán de exhibicionismo con que suelen hacerse visibles algunas "basuras encumbradas" por los de por los predios hondureños; Herrera supo trabajar en silencio pero sin convertirse en el conspirador que por una idea noble, con la mente fija en el advenimiento quienes ambicionaba una estructura política capaz de ofrecerles la felicidad.

VIII: HERRERA Y MALLOL. EL PLAN DE IGUALA.
SUCESOS EN LAS CORTES ESPAÑOLAS.

Graves discordias se habían suscitado entre Comayagua y Tegucigalpa por asuntos de jurisdicción. Preocupado Mallol por el giro que tomaban las cosas, solicitó al Capitán General para que, mediante el trámite necesario, se concediese nuevamente a Tegucigalpa la independencia del gobierno político que en Comayagua ejercía Don José Tinoco de Contreras, Intendente y Gobernador de la Provincia de Honduras. Pero si bien éste parecía ser el remedio a tanto disturbio, su aplicación, estaba aún lejana y mientras tanto las autoridades de la capital habían procedido a instalar la Diputación Provincial para cumplir con el Artículo 325 de la Constitución de la Monarquía.

Tegucigalpa que ya esperaba la orden que le emancipara de la tutela de Tinoco, al ser notificada de aquel acto, se opuso a él y desconoció la legalidad de aquella elección, argumentando "que la erección de Honduras en provincia nueva correspondía a las atribuciones de las Cortes y los electores no tenían facultades para la elección que habían hecho..."

Esta pugna no era otra cosa que el resultado de la prédica constante de los independientes a cuya cabeza figuraba Herrera; éstos no dejaban pasar oportunidad para activar sus trabajos que consistían en enviar cartas a las principales cabezas de Partido, a los pueblos más importantes de la Provincia y a los personajes más connotados, remitiéndoles proclamas, periódicos y comentarios estimulantes con el fin de avivar el sentimiento de independencia y estimular la división entre las autoridades. Estas maquinaciones no eran desconocidas ni por el Intendente ni por el Alcalde Mayor pero, eran tan hábiles las maniobras que lejos de unirse para actuar de acuerdo y aniquilar al enemigo común, se distanciaban más y recelaban uno de otro.

Tanto Tinoco como Mallol sabían que en casa de Herrera, en la de Mariano Urmeneta y en la de Felipe Santiago Reyes, se reunían los insurgentes con el pretexto de fomentar el interés por las letras y las artes siendo en realidad otro el propósito; estaban enterados de que a ellas concurrían hasta personas que desempeñaban cargos de cierta significación en el gobierno eclesiástico, pues las que ocupaban cargos en el civil ya eran abiertamente hostiles a la forma de gobierno; pero también se consideraban impotentes para someterlos por la fuerza y esta circunstancia, favorecía el aumento de prosélitos para la nueva causa.

Herrera y Mallol cultivaban una estrecha amistad y aunque eran polos opuestos en política, tenían varios puntos coincidentes, porque el Alcalde Mayor era hombre recto, de una sola pieza y apegado a la ley tanto como Herrera. Sin embargo, los trabajos de éste disgustaban a Don Narciso cuyo carácter agriado por una penosa enfermedad que le minaba paulatinamente, no le permitía hacer ninguna clase de reflexiones y "creía que Herrera le era deudor de muchas consideraciones por la estrecha amistad que cultivaban y que por esta amistad no debía emprender nada que fuera contra el orden establecido".

En una de las reuniones patrióticas, Herrera se violentó tanto, que al exponer su pensamiento acerca de cómo debería procederse para lograr la emancipación, hizo mención a Mallol con dureza cuando alguien el argumentó que la autoridad disponía de muchos medios para sofocar cualquier brote de insurrección. El Prócer, respondió con energía que él no proponía la violencia pero que, en caso de ser la única forma de adquirir la libertad, estaba seguro de que el Gobierno colonial no podría mantenerse en pie porque carecía del apoyo del pueblo y que de nada servirían los arcabuces y los sables porque no se encontraría hombres para dispararlos.

La noticia llegó a oídos del Alcalde Mayor por boca de Ignacio Jirón, quien el 8 de enero de 1821 le refirió" que "Herrera había osado amenazarlo hasta con emplear sus propias manos. Esto le produjo tal cólera a Mallol que cayó redondo, sin sentido a los pies de Jirón." .

Este incidente coincidió con el recibo de una nota que con fecha 9 del mismo mes remitieron al Alcalde Mayor, los munícipes Mariano Urmeneta, Felipe Santiago Reyes, Tomás Midence y el propio Herrera, en la cual pedían que se les informase que cantidad de dinero tenía recaudado Mallol para la obra del puente. El 11, Mallol contestó al Ayuntamiento que no había manejado caudales públicos y que los tesoreros habían recogido los donativos, multas y demás cantidades y que él sólo una pequeña cantidad había recibido durante la ausencia del Alcalde Serapio Galindo y cien pesos de Don Manuel Antonio Vásquez; que sus cuentas eran claras y que ahora no las rendía porque su enfermedad le obligaba a emprender viaje hacia el Sur, pero que en su ausencia bien podían registrarse sus papeles y los comprobantes de tesorería.

Amargado por estos sucesos, el 19 de enero estando en Sabanagrande, escribió al Capitán General Don Carlos de Urrutia dándole pormenores de la situación de la Alcaldía Mayor, quejándose especialmente de Herrera quien, "...en menos de un año que hace de haberse avecinado en Tegucigalpa, sólo se ha encargado de mover partidos contra la autoridad, porque su espíritu sólo se encamina al plan de independencia absoluta, estando ligado íntimamente con el Escribano Joaquín Fernández Lindo, quien es responsable de los males y trastornos que ocurren en Comayagua, como Herrera de los de Tegucigalpa. Este busca el desorden aquí para confundir cuanto he manejado durante una época como de veinte años de los bienes de cofradías, de renta decimal y de otras que montan respetable cantidad, porque si hay independencia como se dice, no habrá persona que le pida y tome cuenta de ellos..." .

De Nacaome, Mallol volvió a escribir el 6 de febrero asegurando a Urrutia que a pesar de todo, la provincia estaba tranquila, "pues no había más que cuatro discos los a quienes podía ponerse en orden por medio de la fuerza" lo que no había querido hacer en la confianza de que las cosas no pasarían a más, pero sintiéndose muy mal de salud tampoco podría activar en el celo que requería el bien de la provincia, por lo que pedía su traslado como Juez de Letras de Chimaltenango, o la Antigua Guatemala, pues ya había cumplido su deber y tenía un cúmulo de contrariedades que le evitaban restablecerse en Tegucigalpa.

Mala suerte la del Licenciado Don Narciso Mallol. El último Alcalde Mayor de Tegucigalpa regresó de su viaje por los pueblos del sur ya postrado por la tuberculosis y falleció el 6 de julio de 1821, dejando como recuerdo de su progresista administración, el puente de mampostería que lleva su nombre y que une a las ciudades de Tegucigalpa y Comayagüela. A su muerte se hizo cargo de la Alcaldía el Regidor Primero y Alcalde en depósito de vara, don Tomás Midence.

Mientras tanto, sucesos importantes se habían desarrollado a muchas leguas de distancia. El 9 de julio de ese año el Rey abrió las Cortes y en ellas tomaron asiento los Diputados suplentes por la Capitanía General de Guatemala, Don Juan Nepomuceno de San Juan y Don José Sacasa, ambos residentes en España. El Señor Sacasa se dirigió al Ayuntamiento de Tegucigalpa en nota fechada el 22 de julio comunicándole que: "... algunos Diputados suplentes han pedido desde el principio de las sesiones que se aumente la insignificante representación supletoria que tienen en estas Cortes todas las Provincias de Ultramar, con el objeto de hacerlas visibles en este concierto, pero tal proposición no fue admitida a discusión. Quise hacer protesta de palabra, pero se me obligó a callar. Intenté hacerlo por escrito y se me impidió. Quise dejar el asiento que ocupaba y dejar el salón, pero también me fue impedido, pero levantada la sesión no he vuelto ni se me ha obligado a concurrir..." . Sacasa terminaba su comunicación manifestando que habría deseado presentar a las Cortes una exposición sobre este delicado y bochornoso asunto, pero que no lo había hecho por que el Diputado Suplente por Lima, Don Antonio Xavier de Moya, que presentó un escrito sobre lo mismo, no obtuvo éxito, que por tanto permanecería en inacción hasta que se le obligase a obrar, "o se me den instrucciones por los pueblos que represento".

Esta nota causó gran indignación en el ayuntamiento de la Villa; se comentó en los corrillos y, en una reunión que hubo en casa de Don Diego Vijil se dijo que ella revelaba la falsía con que se pretendía adormecer los sentimientos del pueblo a cuyos representantes se les hacía víctima de sangrientas burlas y desprecios; que la Monarquía disfrazaba su tiránico gobierno con las zalamerías de llevar a las Cortes Diputados de las Provincias de Ultramar para convertirlos en figuras decorativas, proponiéndose al final que se escribiese a Sacasa aprobando y aplaudiendo su actitud y diciéndole que la mejor protesta que podía hacerse, ya que ninguna otra sería tomada en cuenta, era la de continuar procurando la emancipación de la Monarquía cuyos ojos no podían percibir la pequeñez de sus vasallos que estaban del otro lado del mar.

También en la Nueva España ocurrían sucesos trascendentales. Un Oficial del Rey, Don Agustín de Iturbide, Coronel de los Reales Ejércitos, participante en la batalla de Monte de Tres Cruces (1810) en defensa de la capital del Virreynato contra el asalto de las tropas del Cura Hidalgo; defensor de Taxco; vencedor del insurgente Albino García en el valle de Santiago (1814); acusado dos veces ante tribunales militares, la primera por crueldad1 el 29 de octubre de 1814 y pocos días después por obtener ganancias ilícitas con el monopolio del azogue, absuelto de ambos cargos, recibe el 16 de noviembre de 1820 la Comandancia General del Ejército del Sur y al frente del Regimiento de Celaya, combate primero al jefe rebelde Don Vicente Guerrero y luego lo convierte a su causa. Iturbide, seducido por las realidades ha llegado a la conclusión de que la independencia "so lo puede llegar o cuando menos procurarse con menor efusión de sangre, si se obtiene la colaboración del ejército". Guerrero comparte la misma tesis y sin' perder tiempo proceden a poner en práctica sus proyectos. Iturbide, después de lograr la adhesión de otros jefes militares "y consciente da lo que hacía, resuelto a todo, fija la mirada en un porvenir que no había entrevisto, impulsó el movimiento revolucionario, dirigió las fuerzas militares, volvió la espalda contra el pasado, y el 21 de febrero de 1821 lanzó el manifiesto de Iguala y proclamó la independencia de México".

El Plan de Iguala plasmaba en esencia estos principios: que la Nueva España sería independiente de la antigua; que su gobierno sería una monarquía moderada dirigida en lo futuro por un Emperador y que, "mientras una Junta de Gobierno encargada de hacer cumplir el plan en toda su extensión"; que el trono estaría reserva pudiera venir a América para prestar juramento y ocuparlo, la propia Junta o un Consejo de Regencia, ejercería el poder supremo de la nación, quedando encomendado a las Cortes, el votar una Constitución adecuada para el Imperio.

Estos postulados recibieron la consagración en Córdoba el 24 de agosto de 1821 al suscribiré Tratado de este nombre Don Agustín de Iturbide, Jefe del Ejército de las Tres Garantías proclamadas en Iguala y Don Juan de O'Donojú, último Virrey español de la Nueva España. Allí se reconoció que "América" sería nación soberana e independiente y que en el futuro se llamaría "imperio mexicano"; que se nombraría una junta compuesta de los más distinguidos hombres por su talento, por su hacienda y por sus virtudes, la que nombraría una regencia compuesta de tres personas para desempeñar el Poder Ejecutivo.

IX: PROCLAMACIÓN DE LA INDEPENDENCIA DE CENTRO AMÉRICA. TEGUCIGALPA EL 28 DE SEPTIEMBRE DE 1821

Los acontecimientos de México causaron gran revuelo en la Capitanía General de Guatemala, ligada tan de cerca con el Virreynato por vínculos de variada naturaleza. Las noticias recibidas vinieron a fortalecer la corriente de opinión hacia la independencia y los movimientos del Padre Delgado y de los patriotas de Tegucigalpa, Nicaragua y Guatemala en los años de 1811—12 que fueron descalificados y juzgados por los españolistas como brotes de bandidaje y herejía, comenzaban a justificarse. Aquello que años atrás había sido una conspiración fallida, iba transformándose en idea política más clara, encaminada a lograr un fin más noble y perdurable que aquel que pudiera deducirse de un tumulto populachero; la idea de emancipación contaba cada día con mayor número de adeptos entre los cuales figuraban hombres de gran cultura, lo que habría de traer como resultado que, siendo el movimiento de arriba hacia abajo, es decir, procediendo inicialmente de la clase ilustrada y rica, lograra interesar al pueblo tanto por la calidad de las ideas como por los limpios antecedentes y grandes virtudes de los que se encargaban de propagar aquellos sentimientos de liberación.

A la Proclama de Iguala y al Convenio de Córdoba, se sumó otra sorpresa: el 9 de septiembre del mismo año los Ayuntamientos Constitucionales de Ciudad Real, Comitán y Tuxtla, se adhirieron a ellos y proclamaron y juraron su independencia. En Guatemala se exaltaron los ánimos. La presión que los patriotas venían ejerciendo en el apocado espíritu de Gaínza, sucesor del enfermizo Urrutia llegó a su máximo grado y el Brigadier, que había sido soldado leal y valiente capitán cuyas mejores páginas de gloria quedaron escritas en Chile, cedió ante aquellas exigencias y ante la incontrastable fuerza de las ideas de emancipación que, como un volcán, habían hecho erupción en la mayoría de los espíritus. El propio Gaínza explica estos hechos en su Proclama a los pueblos cuando dice: "...El Gobierno de Guatemala os habla ciudadanos, de lo que vosotros mismos habéis deseado, de lo que vosotros mismos habéis proclamado. Desde el año 10 empezaron a conmoverse las dos Américas meridional y septentrional; desde entonces empezaron a defender sus derechos y sostener sus títulos; desde entonces empezaron los acentos y comenzaron las voces de libertad e independencia. Guatemala, colocada en medio de una y otra América, era espectadora alegre y tranquila de ambas. Sus hijos oían con placer las voces; observaban con goce los pasos de los que siempre han creído hermanos suyos; y si no publicaban con el labio los sentimientos que había en el pecho, eran sin embargo americanos; amaban lo que era amado; deseaban lo que era deseado.

El movimiento que se propaga en lo físico con celeridad, marcha también en lo político con rapidez; y era imposible que conmovida al sur y al norte toda la masa de este continente, siguiese el centro en reposo. Resonó en la Nueva España la voz de independencia, y los ecos se oyeron al momento en Guatemala. Se encendió entonces el deseo que jamás se había apagado; pero los guatemaltecos, pacíficos siempre y tranquilos, esperaban que los de México llegasen a su último término. Duró meses esta espectativa, pero la energía de los sentimientos crece en progresión. La noticia de N. España la aumentaban a cada correo. Se movió Oaxaca; y el movimiento pasó a Chiapa, que es en contacto con ella. Era natural que se comunicase a todas las provincias, porque en todas ellas es una la voluntad, uno el deseo. Mantenerse indiferentes era quedarse aislados; exponerse a divisiones funestas; cortar relaciones, y sufrir todos los riesgos. Este discurso de los hijos de Guatemala produjo los efectos del rayo. Abrazó los pechos; encendió los deseos, y el gobierno, espectador de ellos, consultó al instante a la Excma. Diputación provincial llevando a su vista los papeles oficiales de Chiapa..." .

Así fue como el 15 de septiembre de 1821, en el Palacio de los Capitanes Generales se reunieron las más altas autoridades de la Capitanía General convocadas por el propio Brigadier Don Gabino Gaínza, entre las cuales se contaban: la Excelentísima Diputación Provincial, el Ilustrísimo Arzobispo, la Audiencia Territorial, el Cabil.do Eclesiástico metropolitano, el Colegio de Abogados, jefes y oficiales de las milicias y numeroso público, personas principales que no ejercían empleos que, según el decir del mismo Gainza, "no fue indiferente a un asunto que era suyo" probando el amor que tenían por su causa y aplaudiendo las opiniones y discursos que la defendían. Después de escuchados los discursos y de discutidas las opiniones, el ilustre hondureño, hijo de Choluteca como Herrera, José Cecilio del Valle, procedió a redactar el ACTA DE INDEPENDENCIA DE CENTRO AMÉRICA, que fue saludada por los vítores y hurras que el pueblo congregado y frenético, profería en los salones, salas, corredores y patio del Palacio de los Capitanes Generales llamado desde aquel memorable día, PALACIO NACIONAL.

Tegucigalpa ignoraba absolutamente la decisión de Guatemala, aunque ya tenía conocimiento de lo ocurrido en México; las distancias tan largas entre los pueblos, la falta de vías de comunicación, y, especialmente, la inexistencia de la coordinación en los movimientos de emancipación en toda América, no permitieron que aquel anhelo vehemente de nuestros abuelos se manifestara simultáneamente en todas las provincias y no fue sino hasta el 28 de septiembre a las 8 de la mañana que se tuvo la jubilosa noticia.

En efecto, a esa hora, un viajero llegaba a la Villa de San Miguel de Tegucigalpa y preguntaba fatigado, en donde era el Ayuntamiento. Aquel hombre desconocido, un "expreso" a quien la historia ha condenado al anonimato, traía el mensaje de la emancipación de Guatemala. En su alforja venían enrollados varios papeles importantes y minutos después, un caballero cuya levita agitaba el aire mañanero, caminaba apresuradamente hacia el cabildo. Era el Secretario del Ayuntamiento Don Dionisio de Herrera que había sido notificado en la casa de Don Carlos Selva con estas palabras: "Ha llegado un expreso de Guatemala".

Herrera recibió los papeles y nerviosamente rasgó la envoltura del mensaje y leyó con avidez su contenido; convocó al Cabildo y enterándolo del suceso, de su puño y letra escribió el Acta que sigue:

"¡Viva la Independencia! Habiéndose reunido los señores que afirman esta acta a efecto de los pliegos que acaban de venir por extraordinario de Guatemala, se procedió a su apertura y se leyó un oficio del Excelentísimo Ayuntamiento de Guatemala que da noticia de haberse jurado la independencia. En seguida se leyó un manifiesto del señor Jefe Político relativo a lo mismo y la acta celebrada el 15 de septiembre de mil ochocientos veintiuno, y en vista de todo, unánimemente se acordó que se publicase y circule inmediatamente que se le dé el obedecimiento debido, se excite del modo posible a la libertad y al orden, y que para acordar lo que convenga, se llame a esta junta a los señores P. C. Vicario, a los RR. PP. Guardián de San Francisco y Comendador de la Merced y a todas las autoridades, empleados y militares y a algunos vecinos de la villa. Tomás MIDENCE, Felipe Santiago REYES, Mariano URMENETA, Francisco JUÁREZ, Manuel UGARTE, Eusebio RUIZ, Juan ESTRADA, DIONISIO HERRERA. Secretario".

Inmediatamente don Diego Vijil tocó la campana del Ayuntamiento para convocar al pueblo mientras don Eusebio Ruiz, don Carlos Selva y el Cura Don Juan Francisco Pineda se encargaban de citar a los principales vecinos de la población para una Junta en el cabildo. Reunidos todos y enterados con júbilo indescriptible del contenido de aquellos pliegos. Herrera escribió el Acta complementaria por la cual Tegucigalpa se adhirió a la Independencia proclamada en Guatemala el 15 de septiembre de 1821, y que dice:

"Acto continuo, en virtud de lo acordado en el acta anterior, se reunieron todos los individuos que suscriben y habiéndoles leído por el infrascrito Secretario el manifiesto del señor Jefe Político el acta celebrada en Guatemala y oficio del Excelentísimo Ayuntamiento, relativo todo a haberse jurado la independencia, manifestaron todos unánimemente la mayor alegría y dijeron: que están prontos a jurar la independencia, a contribuir a ella por cuantos medios sean a su alcance hasta sacrificar sus vidas y haciendas, a conservar el orden público, y unir sus votos con los del pueblo y autoridades de Guatemala, y porque así lo harán, afirman esta acta a veintiocho días de septiembre de mil ochocientos veintiuno y primero de la libertad. José Francisco PINEDA, Cura Fray Manuel Antonio GONZÁLEZ, M. D. Comd. El Capitán Graduado don José ALCALÁ, Ambrosio de ECHEVERRÍA Y PLASAULA, Manuel José MIDENCE, Miguel BUSTAMANTE. Carlos Joaquín de HERRERA, Fray Nicolás HERMOSILLA, Guardián de San Francisco, Manuel Antonio

VASQUEZ, Ex—Regidor, Braulio ROSA. Francisco Javier AGUIRRE, José María AGUIRRE, Diego VIJIL, Carlos SELVA, Manuel de AQUECHE, Antonio José CONTRERAS, Vicente CAMINOS, Juan José DURON, Felipe Santiago REYES, Francisco JUAREZ, Manuel UGARTE, Juan Antonio GOMEZ. Luis BRITO, Tomás MIDENCE, Mariano URMENETA, Juan ESTRADA, Eusebio RUIZ y DIONISIO HERRERA"

Después pasaron todos acompañados de gran cantidad de vecinos a la iglesia parroquial en donde el Cura Pineda cantó un TEDEUM mientras se echaban al vuelo las campanas de todas las iglesias y rasgaban el espacio atronadores cohetes y morteros.

Don Diego Vijil describe en cortas líneas estos hechos memorables en carta para don José C. Valenzuela de Comayagua, fechada el propio día 28 de septiembre de 1821:

"Amigo mío:

Hoy a las nueve de la mañana llegó un expreso de Guatemala que trajo la gran nueva de la independencia. Herrera y yo estábamos donde Selva comentando las ocurrencias de Iturbide. Salimos casi corriendo al cabildo llamados porque había llegado el expreso. Herrera estaba nervioso. Leyó todo de un solo en voz alta. Yo me eche sobre la campana y la hice sonar. El pueblo acudió al instante y el Cura con Ruiz y Selva corrieron a llamar a la gente principal. Todos hemos firmado el acta Gaínza dice que es la voluntad de los pueblos y que se convoca al congreso. Herrera no podía hablar del susto y la alegría y yo tuve que hablar al pueblo congregado. Dije cuanto pude. Todo ha salido bien y debemos esperar las concurrencias de Comayagua sean iguales. ¡Viva la independencia, somos libres! Diego Vijil".

El 29 se cantó misa solemne de gracias a la cual asistieron el Ayuntamiento, las autoridades militares y el pueblo; por la tarde, San Miguel Arcángel cuya fiesta patronal estaba celebrándose, fue sacado en solemne procesión y por la noche hubo iluminación general y se quemó mucha pólvora. Dionisio de Herrera había visto cristalizarse sus ideales de independencia. Faltábale ahora, luchar en otro plano para conservar la libertad y fortalecer la democracia.

X: DESORIENTACIÓN POLÍTICA A RAÍZ DE LA INDEPENDENCIA. LA ANEXIÓN A MÉXICO. CISMA PARTIDISTA EN CENTRO AMÉRICA.

Graves fueron para los pueblos centroamericanos las consecuencias inmediatas a la proclamación de la independencia nacional. La lucha por alcanzar la emancipación, si bien no había costado torrentes de sangre, si había desatado una contienda dialéctica emponzoñada y violenta que dio como resultado la división de la unidad mantenida durante los largos años de coloniaje.

En Honduras, la pugna era recalcitrante. La actitud del gobierno de Comayagua de tendencia monarquista, chocó con la de la Alcaldía Mayor de Tegucigalpa adicta a las resoluciones de Guatemala. Tinoco, como Intendente y Gobernador de la Provincia, intentó someter a su voluntad a los hombres que como Herrera, pensaban en la emancipación absoluta sin sospechar que, la decisión tomada el 28 de septiembre de 1821 por la que se adherían incondicionalmente a las resoluciones de la metrópoli guatemalense, les ataría inevitablemente al nuevo yugo de Iturbide que ya procuraba anexarse el vasto territorio de la antigua Capitanía General.

Discordia estéril que no dejó otra huella que el odio y la inconsecuencia entre dos pueblos que tenían que formar más adelante una Nación. Discordia funesta que habría de debilitar la capacidad económica y moral de la provincia hondureña para convertirla en fácil presa de la reacción que, en breve plazo, iba a destruir su vida democrática, sembrando la honda división que hasta el presente, se ofrece bajo el denominador de "partidos políticos", sin otra bandera que la del odio y sin otra mira que la del poder, por lo que el poder vale en sí mismo.

Cacos y Gacistas iniciaron una lucha tremenda en la que Herrera participó con toda su voluntad y su talento. Y él mismo sintió en carne viva el resultado de aquellas discordias enconadas y llegó hasta suponer que de Honduras, bien podían hacerse dos Provincias, dos parcelas integradas con los despojos y la desintegración de un todo, que a la postre, iría a confiarle la suprema dirección de sus destinos. Errores en que suelen incurrir quienes proceden cegados por la pasión, imperdonables en Herrera por cuanto su mente sólo anhelaba el bien de la patria y su labio sólo predicaba la felicidad de sus conciudadanos.

Entre todos estos hechos había una realidad dolorosa: por muy entusiastas que se habían mostrado los Gaínza y los Aycinena y los Pavón como firmantes del Acta de 15 de Septiembre, en el fondo seguían suspirando por la monarquía y hábiles como eran, entroncados con la médula reaccionaria que no se había destruido con la Independencia, instigaron al Jefe Político Superior y presionaron a la Junta Consultiva para que noticiaran de los hechos al Señor Iturbide que en México, ya había avizorado la posibilidad de instalarse en el trono de Moctezuma.

El resultado no se hizo esperar: Gaínza, tan endeble de salud como de carácter, cometió la falla de comunicar a Iturbide en tono apagado e indeciso, la proclamación de la Independencia de Guatemala y éste le contestó el 19 de octubre "que Guatemala no debía quedar independiente de Méjico, sino formar con el Virreynato un grande Imperio bajo el Plan de Iguala y los Tratados de Córdoba", que la Capitanía General era impotente para gobernarse por sí misma y que, por tanto, estaba amenazada por las ambiciones de las potencias extranjeras por lo cual un ejército de la Nueva España, marchaba ya hacia Guatemala con el fin exclusivo de garantizar cualquier movimiento anexionista. Gaínza dio cuenta de este oficio a la Junta Provisional Consultiva el 28 de noviembre de 1821.

En esta Junta estaba el Sabio José Cecilio del Valle que no estaba por la anexión. Valle, tachado injustamente de monarquista por los exaltados, tomado como enemigo de la libertad por los violentos e irreflexivos, no estaba por la anexión. Su voz se hizo oír con matices de encendido patriotismo por lo que el noble Don Mariano de Aycinena, el mayor propagandista que Iturbide tenía en la metrópoli, decía de él en carta de 18 de diciembre de 1821 dirigida a Su Alteza Serenísima: "Soy enemigo de informar contra nadie pr. que a todos deseo bien, pero advirtiendo qe. aquí se ha perturbado la paz muchas veces pr. vivir entre nosotros el auditor de grra. D. José del Balle diré a veces con sentimiento a V. E. lo que me parece. Actualmente. es individuo de la Junta consultiva. Es un sabio verdaderamente, y acaso sin igual en Guatemala; pero sin ningún mundo, y de un corazón tan pequeño qe. agotada la política del gobierno, y de los vecinos de probidad pa. hacerlo útil al común nada ha bastado. Un orgullo sin tamaño lo pierde. Por este principio se aprovecha de todas las ocurrencias pr, ver si de ellas saca el partido, a qe. lo inclina su ambición pr. mandar y ser el primero. Lo he visto en la ocasión atizar pr. bajo de cuerdas las facciones de república y de unión a ese Imperio, y por el arte qe. tiene pa. quedar impune con el qe. domina no repara en los perjuicios qe. ocasiona aún a los qe. se ha mostrado amigo. Me alegraría y sería el mayor bien para Guatema. que se sacase a este amo. con honor. Podría nombrársele Secretario de una de las embajadas. Londres, Rusia, etc, qe. se le haría bien particular.........A mi queda la atisfacción de haber hecho 1o, poco qe. ha estado a mi alcance, y mientras llega el venturoso día de ntra. absoluta conformidad mande V. E. quanto quiera a su muy apasionado y reconocido S. Q. B. S. M...” .

¡Poco decía el Señor Aycinena contra el Sabio Valle...! La vida se le hacía imposible de solo pensar que aquel ciudadano integérrimo entorpecía sus proyectos de verse un día de nuevo doblando la cerviz ante un amo criollo, o disfrutando de los homenajes de una corte efímera, pero de ambiente adecuado a sus ansias de grandeza y poder. Pero Valle que con los Calderón y Alvarado soñaba en la república, tenía que caer también —arrastrado por la fuerza de las circunstancias como cayó Herrera— al redil de los anexionistas, sumando su influencia y su sabiduría al esfuerzo de sacar de aquella unión la mayor ventaja para los pueblos de Centro América que él había contribuido a crear.

Presionada pues la Junta Provisional Consultiva por la influencia de Iturbide que no deseaba que se instalase el Congreso de que hablaba el punto 2º del Acta de 15 de Septiembre y basándose quizá en la indecisión de los Próceres que no especificaban a en aquel documento memorable si la independencia se había jurado en forma absoluta con relación a España y a cualquier otro país, o si se había proclamado en forma relativa para dar oportunidad a que un príncipe de casa reinante viniese a encabezar el gobierno de la nueva nación, tomando en cuenta la marcha de una división mexicana que se aproximaba a Guatemala, convocó a los pueblos para que en Cabildo Abierto, norma irregular aconsejada por el Marqués de Aycinena, manifestaran su voluntad. Respondieron a la Junta 104 ayuntamientos aprobando la anexión; 11 aceptándola condicionalmente; 32 sometiéndose a lo que dispusiera la misma Junta; 21 que se decidirían por lo que resolviera el Congreso que estaba convocado para febrero y 2 únicamente, rechazaron de plano toda aceptación de las propuestas de Iturbide. La anexión se acordó el 5 de enero de 1822.

Aquel suceso que para muchos criterios debe considerarse como un hecho insólito no fue en verdad, más que un hecho histórico inevitable, secuela de los acontecimientos ocurridos en México y Centro América el año de 21. Iturbide con la mente puesta en el Imperio, buscando un punto de apoyo en la Capitanía General, y Guatemala, temerosa y consciente de su incapacidad para defenderse y perdurar, buscando la seguridad en Iturbide. Por sobre todo, la amenaza de Lord Cochrane que merodeaba por nuestros litorales.

La anexión vino a profundizar los antagonismos políticos y a fomentar las ambiciones personales de muchos hombres de luces. Defraudados en sus esperanzas quienes habían luchado por la libertad absoluta, se vieron muy pronto enfrentados con las monarquistas tradicionales que no estaban dispuestos a perder sus prebendas y privilegios. Los partidos formalizaron su acción y recomenzaron las luchas por la liberación del nuevo dominio.

Cuando en la noche del 18 de mayo de 1822 "la ciudad de Méjico fue sorprendida por una jubilosa manifestación" encabezada por el Sargento Pío Marcha, el Regimiento de Celaya, las puertas de la República fueron cerradas y se escuchó el primer ¡Viva Agustín I! El Imperio acababa de nacer. "Este grito repercutió al instante—dice el historiador Pereyra —Iturbide era el hombre de la nación y el héroe universalmente amado. Emperador o Regente —poco importaba el nombre—veíase en él al ídolo del pueblo. Pío Marcha obraba conforme a los más hondos deseos de la nación. Pero fue impolítico recoger festinadamente las imposiciones de la aclamación salida del cuartel. Una plebe tumultuante hizo ley su capricho. En rigor, no puede hablarse de maniobras para simular entusiasmo. Este era evidente. Pero debió haberse dejado tiempo para que las opiniones adversas tuvieran ocasión de revelar los inconvenientes de aquel movimiento impulsivo".

Al conocerse en Centro América la proclamación del Emperador no hubo en apariencia cambio alguno, pero secretamente los Próceres preparaban la senda de la separación. Valle fue el más sagaz de los opositores; Herrera fue en Tegucigalpa, el más obstinado en protestar y el más diligente en buscar los medios para deshacerse de aquella atadura. Se escucharon a lo largo del Istmo, quizá por vez primera, los calificativos de "liberales" y "Conservadores", los de "fiebres" y "cachurecos", con que se distinguieron los grupos antagónicos y, a raíz de entonces se inició una cadena ininterrumpida de desgraciadas actuaciones políticas que para Honduras, representan el atraso y la ruina en que por años la hemos mantenido.

XI: HERRERA EN COMAYAGUA. SU PRIMERA PROCLAMA A LOS TEGUCIGALPAS. EI PROVISOR IRÍAS. OTROS SUCESOS. LA PRIMERA CONSTITUCIÓN POLÍTICA DE HONDURAS.

El 28 de julio siguiente, Herrera prestó en Comayagua ante la Asamblea un nuevo juramento como Jefe del Estado de Honduras, no obstante haberlo hecho antes en Tegucigalpa al momento en que este alto cuerpo, le eligió como a tal.

Cuando Herrera llegó a Comayagua, era una ciudad hermosa. Sus construcciones de anchos paredones y acogedores aleros de roja teja, sus calles empedradas y los hierros de sus balcones, el ampuloso portón de dinteles adornados y la acera de baldosas, le daban ese peculiar aspecto que tuvieron las ciudades coloniales. La amplia Plaza Principal se adornaba con la hermosa pila mandada a construir por el Obispo don Antonio José de Palencia cuando hizo el acueducto de la ciudad; con la elegante Catedral, el Palacio Episcopal, el viejo Cabildo y las casas de importantes familias. Una cuadra más hacia el Norte, estaba el edificio de Gobierno, por cuyos corredores habían transmitido graves capitanes Generales. Al frente, hacia el Oriente, estaba la antigua iglesia del Convento de San Francisco y en el centro de una hermosa y dilatada plazoleta, había una construcción de madera que cubría una vieja cruz sostenida por una peña de cal y canto, mandada a construir por el Gobernador Interino don Antonio Norberto Serrano Polo a principios del Siglo XIX. Muy cercana a esta plazoleta, se levantaba el casi ruinoso edificio de la Caja Real frente al cual, estaba el Cuartel Principal y la Sala de Armas.

Hacia el Sur, la antigua plaza de La Merced, en donde el fundador don Alonso de Cáceres hundió el pendón de España en 1537, lucía al centro una columna de piedra y ladrillo que el Alférez Real don Juan Lindo y Zelaya había mandado a construir en memoria de la jura de la Constitución de 1821 y frente a ella, al lado del Oriente, las líneas sobrias de la primera Catedral y primera iglesia de la ciudad hacían recuerdo de pasadas glorias y de las pompas litúrgicas cuando el Obispo don Fray Gaspar de Quintanilla y Andrada, cambió la antigua construcción de bahareque por la de adobe y tejas; contiguo a la iglesia, se contemplaban los muros ennegrecidos del Convento de mercedarios, con su huerto y su acequia, con sus patios embaldosados y las arcadas de sus hermosos claustros, en donde la suave sandalia de los frailes, pisó por millones el viejo pavimento; casi en el centro de la ciudad, el Hospital de San Juan de Dios, fundado por el Obispo don Fray Juan Merlo de la Fuente de mediados del Siglo XVII, lucía todavía su iglesia que, aunque modesta, tenía ese sabor de paz y de consuelo tan típicos en las casas de misericordia de la colonia.

En cada una de estas plazoletas y en los linderos del Barrio Arriba, habían hermosas fuentes de ladrillo con sus grifos y piletas en donde la gente ocurría a proveerse del agua que el Señor Palencia había introducido a la ciudad desde las faldas de la montaña, de la quebrada de La Majada. A un lado del camino real que conducía a Tegucigalpa, en la cumbre de una pequeña colina, la iglesia de San Sebastián erguía sus torres y más hacia el Oriente, al fondo de la gran planicie, la pequeña iglesia de San Blas dejaba iluminar su blanca fachada por los rayos del sol.

San Sebastián, San Blas y Mexicapa, eran los barrios más populosos hacia el Sur—Oeste, pues hacia el Norte, el Barrio Abajo y Corinto, pertenecientes a la parroquia de La Caridad cuyo templo había sacado de cimientos el civilizador e insigne Obispo Don Fray Antonio López de Guadalupe a mediados del Siglo XVIII, bullían de gente laborioso. En estos barrios vivían los labriegos y los obreros que a temprana hora dejaban el hogar para marchar a la cercana heredad en donde cultivaban los granos, ordeñaban la vaca y acarreaban la leña para la venta y el gasto diario de la casa. Quien entonces iba a decirles a estas gentes humildes que aquellos barrios tranquilos serían escenario de macabras fechorías.

Por motivo de que la residencia del Jefe del Estado se encontraba en muy malas condiciones para ser habitada, Herrera y su familia tuvo que hospedarse en casa de la Mercedes Olano, una especie de posada que estaba ubicada frente a la citada residencia en el barrio de San Francisco, negocio que Mercedes heredó a su hija Margarita quien todavía por 1845, mantenía el hospedaje. La Asamblea que sesionara provisionalmente en el Salón de la Municipalidad, acababa de trasladarse a su nuevo local. No había escuelas públicas; los escolares recibían la enseñanza de las primeras letras en escuelitas privadas atendidas por maestras empíricas pero de una gran eficiencia. Las costumbres de la gente eran muy sobrias; las mujeres hacendosas y honestas: los hombres muy laboriosos pero demasiado adictos a la politiquería. La población se calculaba entre 15 a 18.000 habitantes entre la cual era numeroso el clero, los agricultores y los ganaderos.

Pronto estuvo lista la Casa de Gobierno; Herrera pasose a vivir en ella teniendo a la vez su despacho y el de la Secretaría General en el mismo edificio.

El hecho de estar en un solo sitio dos de los Poderes del Estado, ya que la Corte Superior de Justicia mandada a integrar por Decreto del 23 de julio anterior no se había podido reunir, no mejoró la situación de Tegucigalpa. Por gestiones y quejas de Herrera el Comandante Córdova se había marchado pero antes de ello; había provocado otros escándalos. A este propósito, el distinguido historiador Durón escribe: "El 3 de julio hubo una merienda en casa de Córdova y un sarao en casa de don Francisco Lozano, en donde resultó una efervescencia que terminó en la calle con algunos heridos, resultando apedreado el Diputado por Tegucigalpa don José Antonio Márquez. Todo provino de que uno de los concurrentes llamó pasquín infamatorio contra ellos a una proclama anónima que invitaba a la unión de los vecinos y al respeto a las autoridades. El día en que el Jefe Herrera salió para Comayagua, se dispuso por el Alcalde 1º Guadalupe Lagos y por el Comandante Córdova una música que salió a las calles y concluyó con una canción hecha para las circunstancias que mandó cantar el mismo Lagos, llena de injurias contra el Supremo Jefe. El 22 de agosto circuló un paquín en que se decía oprobios contra el jefe del Estado, contra el Gobierno político y contra muchos hombres de bien".

Tales hechos obligaron al Jefe Herrera a dirigirse al pueblo de Tegucigalpa por el que tanto había luchado, por medio de una proclama fechada el 9 de septiembre en Comayagua, y en la cual lo llamaba a la cordura y desvirtuaba las falsedades propaladas por los enemigos del régimen. Algunos de sus párrafos son estos:

"CONCIUDADANOS: Las providencias dictadas por el gobierno no han tenido por objeto hostilizar ni causar ningún mal a los habitantes de Tegucigalpa, como falsamente han querido difundir los enemigos del orden, y de Tegucigalpa. El Gobierno no tiene queja, ni la ha tenido jamás del vecindario honrado de esa ciudad. Lejos de eso el que lo representa, desde el año de 21 hasta esta fecha, ha recibido pruebas repetidas del aprecio y afecto de esos vecinos, que se le han manifestado de diversos modos. Penetrado de gratitud ha sacrificado su reposo, salud, y sus intereses en beneficio de ese pueblo...

Sin embargo: hombres que no viven sino del desorden. hombres inmorales que no desean otra cosa más que el trastorno: que temen la energía del gobierno, y que ven sobre si la cuchilla de la ley que los amenaza por los delitos que han cometido, han procurado engañar a los incautos, difundir especies falsas, y persuadir, que el gobierno trata de hostilizar a ese pueblo, y que con este objeto ha mandado la tropa que se ha detenido con grave perjuicio de la hacienda pública en la Cofradía. Tened confianza en el Gobierno: tened confianza en sus providencias, que no son jamás dirigidas al mal: tened confianza en sus palabras; y si sabéis que alguna vez haya engañado a alguno, manifestado, y no me creáis. Pero si por el contrario, mi conducta ha sido franca: si tengo la satisfacción de poder decir que nadie ha recibido mal de mi: creedme; no os ocupéis de interrumpir las providencias del Gobierno: no deis pasos que os desacrediten, y mancillen el buen nombre que habéis adquirido: no pongáis al gobierno en la necesidad sensible de dictar las providencias que exige el orden público y que le prescribe la ley. Los gobiernos de todos los Estados, y el de la Federación, caminan de acuerdo con el de

Honduras para conservar el orden, y no permitir sea perturbado en ninguno de los pueblos de la República".

A pesar de estos esfuerzos por la tranquilidad, los disturbios siguieron y a falta de Córdova, Lagos se alió con el médico Carlos Joaquín Herrera, a quien el Jefe del Estado, siendo aún Jefe Político de Tegucigalpa, había hecho el gran favor de interceder cerca del Dr. Pedro Molina, entonces Triunviro, para que le extendiese permiso definitivo para ejercer libremente su profesión. "El Quiteño", como le decían comúnmente al médico Herrera, pronto olvidó aquel servicio así como que Herrera era su cliente y amigo; unido a Lagos se dio a la ingrata tarea de organizar un movimiento popular que, a no haber sido por la prudencia de don Diego Vijil, habría desembocado en una balacera.

El orden se mantuvo a duras penas porque se supo que se esperaba un piquete de tropa que se enviaba de Comayagua y por la eficaz ayuda que el oficial Justo Centeno, que anteriormente había sembrado el germen del desorden, prestó a Vijil para mantener a raya a los revoltosos. Centeno capitaneaba a un grupo de 25 cívicos con los cuales finalmente, fue prendido Lagos y encarcelado junto con "El Quiteño".

No tardó el Jefe del Estado en tomar el pulso a la política de la vieja metrópoli hondureña. Pronto advirtió el uso de la intriga y el gran poder del clero que movía con sorda inquina y mucha habilidad, el partido de la reacción. Iba a actuar en un medio casi hostil, difícil, incompresible, amañado por las triquiñuelas que dejara el animoso era el espíritu de Herrera ni menos hermoso su animosa a el espíritu de Herrera ni menos hermoso su pensamiento acerca de la organización de la Patria. Quizá por ello no se arredró y comenzó a laborar, esquivando escollos, conciliando intereses, disimulando todo cuanto pudiera ser un obstáculo para la buena marcha de los negocios públicos. Pero la actitud remisa de algunos elementos para colaborar en bien de la tranquilidad y el engrandecimiento de la Nación, tardó poco en aparecer y en despejar la incógnita ante los ojos y el juicio del Jefe Supremo.

Un sacerdote por muchas razones digno de la admiración y el respeto de su compatriotas, se encargó de mover partidos contra el Jefe del Estado en los inicios de su mandato. José Nicolás Irías, a la sazón Provisor del Obispado en Sede Vacante, hombre ilustrado y descendiente "de la primera nobleza y distinción de la Villa de Tegucigalpa", era el eje de aquella oposición que cada día habría de obstinarse más contra el nuevo orden político.

Era éste de carácter dominante, tenía "la constancia y firmeza para sostener los fueros y derechos de los cargos que desempeña", como asegurara en febrero de 1821 el Gobernador del Obispado Dr. don Juan Miguel Fiallos, y estaba profundamente arraigado al sistema monárquico que había defendido con ardor y, por consiguiente, ligado íntimamente con los reaccionarios y separado de los republicanos, por lo que, lógicamente, estaba de acuerdo con aquellos que en Guatemala habían decidido ya sobre la suerte del Estado de Honduras y su gobernante.

Irías había desempeñado de 1803 a 1815 los curatos de Tatumbla, Olancho, Cururú y Sensenti, por lo que no era ignorado por los pueblos; en el último año, asumió la dignidad rectoral de Maestre—Escuela de la Catedral de Comayagua, y en 1817 fue promovido a la de Chantre de la misma Catedral. El 6 de noviembre de 1820 fue elegido Diputado Provincial por la ciudad capital con unanimidad de votos y al año siguiente, el 3 de febrero, los Síndicos Procuradores del Ayuntamiento le postularon con encomiables recomendaciones por su ilustración y celo para llevar la mitra de Comayagua, entonces Sede Vacante, por haber fallecido el 13 de mayo de 1819, el Obispo don Manuel Julián Rodríguez del Barranco, con súplica de que, si para este delicado cargo no se le nombraba, al menos se le diera puesto para integrar el Consejo de Estado.

Se ve entonces que el Señor Irías no carecía ni de virtudes ni de ilustración ni de popularidad, pero como el Gobernador y Capitán General de Comayagua, don José Gregorio Tinoco de Contreras había gobernado con la asistencia de la Diputación Provincial de la que Irías era integrante, los métodos de gobierno y la constante consulta para resolver los múltiples problemas de la provincia, quizá lo habían acostumbrado al mando, al dominio de su pensamiento sobre el de los demás, pues se refiere que en cierta ocasión, Irías tuvo un desacuerdo con Tinoco después de un largo debate y, de pronto, el Provisor airado le dijo al Gobernador: "Ponga su bastón en la mesa, que no faltará quien lo empuñe". .

José Nicolás Irías fue uno de los firmantes del Acta de adhesión de Comayagua de 28 de septiembre de 1821 al proclamarse la Independencia, pero a condición de que la provincia quedase sujeta al gobierno de México y, a la caída de Iturbide, el Provisor fue a Guatemala como Diputado al Congreso que, en Acta de 1° de Julio de 1823, decretó la independencia absoluta de la que fuera Capitanía General que, en adelante, sería nación soberana con el nombre de Provincias Unidas de Centro de América.

Pero esto último no fue óbice para que el Provisor y Gobernador del Obispado se sintiese defraudado en sus aspiraciones; él no era seguramente republicano y mal acomodado en un medio que, enderezado hacia la democracia no tardaría en dar grandes sorpresas a las monarquistas, tomó el camino de la conspiración. Le incomodaba en extremo que el Gobierno Civil no encaminara sus pasos hacia él para someterle a consideración los asuntos de Estado; sentía rencor al darse cuenta de que, si como Jefe de la Iglesia hondureña gozaba de la alta estimación y del respeto de los hombres de gobierno y de los hombres del pueblo, como político no tenía más aureola que la recogida en un cercano pasado, en cuyo escenario había desempeñado un papel de primer actor y, aún como Provisor y Gobernador del Episcopado, guardaba en silencio profunda amargura, pues si en verdad la iglesia estaba bajo su potestad, día a día la mitra episcopal se alejaba más de su cabeza sacerdotal.

Empero, estas adversidades no le amilanaban y con la esperanza de reconquistar su poder temporal, se tornó enemigo encarnizado del gobierno, se puso del lado de la arbitrariedad, comenzó a protestar por todo, estuvo contra todo y cumplió así, paulatinamente, con el deseo del Arzobispo Casaus y Torres, poderoso aliado de la reacción guatemalteca que ya planeaba con el Presidente don Manuel José Arce, la ruina de la República y el caos en cada uno de los Estados federados. Tal era a vuelo de pluma el Provisor don José Nicolás Irías, principal opositor de don Dionisio de Herrera, Jefe Supremo del Estado de Honduras.

Mientras tanto, a mediados de septiembre de 1825 se recibió en Comayagua el Decreto de 1° del mismo mes por el cual el Congreso Federal había sancionado la Constitución de la República y el Jefe del

Estado dispuso la forma en que debería publicarse tal decreto, dándole la mayor solemnidad.

Herrera se mostraba preocupado por la precaria situación económica del Estado, pues a Honduras correspondían para sostener al Gobierno Federal, $27.643.7 reales; 150 hombres para formar la fuerza permanente de la Nación cuyo traslado a Guatemala correría por cuenta de la hacienda pública y las rentas no correspondían al monto de los gastos. La única esperanza de salvación era la contratación de un empréstito de un millón de pesos, para lo que había sido comisionado Don José Cecilio del Valle desde el mes de agosto por la Asamblea hondureña pero, esta esperanza, pronto se desvaneció pues ya negociado el préstamo por Valle y concedido por la Casa Luis Biré de Londres en condiciones ventajosísimas, el Congreso Federal se opuso vigorosamente a la negociación reclamando el cumplimiento de lo estatuido en el Decreto de la Asamblea Nacional Constituyente de 31 de enero de 1825.

El 31 de octubre la Asamblea Constituyente convocó a la reunión de la Asamblea Ordinaria del Estado para el 15 de noviembre entrante y el 22, decretó el Presupuesto de Gastos estatal para el año de 1826 que arrojó la suma de $79.294.00, de los cuales correspondían al Poder Legislativo $12.664.00; al Gobierno, $5.180; al Consejo, $5.980; a los Diputados al Congreso Federal,$7.200;al Senado $4.000; para Viáticos, $4.920; a la Corte Superior, $5.520; al Juzgado de 2a Instancia, $2.100; al de 1a Instancia, $2.000; al Departamento de Hacienda, $11.920 y al Departamento de la Guerra,$17.800.

A los señores Diputados Constituyentes, se les fue por la borda el compromiso con el Gobierno Federal de que se ha hablado y en el Presupuesto no aparecieron partidas para hacer frente a los gastos federales, así que, Herrera, que solo contaba con reducidos ingresos provenientes de las rentas de Alcabala Marítima, Papel Sellado, Correos, Renta de Propios y otras de menor cuantía tuvo que volver sus ojos hacia el tesoro eclesiástico y que dedicarse a estudiar un plan de nueva distribución de la renta decimal. La más productiva de las fuentes de ingreso era la Renta del Tabaco, reservada para el Gobierno Federal y, cuya custodia, sería el pretexto que el Presidente de la República habría de aducir para invadir al Estado y destruir sus instituciones republicanas.

Se deduce de esto que el sistema tributario era deficiente y seguía en vigencia la legislación que la colonia había dejado sobre la materia. Por otra parte, mientras el Estado, propietario lógico y natural de los bienes de la Nación no particulares, carecía de rentas y de heredades en producción, la iglesia disfrutaba de jugosas entradas, poseía haciendas y ganaderías a lo largo y lo ancho del territorio, cobraba diezmos, exigía primicias e imponía cargas a la ciudadanía, gozaba del fuero y tenía poder bastante para resistir el sometimiento a la ley civil si esto le complacía o para conducirse en forma contraria, según su conveniencia. Se vivía en una República democrática, pero sujeta al capricho de las antiguas normas y a la impotencia económica.

No obstante, los hombres que se habían propuesto estructurar una Nación —que por cierto y para desgracia nuestra eran muy pocos—, seguían vadeando escollos y, para darle cumplimiento a la ley de la República, el 11 de diciembre, la Asamblea Constituyente procedió "al escrutinio de los votos emitidos para individuos del Consejo Representativo del Estado", resultando como tales, el Dean Juan Miguel Fiallos, don Francisco Morazán, don Ciriaco Velásquez y den Vicente Ariza como propietarios y don Felipe Reyes y el Presbítero José María Rivera, como suplentes. El Consejo debería instalarse al día siguiente de la apertura de sesiones de la primera legislatura Ordinaria del Estado.

En la misma sesión del 11 de noviembre se procedió a firmar la Constitución estatal que había sido revisada por una Comisión especial integrada por los Diputados Valle, Ballesteros y Valladares, nombrada en la sesión del día cinco. La constitución fue firmada por: Manuel Jacinto Doblado, Vice—Presidente, Diputado por Yoro; José María del Campo, Diputado por Nacaome; José Rosa de Izaguirre, Diputado por Santa Bárbara; Ángel Francisco de Valle, Diputado por Cantarranas; José María Donaire, Diputado por Gracias y Miguel Rafael Valladares, Diputado Suplente por Tegucigalpa. El diputado Arriaga, "se negó a firmar la Constitución".

Acto seguido, el Jefe del Estado don Dionisio de Herrera puso el EJECUTESE, autorizando el acto con su firma, el Secretario General de Gobierno, Don Francisco Morazán.

La Constitución declara que el Estado de Honduras es uno de los federados de la República de Centro América, que es libre, soberano e independiente en su gobierno y administración interna; QUE SU TERRITORIO COMPRENDE TODO LO QUE CORRESPONDE Y HA CORRESPONDIDO AL OBISPADO DE HONDURAS; que el Poder Legislativo se compondrá de once diputados, el cual como es lógico tenía el derecho de emitir las leyes necesarias; que la ley sería sancionada por el Consejo Representativo el cual se compondría de un representante por cada Departamento y duraría tres años en sus funciones; que los Poderes del Estado serían elegidos conforme a lo dispuesto en la Constitución Federal; que el Poder Ejecutivo sería ejercido por un Jefe nombrado por los pueblos, el cual cuidaría de la ejecución de la ley y del mantenimiento del orden público, nombraría los empleados a propuesta del Consejo o del Senado, dispondría de la fuerza pública y usaría de ella en defensa del Estado; que el Poder Judicial se ejercería por una Corte Superior de Justicia integrada por un Presidente, dos Ministros y un Fiscal, debiendo ser precisamente letrados el primero y el último, que sería este tribunal de última instancia; que los Departamentos tendrían un Jefe Político intendente para el gobierno político y de Hacienda; que los pueblos de mayor número de 500 habitantes tendrían Municipalidad elegida popularmente; que habría un Tribunal de Cuentas que examinaría anualmente las de la Tesorería General y, finalmente, que las leyes y disposiciones vigentes que no se opusieran a la Constitución Federal ni a la particular del Estado, quedarían vigentes.

La Asamblea Constituyente del Estado, clausuró sus: sesiones el día 12 de diciembre de 1825.

XII: El General don Manuel José Arce, Presidente de Centro América. Su actuación política. Sucesos de Guatemala y El Salvador. Arce y los reaccionarios de Honduras. Sucesos del año 1826.

El General don Manuel José Arce tenía en su haber político merecidos prestigios. Hijo de noble familia, educado con esmero en Guatemala, había sido uno de los Próceres salvadoreños que el 5 de noviembre de 1811, con el Dr. José Matías Delgado y los padres Aguilar, dieran el Primer Grito de Independencia en la Capitanía

General de Guatemala. Viajó por los Estados Unidos del Norte y México; era liberal genuino, sufrido y perseguido por la causa de la libertad; había desempeñado el cargo de Triunviro al organizarse con gobierno propio las Provincias del antiguo reino y supo recoger verdes laureles en la pacificación de Nicaragua. Tenía pues, méritos indiscutibles.

Cuando el 5 de mayo de 1824 se convocaron los pueblos para que eligieran al Presidente de la República y demás empleados de la Federación, la ciudadanía escogió a José Cecilio del Valle y a Manuel José Arce postulándolos para tan delicados empleos. Ambos hombres de mérito, patriotas esclarecidos y con suficiente arraigo en la opinión pública. El Primer Congreso Federal inauguró sus sesiones el 6 de febrero de 1825 y a él correspondió el privilegio de abrir los pliegos de elección presidencial. El número total de sufragios era de ochenta y dos; se reunieron sesenta y nueve de los cuales Valle obtuvo cuarenta y un votos y el General Arce treinta y cuatro. "Valle, pues, estaba electo popularmente Presidente de la República".

Pero los partidos políticos del Congreso que tantas lágrimas y sangre han hecho verter a los centroamericanos desde aquella fecha, opinaron de distinta manera. El voto de los pueblos que por primera vez se había manifestado, iba a burlarse, a menospreciarse y con ello, se iba a cavar un abismo de pasiones en el cual habría de enterrarse la República. Los liberales se aferraron en la base de ochenta y dos sufragios y con esta tesis no encontraron la mayoría. Los conservadores, con cálculo bien disimulado, se plegaron a sus opositores, porque el objeto perseguido era que el propio Congreso eligiera entre los dos candidatos que habían obtenido mayor número de sufragios. Entraron en alianza los dos partidos y el 21 de abril, eligieron al General Arce como Presidente de la Nación y al Sabio Valle como Vice—Presidente. Este renunció el cargo reiteradamente por lo que el Congreso terminó eligiendo a don Mariano Beltranena. Ambos tomaron posesión de sus cargos el 29 de abril.

Las componendas en que entraron los liberales con los conservadores para esta elección, fue una falla para los primeros y una victoria para los segundos. Fueron, además, funestas para la vida de la Nación porque Centro América necesitaba para sus primeros pasos del apoyo y orientación de un estadista; requería la presencia de un hombre recto, conocedor de los problemas esenciales del país; urgía de la moderación, de la sabiduría en el manejo de la cosa pública. No necesitaba de la espada, por más limpia y brillante que esta fuera porque no se iba a combatir contra los ejércitos extraños que, si en verdad se decía estaban organizándose en Cuba para la reconquista, tampoco se tenía seguridades de ello; no se iba a desarrollar estrategia militar alguna; no se necesitaba de la disciplina del cuartel ni de las resoluciones inconsultas. Se iba a luchar contra la ignorancia, contra la desorganización administrativa y se iban a echar las bases de una Nación aplicando los mandatos de una Constitución Política defectuosa y deficiente, por más avanzada que esta fuera. Centro América no necesitaba de ejércitos; urgía de los conocimientos de un economista y de un hombre de estudio y, en este caso, Valle era el indicado. Los pueblos así lo comprendieron y Valle recibió por ello cuarenta y un votos.

Así lo afirma el propio Valle en su Manifiesto a la Nación Guatemalana, cuando dice:

"El Congreso se sirvió elegir al C. Arce Presidente, y a mi Vice—Presidente. Yo renuncié la Vice—Presidencia, manifestando que ni el estado de mi salud, ni el de mis intereses, casi abandonados desde 1821 por servir a la Nación, me permitían aceptar el nombramiento. El Congreso en orden de 22 de abril último, acordó no ser admisible mi renuncia, y que se me manifestase por medio del Gobierno, que el Cuerpo Legislativo esperaba de mi patriotismo me prestaría a servir el empleo que se me había conferido. Hice entonces presente que los Diputados de la Asamblea Nacional tenían por decreto expreso el privilegio de poder renunciar los destinos a que fuesen electos: que yo había sido Diputado de la Asamblea, y si no ejercí la diputación fue porque ella misma me eligió individuo del Poder Ejecutivo; QUE NO HABIA TENIDO PARA LA VICE—PRESIDENCIA MAS QUE SEIS VOTOS: QUE OTROS HABIAN MERECIDO MAYOR NUMERO DE SUFRAGIOS, Y EN ESA MAYORIA HABIAN MANIFESTADO LOS PUEBLOS QUE SU VOLUNTAD ERA QUE NO FUESE YO EL VICE—PRESIDENTE, SINO AQUEL QUE TUVIESE MAS VOTOS".

En efecto, entre los postulados para la Vice—Presidencia el C. José Francisco Barrundia había obtenido veinticinco votos y Arce veintitrés. Al renunciar Valle, el Congreso designó a Barrundia pero tampoco este aceptó. Los apologistas de Arce dicen que obtuvo 22 votos y Valle 5; pero estos votos no eran los de los pueblos; eran el resultado de un mal cálculo y peor negocio político de los liberales en el Congreso; no eran los votos de los pueblos, porque los pueblos no jugaban a la política sino que aspiraban a ver organizada la República y sus representantes, traicionaron aquella voluntad haciendo fraude y enseñando el camino tortuoso de la burla de la opinión pública que dió, posteriormente, un semillero de dictadores, de tiranos y de machetones encumbrados en el poder mas detestables y más feroces que el peor de los arbitrarios funcionarios coloniales.

Al elegir al General Arce, los liberales habían afilado la daga que habría de herirles en el corazón y el motivo era que en Valle, ya probado durante su actuación triunviral, no podían contar con un hombre manejable a su capricho, sin sospechar que en Arce, no había a pesar de su liberalismo, madera de estadista y sí material fácil para amasar a un tirano. La triste verdad muy pronto se haría evidente.

Con todo, los liberales escogieron al General Arce porque además de pertenecerles como partidario, había estado como ellos en las luchas de independencia soportando las arremetidas de la reacción, pero he aquí que, una vez en el poder, su actitud fue diferente. En un principio el Presidente se sirvió de liberales y conservadores; "seducía a unos con posiciones en el Gobierno, comprometía a otros con secretos entendimientos y promesas", alentando esperanzas en los segundos y recordando a los liberales "sus luchas y martirios y, por ende haciéndoles creer que era solidario con sus ideas y sentimientos políticos". Intentó la uniformidad de los dos partidos primero; fracasado el intento, quiso dominarlos ya fuera con halagos o bien por fuerza y con este juego para el cual carecía de la hábil sutileza del verdadero político, dio puestos de categoría a los conservadores y saltó, con entendimientos secretos, la jerarquía gubernamental en los Estados poniendo así a los subalternos, envalentonados frente a sus superiores.

Estos manejos turbios realizados por Arce cuando la República necesitaba que el Presidente obrase con honradez y firmeza; cuando la Nación requería de su primer ciudadano una posición de avanzada que fuera garantía de triunfo de las nuevas ideas y de la evolución política obtenida con la proclamación de la Independencia y la organización del Estado Federal, fueron los causantes de la ruptura violenta entre el Presidente y el partido liberal que lo había elevado al poder, ruptura que aprovecharon los conservadores para acercarse más a él hasta convertirlo en dócil intérprete y ejecutor de sus funestos planes.

Así, cuando el Segundo Congreso Federal inauguró sus sesiones el 19 de marzo de 1826, el Presidente encontró en aquel cuerpo la mayor oposición y los liberales que habían en su seno, le acusaron de dar preferencias en el pago que hacía la Tesorería; de que contrariando la Constitución había devuelto al Superintendente de Belice, a varios negros que se habían refugiado en Guatemala buscando libertad y la protección que la propia Constitución les concedía al solo pisar territorio centroamericano y formulando otros cargos de índole administrativa que no por pequeños, dejaban de ser perjudiciales en manos de sus antiguos corifeos.

Si Arce, meditando bien su posición, ya que no deseaba cambiar su política hubiese renunciado con el mismo arrojo con que lo hizo del Triunvirato; si hubiese tomado el camino de la equidad actuando con energía y buena fe, la República se habría salvado. Pero el Presidente escogió otro camino. Quiso pelear y, con tal propósito, fue con pasos agigantados hacia la dictadura, pues como él mismo declara en sus Memorias, "Veía alrededor de mí, y no encontraba sino motivos de disgusto. Hubiera renunciado la Presidencia a no ser por temor de dar una muestra de apocamiento y dejar un mal ejemplo a mis sucesores......." y seguro de ello, dice más adelante en el mismo documento: "La voz pública y los presentimientos generales que raras veces salen fallidos, comenzaron a predecir desde marzo de 1826 una revolución, que dirigida a quitar el Presidente del puesto en que la Nación lo colocara". Arce sabía de sobra que esta última afirmación, no era cierta: él había entrado a la Presidencia por la ventana y no por la puerta grande de la elección popular y por ello, más que por otra cosa o bien por sus continuas vejaciones y violaciones a la ley, su posición cada día era más difícil.

Guatemala estaba al borde del caos como consecuencia de la volubilidad del General Arce que, intentando volver sobre sus pasos quiso llegar de nuevo a "una política nacional, consistente en contemporizar con todos y no quedar bien con ninguno", como lo dice el Señor Don Ramón E. Salazar. Fracasado el nuevo intento; distan—ciado de sus viejos amigos; exaltados los ánimos de ambos partidos; rota la armonía entre el Congreso y el Ejecutivo y, finalmente, perdido el tino y el control en los procedimientos del Presidente, sobrevino lo inevitable: el Golpe de Estado.

El 5 de septiembre de 1826, Arce ordenó al Comandante de las armas de la federación que acuartelara toda la tropa de su mando y preparara suficientes municiones para una acción conjunta de los contingentes de infantería, artillería y caballería; "que puesto todo en el mejor estado para hacer cumplir y ejecutar a viva fuerza las providencias del Gobierno en caso de oposición, proceda a "las seis y media de la mañana o a la hora que pueda, a arrestar al JEFE DEL ESTADO C. JUAN BARRUNDIA, reteniéndolo en la Comandancia General hasta nueva orden"; que hecho lo anterior debería recoger todas las armas en poder de los funcionarios del Estado; y que "en caso de resistencia, obre fuertemente hasta concluir el arresto y ocupación de las armas" manteniéndose alerta y en pie de guerra hasta nueva orden.

En cumplimiento de esta brutal disposición fue allanada la casa del Jefe del Estado don Juan Barrundia; se le redujo a prisión con otras personas importantes haciéndoles cruzar por la plaza erizada de cañones y poblada de soldados, como para hacerles ver que el presidente estaba dispuesto a infundir el terror; los curas cómplices de Arce, mandados por el Arzobispo Casaus y Torres y encabezados por los padres Tomás Beltranena e Ignacio Saldaña, se regaron por toda la ciudad, "justificando los hechos de la dictadura", Los liberales fueron sorprendidos con está rápida acción pero pasado el desconcierto, el Senador C. José Francisco Barrundia presentó un escrito al Senado en que decía: "Quiero reclamar la Constitución hollada en el polvo, la República a merced de un hombre violento y sin freno, y la guerra civil con todos sus horrores, como único medio de oponerse al dominio absoluto y arbitrario del que ha establecido una horrible dictadura".

Este paso violento, fue la consecuencia de la propia indecisión del Presidente, de las intrigas de los conservadores que le hicieron creer, como él mismo lo escribe en sus Memorias, Cap. IV, "que había un plan para apoderarse de los Cuarteles de la capital en que estaban las tropas Federales y también de mi persona: que el proyecto era atacar a Espínola por Gualán con la mira de hacer que se le auxiliase y quedara por esto debilitada la Guarnición de Guatemala......". Pero este chisme, debió ser investigado con serena cordura, máxime que el Ejecutivo Federal ya estaba en autos de la supuesta conspiración, pues para un militar aguerrido y de experiencia como era Arce, habían otros medios eficaces, rápidos y menos escandalosos para dar al traste con los revoltosos.

Pero el golpe estaba dado. Arce en brazos de los conservadores por culpa de los liberales, encontró en ellos mejor elemento para el despotismo que el que pudiera haberle ofrecido sus antiguos cofrades; la República iría sucumbiendo lentamente porque desde aquella fecha funesta, los golpes serían cada vez mortales.

Preso Barrundia asumió la Jefatura del Estado el Vice—Jefe Dr. Cirilo Flores quien con la Asamblea se trasladó a San Martín Jilotepeque en Chimaltenango. Arce los persiguió y los declaró facciosos; se trasladaron entonces a Quezaltenango en donde fue asesinado vilmente el Dr. Flores en la propia iglesia parroquial. Los planes del dictador se iban realizando: el Gobierno del Estado acéfalo; la Asamblea disuelta y el Senado sometido a Consejo Militar que acordó desterrar a los Magistrados, todo era obra de los enemigos de la República que aún suspiraban por la apolillada y efímera Corte imperial y en cuyos brazos se había adormecido aquel varón ilustre que, en 1811, había clamado por la libertad, por la justicia y por el gobierno del pueblo.

Con la fuerza de las bayonetas Arce hizo de don Mariano de Aycinena un nuevo Jefe del Estado de Guatemala y del Coronel Manuel Montúfar un nuevo Vice—Jefe; ambos pertenecían a la crema de la reacción conservadora; ambos serían dóciles instrumentos de la pasión sectaria y de la anti—patria.

Pero la dictadura no se conformó con escandalizar en Guatemala; también estiró sus tentáculos al Estado de El Salvador que ya tenía la amarga experiencia de las invasiones organizadas y estimuladas por los aristócratas metropolitanos. El Jefe de Estado don Juan Vicente Villacorta, alucinado por las promesas y discursos de los acólitos del Marqués de Aycinena y del padre Casaus, dio auxilios al Presidente

Arce para sostener su política; cuando por motivos de salud entregó el poder al Vice—Jefe don Mariano Prado, el criterio del gobierno cambió de rumbo. Prado recordaba el carácter voluntarioso de Arce y creía la sombra de la anarquía llegando a los predios salvadoreños. El centralismo del poder, suprema ambición del Presidente, le era antipática como lo era para los demás Estados y sus Jefes; lo acontecido con Barrundia, era un presagio para el pueblo cuscatleco y Prado, resueltamente, de acuerdo con la Asamblea estatal, emitió el Decreto de 6 de diciembre de 1826 que volvía por el imperio de la Constitución y que tendía "a la restauración de las autoridades legales y del orden constitucional interrumpido por el Golpe de Estado de 6 de septiembre de dicho año".

Arce en sus Memorias, por más argumentos que acopió, no pudo justificar el atropello del Jefe de Estado de Guatemala ni el asesinato del Vice—Jefe Dr. Cirilo Flores, como tampoco ha podido justificar estos hechos bochornosos, con sus sofismas, el Señor Don Modesto Barrios, anotador de las Memorias del Primer Presidente de Centro América. Con respecto a la actitud de Prado, el General Arce, la atribuye a la ambición desmedida de este Jefe, a su torpe inteligencia, a su emponzoñado corazón en el que dice no puede anidarse más que la maldad. Pero tampoco con estas acusaciones quedan desvanecidas las tropelías cometidas en Guatemala.

En el Estado de Honduras la Política del Presidente tuvo una ligera variante. Sus entendimientos con el Provisor Irías intermedio del Arzobispo Casaus y Torres, no llevaban otro objetivo que el de ir minando la estabilidad del Estado por conducto del clero que predicaba la herejía del Jefe Herrera, la persecución de que era objetó la iglesia, la filiación masónica de Herrera y otras embusterías por el estilo. Irías tenía la consigna además, de oponerse a toda medida adoptada por el Jefe, especialmente en el aspecto económico, pues de sobra sabíase que el Fisco estaba exhausto. No se lanzó Arce a la violencia de inmediato. Primero preparó con sus cómplices el terrera le habían hecho llegar desde cuando éste era Jefe Político de Tegucigalpa y además, con el propósito de crearle al Jefe de Estado más dificultades, le ordenó el alistamiento de 300 hombres que deberían marchar a Nicaragua con el pretexto de su pacificación.

Herrera procedió a ejecutar la orden presidencial, pero cuando las tropas estaban listas a marchar, el Comandante de ellas don Francisco Arbeu, recibió el 8 de febrero de 1826, una orden del Ministro de Guerra Arzú "en la cual le prevenía que, al momento de su recibo, las disolviese y depositase en los almacenes de Comayagua los pertrechos de guerra que hubiese reunido". Los historiadores, especialmente los de filiación conservadora, afirman que en esta orden se había suplantado la firma del Coronel Arzú Ministro de Guerra de la República, achacándole a Herrera tal suplantación.

Sin embargo, Arce no dice nada de esto en sus Memorias pero sí reconoce en una exposición enviada al Senado de la Nación en 3 de septiembre de 1826, que la situación económica de Honduras era crítica; dice Arce que cuando la Asamblea Constituyente del Estado autorizó al Jefe Herrera para usar en calidad de reintegro algunos productos de los fondos pertenecientes a la Federación, el Gobierno Supremo "como encargado del cumplimiento de las leyes le manifestó que no pudo dictar providencias de esta clase sea cual fuere el motivo que las produjo: "pues las autoridades estatales no tenían facultad para obrar en tal forma, aconsejándole "que ocurriese con el expediente de la materia al Congreso Federal, tanto para que se auxilie con la cantidad posible al Estado de Honduras si fuere la necesidad tan urgente como se asegura, cuanto para que se sirva conceder la aprobación y dispensa que se solicita". Esto demuestra que el Presidente sabía perfectamente el estado económico de Honduras, confirmándolo cuando prosigue en su exposición que trascribimos: "El Gobierno adoptó la opinión del Senado, menos en la parte que quiso se indultara la infracción de la ley que cometió la Asamblea de Honduras, NO OBSTANTE QUE RECONOCIA QUE SU PROCEDIMIENTO FUE ARRANCADO POR LA NECESIDAD: y hablando de este negocio al Congreso le dijo en 11 de diciembre que sus principios son diversos de los del Senado; QUE SERIA JUSTO AUXILIAR AL ESTADO DE HONDURAS para que pudiera constituirse, y opinaba que no podía darse la dispensa de una ley infringida".

Empero, el Presidente como se dijo ya, deseaba crearle al gobierno hondureño el mayor número de dificultades; sabiendo el estado agónico de su economía, le ordenaba a Herrera que levantase una fuerza de 300 hombres y los equipase; esperaba que Herrera no lo hiciese para acusarle de rebeldía como era la norma ya puesta en práctica en Guatemala, pero Herrera no vaciló en obedecer y alistó el contingente. Lo de la suplantación de la firma del Coronel Manuel Arzú, Ministro de la Guerra, es una extracción de las famosas MEMORIAS DE JALAPA, escritas por el ultra—conservador Coronel Manuel Montúfar, quien en las páginas 43 y 44 de su magistral obra, dice entre otras cosas: "Arce dispuso una reunión de tropas en Honduras, para restablecer el orden en Nicaragua; costó mucho la reunión de esta fuerza, compuesta en parte de caribes de Trujillo, porque el JEFE HERRERA INTRIGABA EN HONDURAS PARA IMPEDIR LA EXPEDICIÓN SOBRE NICARAGUA, de acuerdo con los anarquistas de allí. SE SUPLANTÓ LA FIRMA DEL MINISTRO DE LA GUERRA ARZÚ, y por este medio se disolvió una división reunida en Honduras a costa de mil gastos y sacrificios. Así se inutilizaron a los principios del Gobierno de Arce todas las medidas tomadas para la pacificación de Nicaragua. Herrera, como hemos dicho, es pariente de Valle y este minaba por todas partes para vengarse de Arce."

Lo que no dice Montúfar, lo dijo Arce. Los gastos ocasionados por el alistamiento de estas tropas y los sacrificios, corrían por cuenta del erario hondureño. Y ¿de dónde procedían los dineros? ¿No le había negado el Gobierno Federal que tomase como reintegro lo proveniente de algunas rentas de la federación? ¿No clamaba el mismo Arce porque no se indultara el delito cometido por la Asamblea Constituyente del Estado al autorizar a Herrera para que echase mano de tales fondos? Evidentemente, Montúfar no es testimonio fehaciente por su desesperado apasionamiento y, por otra parte, se necesitaba ser muy cándido o muy miope para no conocer la firma de un alto funcionario federal. Cómo era posible que el Comandante Arbeu, subalterno de confianza de Arzú, no conociera su firma? ¿Era acaso Arbeu u un cómplice de los suplantadores? Lo cierto es que la especie anudada por Montúfar ha corrido de escrito en escrito y se ha repetido tanto, sin un análisis cuidadoso, que aparece como una verdad inconclusa, aducida por toda especie de escritores.

Acerca de estos hechos el erudito historiador Vallejo escribe: "Como el Congreso había facultado extraordinariamente al Ejecutivo y decretado que se aumentase el ejército federal hasta el número de 10.000 hombres, el partido liberal pensó que, con el pretexto de defender la independencia de la patria, tratábase de poner a disposición de Arce y de todos los serviles la suerte de la República. El, a su vez, trató de desconcertar este plan y trabajó porque las fuerzas salvadoreñas que en 1824 habían pacificado el Estado de Nicaragua, salieran de él y porque la división que el Presidente había levantado en Honduras, se disolviera. Sobre este último hecho ha sabido diferentes opiniones y pareceres. Los conservadores, y entre ellos el Coronel Montúfar, aseveran que Herrera y los liberales de Honduras y Guatemala disolvieron la expresada división; pero la coincidencia de este hecho con la revolución que estalló en Costa Rica, induce a creer que fue disuelta por los antiindependientes. Del expediente original, dice Marure que solamente aparece que con fecha 8 de febrero se comunicó al Comandante don Francisco Arbeu una orden supuesta, previniéndole que al momento de su recibo disolviese las tropas que estaban bajo su mando y depositase en los almacenes de Comayagua los pertrechos de guerra que hubiese reunido." .

Por otra parte, el propio Jefe del Estado de Nicaragua, en comunicación de 23 de abril de 1826 para el Gobierno Federal, le había manifestado que el Estado gozaba de "perfecta tranquilidad y por lo mismo no había necesidad de mantener en él fuerza de otro Estado"; seguramente así era, pues cuando salió de regreso el 10 del mismo mes, la división salvadoreña, todo quedaba en calma.

De estos hechos se desprende que Arce había tejido con sutileza los hilos de una macabra conspiración contra Herrera y ello es explicable: "Arce estaba aliado con los serviles de Guatemala y Herrera era un prominente liberal; Arce era enemigo político de José Cecilio del Valle y Herrera era su pariente cercano y comulgaban con los mismos ideales sobre gobierno, organización política y social; Arce se había echado en brazos de la dictadura y del despotismo y Herrera era leal al sistema Federal y a los derechos y garantías de los ciudadanos. No había, pues, ningún punto de vista de posible entendimiento entre estos dos personajes. Herrera políticamente era un obstáculo para los planes de Arce y su remoción o derrocamiento era una necesidad política para éste."

XIII: DIVERGENCIA DE OPINIÓN ENTRE LOS DIPUTADOS. HERRERA RENUNCIA EL CARGO NUEVAMENTE. LAS ARGUCIAS DE DON JUAN LINDO. COMENTARIOS.

Después de los sucesos del 17 de abril, la agitación continuó en la Asamblea y en la sesión del 18 se dio lectura a una nota del Ministro General del Gobierno, en la que pedía se le enviase la ley que habría de reglamentar "el modo de hacer las elecciones" para Jefe y Vice—Jefe del Estado sin que los Diputados resolvieran nada. En la misma sesión el Diputado Milla presentó una exposición pidiendo "la nulidad en el acuerdo que se manda hacer elección para Gefe del Estado y de la infracción de varias leyes y fué desechada".

La actitud del Gobierno no puede discutirse. Se ha afirmado que el Jefe Herrera proyectaba perpetuarse en el poder contra todo obstáculo, que fue un "usurpador" pero, si su pensamiento era ese, su actuación demostraba lo contrario porque el Ministro General, lejos de objetar la orden de la Asamblea, quiso darle cumplimiento lo antes posible, para lo cual reclamó la emisión de la Ley de elecciones para el caso concreto de que se trataba.

Esta intención volvió a confirmarse cuando en la sesión del 9 de mayo, el Ministro General renovó a la Asamblea la petición formulada el 18 de abril; en esa fecha la Asamblea urgió a la Comisión de Legislación para que cuanto antes le presentara el correspondiente proyecto de ley electoral que se le reclamaba.

Otros asuntos fueron tratados por los diputados con el objeto de remediar algunas irregularidades. En la sesión del 10, el Diputado Castejón hizo la proposición siguiente: "que con número de siete diputados se habían estado dando acuerdos teniéndose por dos terceras partes de once: que después se han separado de asistir Milla y Ribera porque opinan que no son; y pidió se declarase por un acuerdo: que número adopta, si el de siete o el de ocho, pues ni uno ni otro son dos terceras partes de once". A esta proposición, el Diputado Secretario, Milla, dijo que se tuviera presente que cuando la Asamblea resolvió que saliese el Diputado Vijil, salvó su voto: que el

21 de abril había hecho proposición junto con el Diputado Rivera de que la Asamblea declarase que el número de siete no eran las dos terceras partes de once y que todos los acuerdos hechos con este número fueran nulos. Que su proposición había sido desechada y sin embargo, ahora se pasaba la del Diputado Presidente Castejón a la Comisión de estilo, a pesar de lo cual, las actuaciones anteriores resueltas con el número de siete, en su criterio, seguirían siendo nulas.

Pero las protestas del Diputado Milla de nada valieron. Castejón, Irías y demás reaccionarios, dieron por aprobada la resolución1, porque ellos sabían bien que la orden de nueva elección de Jefe de Estado girada al Gobierno el 17 de abril anterior, estaba viciada de nulidad, ya que el número de asistentes a la sesión apenas llegaba a siete diputados y hubo dos salvedades y protestas: las de Milla y Ribera. Esta nulidad la hizo ver el Consejo Representativo con otro nombre y en otra forma, es decir, señalando que se estaban violando algunos artículos de la Constitución del Estado, en los que se establecía las dos terceras partes para resolver sobre asuntos de extrema gravedad.

Por ello, aceleradamente, en las sesiones del 15, 16 y 19 de mayo, se dieron las tres lecturas a la ley de elecciones de Jefe y Vice—Jefe del Estado y no fue aprobada en la última junta, porque eran tales los reparos e incongruencias de la referida ley, que hubo de pasarse a la Comisión de Legislación para que le hiciera algunas aclaraciones.

Herrera, en tales circunstancias, no podía separarse del mando y tuvo que esperar hasta que las cosas se aclararan y hasta obtener la resolución del Congreso Federal, a quien tanto él como el Consejo Representativo, Municipalidad y vecinos de la capital, se habían dirigido exponiéndole la situación.

El 20 de mayo, una comisión compuesta por los Diputados Vasconcelos, Lorenzana, Flores y Gálvez, propuso al Congreso Federal "que se excitara al Congreso de Honduras para que, en honor a la armonía y buena marcha del Estado, reconsiderase la orden de 17 de abril; que se hiciera también al Jefe de Estado y al Consejo Representativo, igual llamamiento a la concordia, pues sólo de común acuerdo podía lograrse la pacificación de los ánimos y se restablecería la confianza, único medio de asegurar el término de las desavenencias suscitadas, y que se pidiese al Jefe dar cuenta del resultado de estas medidas, encareciéndole que, entre tanto, redoblara su vigilancia y prudencia para que la tranquilidad no se alterase.

Esta resolución de los diputados nominados, demuestra que los liberales del Congreso Federal no apoyaban y defendían a Herrera sólo por considerarlo el legítimo Jefe del Estado elegido democráticamente, sino porque haciéndolo así, aprovechaban nueva coyuntura para mortificar al Presidente Arce y a su partido, pero la súplica no sirvió de nada: las pasiones sectarias habían sentado sus reales en el seno de la legislatura y a la razón se impuso el prestigio de la sotana.

El Diputado Pablo Irías, que en sesiones anteriores había proferido groserías contra el Jefe del Estado, que había pedido que la Asamblea hiciera suya una ofensa personal originada por el decreto de un empréstito forzoso, se levantó airado y en la sesión del 22 de mayo, pidió que la Asamblea solicitase de la Secretaría de Relaciones Exteriores del Gobierno Federal, la remisión de todos los documentos que existían en su poder "de acusaciones hechas al Jefe Supremo de este Estado". La Asamblea no resolvió nada sobre el particular, lo que es lástima, porque ahora podríamos aprovechar esas acusaciones analizándolas a la luz de la razón que aquellos ciudadanos ensotanados habían pedido. Y no es que nosotros seamos anticlericales. No. Dios nos libre de que se nos formulen cargos como los que se hicieron a Herrera, de ser hereje y masón, enemigo de la santa religión que profesamos.

Así las cosas, en la sesión del 31 de mayo se aprobó la Ley de elecciones para Jefe y Vice—Jefe del Estado, salvando su voto los diputados Milla y Ribera, acordándose fuera remitida al Consejo para su sanción, lo que se hizo al día siguiente. Para mayor abundamiento de la intriga, el 8 de junio fue incorporado al seno de la Asamblea el Lic. Juan Lindo y Zelaya, electo Diputado por Nacaome, quien como propietario sustituyó a Don Leonardo Romero tanto en la curul como en la Secretaría.

En la sesión del 3 de julio, la Asamblea entró a conocer de la nota que el Consejo Representativo le remitió respecto a la Ley electoral que el 1° del mes anterior le había enviado a aquel organismo. Para mayor claridad de los hechos, vamos a trascribir algunos párrafos de las Actas de Sesiones de la Asamblea, pues ellas nos explicarán mejor los acontecimientos. La del 3 de julio dice: "Se dio cuenta con una nota del Consejo Representativo devolviendo la ley en que se da la forma para elecciones de Gefe y Vice—Gefe del Estado expresándose en dicha nota que no podía obtener la sanción la expresada ley por tener un artículo en contradicción con la Constitución del Estado y varios artículos confusos que no sería fácil de cumplimiento y tomado en consideración lo expuesto se puso a discusión y el C. Vijil pidió pasase a la Comisión de puntos constitucionales y el C. Castejón dijo que estando ya sancionada la ley por averse pasado el tiempo prevenido en el artículo 8° de la Constitución declarando en el mismo queda de hecho sancionada y que por tanto no era del conocimiento de la Asamblea reprobar o ratificar la ley."

El Diputado Vijil llamó la atención de que el Art. 3° de la ley que se discutía, estaba en franca oposición a la Constitución del Estado y que varios otros, eran tan confusos que no podrían ejecutarse ni cumplirse, por lo que pedía se enviara de nuevo a la Comisión de Legislación, pero le salió al paso el Diputado Lindo, que para marrullero nunca tuvo rival, diciendo:

"El C. Lindo hizo presente que la ley que se opusiese al todo o algún artículo de la Constitución no debía cumplirse: que debía considerarse como no escrita dicha ley, pero que estando dada la sanción por la misma Constitución no quedaba otro recurso a la Asamblea que declarar y esclarificar la obscuridad de algunos artículos según había expuesto el Consejo y el C. Vijil".

Y bien, en esta forma procedían los que a todo trance querían deshacerse del C. Dionisio de Herrera como Jefe del Estado. La ley que se deseaba emitir, era contraria a la Constitución, pero según el criterio de Lindo, de Castejón y del tozudo de Irías, no importaba que se violasen los principios de la Carta fundamental a condición que esta violación fuera de acuerdo con sus ideas sectarias y sus fines proditorios. ¡Y pensar que en pleno Siglo XX hay aún escritores que defienden a estos pillos! Pero sigamos la narración: la sesión terminó aprobando la ley con los votos de los diputados Francisco José Gómez, Juan Lindo, Pablo Irías, Manuel Jacinto Doblado, Mariano Castejón y Eligio Andrade, salvando sus votos los Diputados Vijil y Milla. La ley fue pasada a la Comisión para que le hiciese las aclaraciones pertinentes.

En la sesión del 6 de julio, la Comisión de Puntos Constitucionales, presentó una exposición relativa a la ley electoral y a la Nota del Consejo Representativo de que se ha hecho mención, agregando:

"La Comición opina 1° Que la ley de 1° de Junio que manda el modo y la forma en que ha de hacerse la elección de Gefe y Vice—Gefe del Estado ha adoptado por ahora lo prevenido en el decreto de 5 de mayo como se adoptó por la Asamblea Constituyente para la elección de Diputados del Estado y a dicho decreto deberán arreglarse las elecciones y conforme a él resolver las dudas que ocurran no teniendo ya lugar el artículo 7° en quanto a la elección provisional de Gefe y Vice—Gefe, pues la que va a practicarse no es provisional, sino duraderos los electos por cuatro años según lo prevenido en la Constitución, en cuyo conocimiento procederán los pueblos, pues su voluntad en esta parte nadie puede suplirla."

Bonito modo de razonar de la Comisión. En tal ley se viola un artículo de la Constitución, pero se invoca su inviolabilidad y se le rinde obediencia para derribar al Jefe Herrera, no obstante que, como hemos visto, la orden de 17 de abril que fue la consecuencia de la proposición del Diputado Pablo Irías, era también inconstitucional, puesto que no se había votado por las dos terceras partes de los Diputados a la Asamblea. De esta suerte, en la sesión del 8 de julio, se ratificó la orden de nueva elección dada el 17 de abril, salvando sus votos los diputados Vijil, Milla y Moncada, don Francisco que había sido incorporado como Propietario por Santa Bárbara en sesiones anteriores.

Esta ratificación dio como resultado que el Jefe Herrera remitiera su renuncia del cargo. En el acta de la sesión del 12 de julio se lee:

"...se dió cuenta con una del Ministro general de esta fecha en que el Gefe Supremo C. Dionisio Herrera hace renuncia formal del Gobierno que es a su cargo apollada en las razones que expone: se mandó pasar a una Comición compuesta de los ciudadanos Vijil, Castejón y Lindo. Se levantó la Seción."

La renuncia del Jefe Herrera seguramente cayó como agua hirviendo en el rostro de los reaccionarios que con tanta insistencia pedían su separación del cargo, pero que no imaginaron jamás que fuese tan digno y tan resuelto como para dimitir al entender una vez más, los propósitos malévolos de los diputados clericales. En la sesión del 17 de Julio, el valiente Diputado Vijil pidió que se pusiese a discusión la nota ministerial en que se daba a conocer la renuncia del Jefe del Estado, pues él ya había expresado su voto particular y el asunto era de tanta trascendencia que no admitía dilaciones. Fue el zorro de don Juan Lindo quien saltó a la palestra. El acta respectiva dice:

"El C. Diputado Lindo hizo presente que aunque convenía en mucha parte con el voto particular del C. Vigil, difería en varios artículos de su exposición, y que aún no había entendido su opinión en el particular pero que aún quando la Comición hubiese despachado no podría tratarse este negocio por ser SOLO SIETE DIPUTADOS LOS QUE SE HALLABAN EN LA ASAMBLEA y que estando en la Comición de puntos Constitucionales la nota del Ministro relativa a circular la ley que declara bastante el número de siete diputados para la Asamblea, y teniendo tendencia la resolución de la renuncia del Gefe Supremo con la ley, resolver en aquella sería aumentar dificultades comprometimientos y desobediencias. Por tanto pidió que no se resolviese este negocio hasta que hubiese el número de ocho Diputados por lo menos. El Diputado Vigil dijo que la ley autorizaba los ciete para que hubiese Asamblea, que se derogase ésta o que se tomase conocimiento con los ciete en el asunto. El C. Castejón dijo que aquella ley está ratificada con el número de nuebe diputados, y de consiguiente no se podía tratar de su rebocación mayormente hallandose la nota del Ministro relativa a esta ley en Comición. El C. Moncada pidió que no se reuniese la Asamblea hasta que tubiese mayor número de ciete y que no se tomase conocimiento en ningún asunto; con cuya propoción se conformaron cinco Diputados y salvando su voto el C. Castejón se separaron todos de sus asientos".

¡Las sotanas se habían espantado de su sombra! Habían resuelto que siete diputados sería número bastante para adoptar resoluciones; ¡habían ratificado la orden de 17 de abril con la emisión de una ley electoral que, aunque violatoria de la Constitución, mereció la mayoría de 6 votos en una reunión de ocho representantes y ahora que les llegaba la brasa a las manos, resultaban con que siete diputados no podían formar Asamblea! Esto hace pensar que Lindo, Castejón, Irías y demás cofrades ya estaban en autos de lo que el Provisor preparaba para derrumbar a Herrera por la violencia o que quizá, no es de dudarlo, ya se pensaba eliminarlo físicamente del escenario político hondureño. Los acontecimientos que más adelante veremos, así lo hacen pensar. Con todo, la Asamblea volvió a reunirse el 7 de agosto. En ella se trató de renovar el Directorio y, cuando iba a tratarse del asunto pendiente del Jefe del Estado, el Diputado Lindo pidió que "de momento se aceptase" una proposición sobre el funcionamiento del Consejo Representativo que firmaban además, los diputados Castejón, Andrade y Gómez. Era un nuevo ardid de Lindo para disolver aquel Cuerpo Moderador. Era una nueva forma de atizar el fuego sectario y de aniquilar la estabilidad del régimen. De su larga exposición, extractamos lo siguiente que es, en esencia, el fondo de la proposición:

"La Constitución del Estado previene haber Consejo compuesto de un representante por cada Departamento elegido por sus respectivos pueblos.

Su número debe ser, uno por cada Departamento, la ley ha dividido el Estado en siete; luego siete deben ser los Consejeros.

La mayoría de siete son más que tres: luego con tres no puede haber Consejo con arreglo a la Constitución, a la naturaleza e institución de este alto Cuerpo, y a sus prerrogativas y funciones."

Y, finalmente decía que la Asamblea declarase que con tres individuos no podía haber Consejo y que su propósito "no debe sufrir trámite alguno". Esta proposición sorprendió a varios Diputados y el C. Vijil preguntó si disuelto el Consejo se disolvía la Asamblea, a lo que Lindo le respondió "que era un consiguiente necesario el que se disolviese la Asamblea". Vijil replicó que tal moción no era más que una carrera hacia el centralismo de poderes por lo que no se sentía obligado a concurrir a una sesión "en que se iba a destruir el sistema con agravio y perjuicio de todos los pueblos, y que por lo mismo se separaban de la Asamblea", saliendo del Salón de Sesiones en compañía del Diputado Milla, por lo que se levantó la sesión.

Era evidente que se trataba de un plan para disolver las autoridades del Estado y que aquella frase que se acomodó a Herrera de que en política siguió la trayectoria de dividir para reinar, quedaba más acomodada a otros que, pretendiendo el mando absoluto, no encontraban la clave para derrocar al legalista Jefe del Estado. En atención a lo delicado de las circunstancias, el Vice Presidente de la Asamblea, don Luis Ribera, convocó para una sesión extraordinaria que debería celebrarse a las 4 de la tarde del mismo 7 de agosto. A ella concurrieron cinco diputados, faltando los señores Lindo, Castejón y Andrade, quienes manifestaron se encontraban muy enfermos. No concebían los concurrentes cómo aquellos señores que por la mañana habían presentado y defendido con ardor la proposición de que el Consejo Representativo no podía existir con sólo tres de sus miembros, a las pocas horas se encontrasen atacados de violenta enfermedad, por lo que el Vice—Presidente Ribera les mandó requerir con el Portero de la Asamblea; las horas pasaban y a eso de las siete de la noche, dieron aviso de que "la tarde estaba húmeda y ellos indispuestos".

El Diputado Vijil propuso que se llamasen a los Suplentes que residían en la ciudad; se requirió la ayuda del Gobierno para que les hiciese comparecer y una vez en el recinto legislativo, se les tomó la promesa y se les incorporó. El Diputado Milla, con visible disgusto leyó un largo discurso recriminando la antipatriótica actitud de los diputados ausentes y agregó: "que la necesidad exije la reunión de la Asamblea de cualquier modo, pues primero es que exista la independencia, la Soberanía del Estado y el sistema federal, que cualquiera otra ley relativa a estos objetos, pues sea como fuera, su importancia es en este caso secundaria; cuatro Diputados pidieron hoy por la mañana que no exista el Consejo y manifestó uno de ellos que la Asamblea debe igualmente disolverse por no haber quien sancione las leyes; estos diputados han visto con tedio el federalismo y no han permitido al Estado dar un paso adelante en su progreso. La misma Asamblea en asuntos de menos importancia y bravedad ha infringido cien veces la Constitución de la República y del Estado, hollando los derechos de propiedad y precipitando al Estado a un abismo de males".

Todo el asunto giraba sobre la ley que establecía que el número de siete diputados era bastante para que "haya Congreso", la cual, según el criterio de Castejón, estaba en período de revisión y no podía aplicarse de inmediato. El Diputado Vijil tomó la palabra para pedir que "siendo electo Fiscal de la Corte Suprema el C. Lindo por mayor número de votos populares, pues lo había sido por cuatro partidos, y teniendo los sufragios de la Asamblea Constituyente debía preferir dicha elección a la de Diputado, que por consiguiente no ejercía legítimamente las funciones de representante y debía ejercer la de fiscal". Luego agregó: "En la mañana de este día se ha dicho en esta Asamblea que la ley que previene que bastan siete diputados para las sesiones, estaba en suspenso a pesar de haber manifestado varios que debía subsistir. Conozco que se quiere tener en suspenso los objetos de dicha ley para valerse de ella en las ocasiones que les convenga, pero ninguna ley puede suprimirse sino por otra ley y la que deroga la primera no se ha dado aún aunque debería darse, pues el que habla conoce mejor que nadie su injusticia e inconstitucionalidad, pero si ella subsiste para causar males, debe subsistir también para causar bienes".

A esto replicó el Diputado Gomes alegando que Lindo ya estaba incorporado al seno de la Asamblea, a lo que Vijil respondió que aunque se le hubiese dado posesión, era deber de la Asamblea la de rectificar al momento de conocer un error y que si al momento de darse posesión a Lindo, "no era porque no tuviese los mismos argumentos que ahora tiene, sino porque vio que una mayoría de la Asamblea hacía únicamente, lo que el capricho de un hombre que existía fuera del seno de la Soberanía le dictaba", por lo que ahora, convencido que este era el único camino capaz de evitar la centralización, pedía se aprobase su propuesta.

Después de una acalorada discusión, la proposición fue aprobada, salvando su voto el Diputado Gomes. Las discusiones sobre el mismo asunto continuaron en las sesiones del 9 de agosto, en la cual el Diputado Milla propuso y fue aprobado que se mandase hacer la elección de los Consejeros de Estado, agregando Castejón que por mientras esto se efectuaba, se llamase al Suplente. En la sesión del 10 de agosto, se presentó el Diputado Lindo y Vijil se levantó para pedir que: "no se debe proceder a otra cosa hasta que se mande al C. Lindo que deje el asiento que ocupa". Lindo al principio se resistió, alegando que ejercía su diputación legítimamente, pero concluyó por salir manifestando que: "dejo el asiento no porque se me manda, sino porque quiero evitar disputas".

Todos los párrafos de las actas de las sesiones de la Asamblea se han trascrito para desvanecer cargos infundados contra el Jefe Herrera y su Gobierno y para demostrar la inconsecuencia, la maldad y la intriga que el Provisor venía desarrollando en el seno de aquella representación. Las cosas ya no eran sólo palabras; se conspiraba abiertamente y la casa del señor Irías era el centro de los conspiradores de los que Lindo era quizá el más connotado e importante, pues impotente para disolver por medio de una ley el Consejo Representativo, puso en juego la maniobra de hacer que el Consejero Ciriaco Velásquez, antiguo amanuense de su padre, el Escribano don Joaquín Lindo, no volviese al Consejo y se refugiase en su propia casa de habitación, expediente que tampoco le dio el resultado que buscaba, por lo que no tardaría en ingeniarse nuevos métodos para hostilizar al Jefe del Estado hasta llevarlo a la inevitable actitud de dictar drásticas medidas para sofrenar la rebeldía de sus enemigos políticos.

Posiblemente quienes han formulado cargos al Jefe Herrera señalándole como culpable de estos hechos por no haberse separado en el acto del Poder, desconocían al momento de escribirlos, lo que las Actas de las sesiones de la Asamblea Ordinaria del Estado de Honduras consignan y que acabamos de trascribir en parte. Ellas son la fuente más pura en que se basa la defensa del Jefe Herrera. Ellas demuestran que había una conjura contra la magestad del Estado, contra la inviolabilidad de la Constitución y la estabilidad del sistema republicano democrático y en ellas se advierte la verdad de los acontecimientos, sin que esto quiera ni pretenda afirmar y decir que Herrera estuvo limpio de culpabilidad. Quizá la tuvo. Seguramente la tuvo, pero no en la forma y medida en que se le quiere responsabilizar. Léanse con cuidado estas Actas y se convendrá en la injusticia con que se trató al Jefe del Estado.

XIV: Las maniobras de Lindo contra Herrera. La intentona del 5 de octubre y el asesinato frustrado del 2 de noviembre. Ruptura entre la Iglesia y el Estado. Opinión de algunos historiadores. Comentarios.

Como se ha visto, el Diputado don Juan Lindo y Zelaya fue invitado a dejar su sillón en la Asamblea y a ocupar su puesto como

Fiscal de la Suprema Corte de Justicia, cuyos magistrados fueron requeridos nuevamente a concurrir a Comayagua para la integración de aquel alto organismo. Pero a Lindo no le interesaba que el Poder Judicial se organizase; al contrario, había intentado disolver el Consejo Representativo, convenciendo a don Ciriaco Velásquez para que no volviese a su oficina y, a la vez disolver la Asamblea provocando disturbios, creando dificultades a todo y argumentando sofismas a cada paso.

La Asamblea había entrado en un período de descomposición y era un terreno abonado para las maquinaciones de un hombre como Lindo, cuyo talento y fina intriga no pueden ser negados; por esta circunstancia, lejos de preocuparse por el ruinoso estado de la Hacienda pública, por la desorganización de los tribunales de justicia de los que, como ya se ha dicho, sólo actuaban los jueces de la 1a y 2a Instancia, por el arreglo de la fuerza armada y por dictar las medidas conducentes a la completa organización del Estado, fue fácil trampolín para que Lindo desarrollase a sus anchas los planes concebidos en unión del Provisor y Gobernador del Obispado. Tales maniobras, conocidas del Gobierno en todos sus detalles, son descritas por don Liberato Moncada, a la sazón Ministro General, en sus Memorias de las que tomamos los párrafos que siguen: "...las cosas no pasaban a otro tamaño, y solo algunos descontentos se oía hablar contra el Gobierno, hasta que vino el ciudadano Juan Lindo, instado según se dice por el Presidente de la República. Desde su llegada, fue notable la alteración: se dividió el Consejo: se acaloraron los partidos; se oyeron expresiones alarmantes y algunos pueblos infelices, de resultas de los papeles que el ciudadano Velásquez y otros esparcían, negaron la obediencia a las autoridades legítimamente constituidas..." .

Vese, pues, que lo buscado por la reacción era anarquizar el país, organizar la rebeldía contra el Gobierno, estancar toda actividad y, en una palabra, destruir el sistema y sujetar el Estado al carro del centralismo de Arce como lo habían uncido al de Iturbide en 1822, porque los personajes que dirigían aquel sector político eran los mismos que se rebelaban contra el Jefe Herrera y contra la Independencia de la Nación; eran los que no se conformaban por la pérdida de sus preeminencias y los que se sentían desplazados del poder.

Entre tanto, el Jefe del Estado continuaba luchando por salvar la situación tratando de formar conciencia cívica por medio del conocimiento y estudio de la Constitución tanto estatal como nacional y, con este objeto, el 22 de agosto se dirigió en circular a los Jefes Políticos recomendándoles el cumplimiento de los preceptos constitucionales como medio eficaz de que cada ciudadano tuviese en ellos el apoyo que les otorgaban. Entre estas recomendaciones decía: "Estudiarla de día y meditarla de noche es el deber primero de todo funcionario público, que está obligado a cumplirla religiosamente por su parte y hacerla cumplir a los demás ciudadanos. Estos deben por la suya saber cuáles son los deberes que la ley les impone con respecto a la sociedad y a todos los miembros para practicarlos, y los derechos que les concede para saberlos gozar y defender".

Por otra parte, procuraba activamente de remediar la angustiosa situación económica evitando gastos superfluos, tratando de hacer efectivos los mandatos de la Asamblea sobre empréstitos, colaborando con Lindo, nombrado por aquélla, para convertir en moneda el préstamo de platas hecho por la señora Romualda Castro, a fin de que se pagara el prest de la tropa, los sueldos más urgentes de los funcionarios y se aplacara en lo posible la miseria del pueblo de la capital, repartiendo reales entre las gentes más necesitadas. Ninguna de las órdenes de la Asamblea había quedado sin cumplimentarse y si la de 17 de abril no se había ejecutado, no era por negligencia del Jefe Herrera, sino por las dificultades y embrollos que la ley electoral del 1° de Junio ofrecía para su ejecución.

Así lo reiteraba el Gobierno al Secretario del Consejo Representativo al contestarle una nota suya de 4 de septiembre de 1826, en la cual le invitaba a cumplir con el mandato sobre elecciones de Jefe y Vice—Jefe del Estado aún con las dificultades que la ley ofrecía; y se habrían practicado las elecciones en el mes siguiente como lo mandaba la Constitución y lo había acordado la misma Asamblea , de no haberse presentado graves acontecimientos que cambiaron el rumbo de los negocios.

En efecto, el Gobierno tuvo noticias que para la noche del 5 de octubre, con el pretexto de llevar a un reo a la cárcel, un grupo de facciosos se iba a echar contra el cuartel principal para tomar las armas y derrocar al Jefe Herrera y a los demás empleados del ejecutivo. A estas alturas el Provisor Irías había hecho correr la especie por conducto de sus corifeos, que en Tegucigalpa había fracmasones, que el Jefe del Estado era uno de ellos y quizá su director y que "todos ellos caminaban a destruir la religión".

El fanatismo religioso que se había heredado de la cercana colonia, se ponía una vez más en evidencia y al servicio de intereses sectarios; los sumisos camanduleros de Irías en una mano llevaban el rosario y en la otra, el puñal y, de no haberse desatado aquella noche un aguacero que impidió la reunión de los conjurados, aquel acto de sedición se habría consumado y la sangre fraterna habría manchado por primera vez en la era independiente, el suelo sagrado de la Patria.

Ante los acontecimientos el Gobierno tuvo que tomar las medidas más rigurosas para mantener el orden como era su deber. Al día siguiente, el Jefe de Estado convocó a la Asamblea a sesión extraordinaria y ante ella denunció el caso con todos sus detalles. En la Asamblea tomó la palabra el Diputado Vijil y dijo "que el Gobierno en vista de los partes que había recibido había tomado las providencias que juzgó convenientes contra una facción que pretendía apoderarse de las armas y deponer a las autoridades; y que el Gobierno al tomar estas medidas, cumplía con una de sus principales obligaciones, pues tendían a conservar el orden público: que la imputación que se le hacía al Jefe de Estado por medio de una carta enviada de Tegucigalpa calificando al señor Herrera de hereje tenía su origen en el descontento del extranjero Echarri por la orden que se había librado para que se le echase de cualquier punto a donde arribase, por estar comprobado que era enemigo de la independencia, por cuya causa también se le había expulsado de Colombia, de Costa Rica y del Estado de Nicaragua; que este español había lanzado la especie de que el Jefe Herrera era masón y que iba a destruir la iglesia. El Diputado Castejón dijo: que se pidiese a los juzgados de Tegucigalpa comprobantes de la verdad, y que saliendo falso se le daría al Gobierno satisfacción y así se aprobó".

Seguidamente se dio lectura a la copia enviada por el Secretario General en que manifestaba a la Asamblea que dos de los sujetos comprometidos habían visitado al Jefe Herrera en la noche del 7 de octubre, haciéndole declaraciones de la conspiración, dándole los nombres de los comprometidos y, a la vez, proponiéndole que para no proseguir en la conjura y a guisa de garantía para todos, se quemase la causa que se instruía a los sediciosos y se echase todo en olvido, pero "que el Gobierno, atendiendo a la seguridad de los habitantes, no lo está para entrar en transacción con los súbditos ni tampoco le es decoroso", ya que esta causa se sigue para averiguar la verdad de los hechos y que sólo la Asamblea podía resolver lo conveniente. El Diputado Castejón pidió la palabra y dijo: "que le parecía mejor se echase todo en olvido, no debiéndose por ningún caso quemar la causa por los hechos ulteriores, en lo que convinieron todos los Diputados, y se levantó la sesión".

Como consecuencia de lo anterior se comunicó al Jefe del Estado que la Asamblea estaba de acuerdo en que se echase un velo de olvido y de perdón como le había sugerido y que ésta debería ser la conducta del Gobierno con los comprometidos, no procediéndose de otro modo si las circunstancias no lo exigían. El Ministro General Moncada explicaba también a la Asamblea la conducta del Jefe del Estado víctima de la calumnia y de imputaciones antojadizas, asegurándole que no temía el examen justo e imparcial de los hechos, el registro de la correspondencia oficial y todo cuanto pudiera contribuir con detenido estudio y revisión, a establecer la imparcialidad y rectitud con que se había procedido.

Pero el perdón y el olvido que se había otorgado a los sediciosos del 5 de octubre, lejos de hacerles comprender su falta y llevarlos a la rectificación, sirvió como estimulante para proseguir en sus propósitos creyendo que aquel paso de benevolencia era nada más que una muestra de debilidad del Gobierno y, cuando todo parecía volver a la calma, en la madrugada del 2 de noviembre, una serie de disparos alarmó de nuevo la ciudad. Se trataba de un atentado criminal contra el Jefe Herrera. Por las ventanas de su casa, inclusive la de su dormitorio, los asesinos hicieron fuego con sus fusiles con intención de liquidarlo y las balas se incrustaron en la cabecera de la cama en que dormía Herrera y en el colchón de la que ocupaba su esposa y uno de sus tiernos hijos.

A estas alturas era ridículo que el Gobierno se cruzara de brazos y no tomara las medidas de seguridad que el caso ameritaba. Por otra parte, en la madrugada del 2 de noviembre, sin ser perseguidos, desaparecieron de Comayagua los ciudadanos Ciriaco Velásquez, Consejero y Rosa Medina, hecho significativo por cuanto ambos estaban íntimamente ligados con Lindo y el Provisor Irías, cabecillas de la conspiración. Herrera mandó poner guardias en la casa del Provisor y encarceló a los ciudadanos Teodosio Avilés, Raimundo Boquín, Gregorio Doblado y otros de menor categoría, y dispuso "ir a dormir a la casa de armas", ordenando se redoblase la vigilancia de los sospechosos a quienes conocía por la delación hecha la noche del 7 de octubre por dos de los conspiradores que intentaron tomar el cuartel de la plaza.

Esta actitud de previsión encolerizó a don José Nicolás Irías, el amo absoluto de otros tiempos y, como dice el erudito historiador Vallejo "resolvió excomulgar, para honra y gloria de Dios, al Jefe de la Nación, so pretexto de haberse echado sobre los bienes de la iglesia". La ruptura entre el Estado y la Iglesia, estaba consumada.

Pero, ¿de dónde arrancaba la desavenencia entre don Dionisio de Herrera, Jefe Supremo del Estado, y don José Nicolás Irías, Provisor y Gobernador del Obispado de Comayagua? La respuesta nos la dan varios historiadores de reconocido crédito, aunque con algunas variantes.

Marure dice: "...desde que Herrera entró al mando, comenzaron a suscitarse entre él y el Provisor P. D. Nicolás Irías, desagradables contestaciones que empeoraban la situación. Irías estaba acostumbrado a gobernar en lo eclesiástico, en toda la provincia, con un poder que antes nadie le había disputado. Al entrar Herrera al Gobierno, vió con disgusto al frente de la administración constitucional, a un gobernante que procuraba obrar con toda la independencia inherente al Poder Civil y que no se manifestaba dispuesto a conciliar con las pretensiones del clero, ni a respetar sus privilegios".

Don Liberato Moncada expresa: "Cuando se instaló la Asamblea, el P. Provisor y Gobernador del Obispado se hallaba resentido con el Gobierno Supremo por providencias justas que éste había tomado en uso de sus altas atribuciones. Tenía el Padre Provisor un hermano, otros dos eclesiásticos adictos y otros seculares que dependían de aquellos. De aquí dimanó, como es público, la orden inconstitucional de la mudanza del Jefe y otras disposiciones contrarias a las leyes expresas, a los derechos de los ciudadanos y a los artículos terminantes de la Constitución, que no fueron sancionados por el Consejo...."

Vallejo, escribe: "Viendo el Presidente de la República que los gobiernos de los Estados se negaban a entrar en sus combinaciones políticas, se decidió descaradamente a proteger a los descontentos de los gobiernos de los Estados. El Arzobispo Casaus, el Presidente de la República, el Provisor Irías que gobernaba esta diócesis en Sede Vacante, se pusieron de acuerdo para derrocar el Gobierno que presidía el Jefe Herrera".

José Antonio Cevallos, después de referir que Herrera gobernaba como un déspota y arbitrario, agrega: "Era imposible, pues, que gobernando de ese modo absoluto no cometiera el Supremo Jefe, abusos que nadie podría reprimir ni evitar; y que sus extravíos le hayan acarreado las odiosidades de las clases sociales. De allí resultó que se pusiese en pugna escandalosa con el gobernador de la iglesia hondureña, Presbítero don Nicolás Irías, quien, siendo perseguido con prisión por Herrera, el Provisor les opuso a sus numerosos partidarios. ..".

Finalmente, Durón dice: "Las agitaciones del Estado que se manifestaron con los atentados del 5 de octubre y del 1° de noviembre continuaban. Era el agitador, como se ha dicho atrás, el Provisor Presbítero José Nicolás. Irías. Parece que la lucha entre éste y el Jefe Herrera había comenzado ostensiblemente por un asunto que no era de carácter político. El Presbítero Pedro Brito había intentado, con el nombre de protección, un recurso de fuerza ante el Jefe del Estado. Este le amparó de hecho y previno al Gobernador de la Diócesis que suspendiese todo procedimiento contra Brito mientras se instalaba la Corte Superior de Justicia para que conociese del recurso. Irías no atendió la prevención, siguió procediendo contra el reclamante y contestó al Gobierno que no reconocía poder alguno en el Jefe para dictar un acuerdo contrario a las leyes; y que protestaba sostener la autoridad de la Iglesia, que era independiente de cualquiera otra potestad civil y no podía ser atacada ni perturbada por ésta, sin someterse a las leyes que la misma iglesia tenía establecidas contra los perturbadores de su alta jurisdicción. Herrera sostuvo su primer proveído y libró segunda carta de fuerza. Desde entonces la casa de Irías fue el punto de reunión de todos los descontentos, se llamó a Herrera fracmasón y hereje y luego ocurrieron los atentados...".

Bien, pues: si el choque entre el Poder Civil y el Eclesiástico se motivó por secretos entendimientos entre el Provisor y el Presidente Arce por intermedio del Arzobispo Casaus de Guatemala, es decir, por razones políticas, resulta a los ojos de la Historia, de la razón y de la equidad, condenado el Señor don José Nicolás Irías. Si el choque se originó en la interferencia del Jefe del Estado en asuntos privativos de la Iglesia, invadiendo y lesionando el fuero eclesiástico y presionando al Provisor para que se abstuviese de proceder en una causa que sólo a él cabía competencia, resulta condenado el Jefe del Estado.

Pero, en la disputa Herrera Irías, no hubo de parte del primero provocación ostensible. Herrera cumplía con la ley; se ajustaba a la Constitución y la defendía a capa y espada. Esto, si bien molestaba al Presidente Arce, no podía inquietar al Provisor, cuyo dominio era de carácter espiritual. Era el Jefe de la Iglesia, no el Jefe de la Nación cuyas atribuciones estaban bien claras en la Constitución de la República y la del Estado. En cambio, Irías quiso inmiscuirse en asuntos de la exclusiva competencia del Gobierno Civil y si bien Herrera le previno que se abstuviese de seguir la causa contra Brito hasta que la Corte de Justicia conociese del asunto, lo hizo en pleno cumplimiento de su deber de gobernante, porque éste no llegó a pedir protección como sacerdote, sino como ciudadano además de que Irías, al proclamarse la República era también, primordialmente, un ciudadano sujeto a las leyes comunes, a pesar del fuero, a pesar de todo, porque HABÍA JURADO CUMPLIR Y RESPETAR LA CONSTITUCIÓN Y LAS LEYES DEL ESTADO y ésta daba a Herrera todo el poder de que había hecho uso.

Bonito modo de razonar el del señor Provisor: "no reconocía poder alguno en el Jefe...protestaba sostener la autoridad de la Iglesia, que era independiente de cualquiera otra potestad civil Y NO PODÍA SER PERTURBADA NI ATACADA POR ESTE...", pero el Jefe de esa misma Iglesia, sí podía perturbar y atacar la majestad de la ley y la seguridad del Estado; al amparo del fuero, sí se podía conspirar abierta o solapadamente contra la seguridad pública, violar la

Constitución y hacer diablos de zacate, olvidándose de que la Iglesia funcionaba dentro del propio Estado y que éste era primario; que habiendo jurado respetar la ley, quedaba de hecho sometido a ella y a la autoridad que estaba encargada de velar por su cumplimiento. ¡Qué fácilmente olvidan los defensores de Irías estas circunstancias!

Pero bien, en Irías se conjugaron las dos causas apuntadas por los historiadores: su condición de sacerdote y Jefe de la Iglesia, le había acostumbrado, como dice Marure, "a gobernar en lo eclesiástico en toda la provincia con un poder que antes nadie le había disputado" y no es extraño que prevalido de ese poder hubiera traspasado el límite de su autoridad participando activamente en los asuntos políticos como consecuencia de la costumbre que, para todo menester, durante la colonia, era indispensable contar con la aquiescencia del clero, rico y todopoderoso y, de esta suerte, como jefe absoluto en lo espiritual, se haya olvidado de que había prestado juramento de obediencia a las leyes. Por otra parte, el Provisor estaba de hecho afiliado al partido conservador o reaccionario, no le digamos como Montúfar, servil; desde ese instante, tenía que seguir la batuta que desde Guatemala empuñaba Arce para dirigir la orquesta de los enemigos de la República. Por ello las disposiciones sobre recaudación del diezmo que el Gobierno había dictado para salvar al Estado de su miserable situación económica y la energía con que Herrera se oponía a su despótico proceder, que ya no encajaba en una democracia, le hicieron rabiar recrudeciendo en su ánimo el deseo de liquidar al Jefe Supremo, único obstáculo que le impedía el paso hacia el poder.

De toda suerte, Irías resulta condenado y la Historia no puede absolverlo muy a pesar de que los cachurecos o conservadores como don Pedro Joaquín Chamorro, don Manuel Montúfar y Coronado y otros, le dediquen alabanzas, le hagan panegíricos y quieran justificarlo lanzando contra Herrera los más acervos cargos y los más crudos comentarios. ¡EL SOL NO SE PUEDE TAPAR CON UN DEDO!

XV: LA REBELIÓN DEL PROVISOR IRÍAS. CONVOCATORIA PARA SESIONES EXTRAORDINARIAS DE LA ASAMBLEA. PODERES QUE LA ASAMBLEA DIO AL JEFE HERRERA

"Los planes sediciosos de Irías —dice Durón—hacían sentir su influencia en Tegucigalpa, Gracias, Santa Bárbara, Olancho y otras partes". Efectivamente, el Gobierno tuvo pruebas de que el Provisor había escrito a los curas exhortándoles para que se alistaran en las filas de la revuelta para defender "la santa religión católica" amenazada por la herejía del Jefe Herrera y su gobierno, correspondencia que dió en algunos pueblos los resultados apetecidos. En el de Texíguat, el Padre Moraina, que ejercía el curato, amenazó a la Municipalidad con un levantamiento armado y le aseguró que estaba apoyado por los pueblos vecinos; en Yuscarán, el Cura Valle predicaba abiertamente contra el régimen e incitaba a los feligreses para empuñar las armas y defender la religión; en Tegucigalpa, el Cura don Joaquín Machado Ugarte preparaba con ruidosa alegría la publicación de la excomunión de Herrera, cuya lectura sería seguida de repique solemne, cohetes y bombetas, pero la Municipalidad le previno que se abstuviera del escándalo y entonces hizo virulentos sermones contra el régimen; el Cura de Gracias movía partidos y reunía gente armada de machetes y fusiles predicando la guerra contra el Gobierno y en Santa Bárbara, varios vecinos incitados por los sacerdotes habían remitido a la Asamblea Ordinaria una petición y protesta contra el Jefe del Estado que sólo celebraron el cura Castejón y don Eligio Andrade.

Sólo los texíguats volvieron por sus sentimientos: eran legalistas y lejos de apoyar las pretensiones de las sotanas ensoberbecidas, reunieron 200 hombres y los hicieron marchar a Comayagua para apoyar el régimen legal.

No es verdad, como se ha escrito, que el Jefe del Estado desató desde el principio de su mandato, una tremenda persecución contra el Provisor Irías y contra otros personeros de la Iglesia; con las pruebas de su rebelión en la mano, con los testimonios de su complicidad en el atentado de la madrugada del 2 de noviembre, se limitó a poner guardias en la casa de habitación del Jefe de la Iglesia, que se había convertido en el centro de reunión de los conspiradores; si Herrera hubiese querido perseguirlo y capturarlo, lo habría hecho usando de la fuerza pública, allanando su propio domicilio del cual salían correos, proclamas e incitaciones al bochinche y en donde se ocultaba gente armada, pero respetó la santidad del hogar, al contrario de lo que habían hecho sus adversarios que pretendieron asesinarlo en su aposento privado.

Tampoco era tan estricta la vigilancia, puesto que el Señor Provisor con todo y sotana se evadió de Comayagua, llevándose las joyas más valiosas de su Catedral y fue a refugiarse al pueblo de Erandique, en el Departamento de Gracias, en donde comenzó a organizar sus fuerzas en compañía de don José María Donaire, otro cura escandaloso, pidiendo luego protección al Presidente Arce para "que los librara de la tiranía del Jefe de Estado".

Fue entonces, hasta que el Provisor se fugó hacia Occidente, no por la tremenda persecución de Herrera, sino porque esa fuga entraba en la combinación de sus planes, que el Ejecutivo dictó providencias para su captura, ya que estaba declarado reo por varios delitos, entre ellos el de resistirse a entregar al Gobierno, como lo había acordado la Asamblea, la parte correspondiente de la masa decimal y cuya nueva reglamentación se había dado el 15 de noviembre de aquel año. (1826).

Entre tanto, en Comayagua se reunía el 16 de diciembre, la Asamblea en sesiones extraordinarias convocada por Herrera en defecto del Consejo Representativo que, como se dijo ya, se había desintegrado a consecuencia de la huida del Consejero Ciriaco Velásquez, cómplice de Irías. La sesión primera fue celebrada con asistencia de los Diputados don Francisco Milla, Mariano Castejón, Francisco Gómez, Eligio Andrade, Luis Ribera, Francisco Moncada, Leonardo Romero y Ramón Doblado, quienes revisaron y aprobaron las credenciales de los señores don Mauricio Contreras, Diputado Propietario por Trujillo y don Francisco Lazo, Diputado Suplente por Choluteca, tomándoles en el acto la promesa de ley. La Directiva de la Asamblea se integró con los diputados Milla como Presidente. Romero y Lazo como Secretarios.

El objeto de esta reunión extraordinaria era el de conocer el Decreto del Presidente Federal, General Manuel José Arce, de 10 de octubre de 1826, en el cual convocaba a un Congreso Nacional Extraordinario que debería reunirse en la ciudad de Cojutepeque, del Estado de El Salvador y del Informe sobre política interna que presentaría el Secretario General del Gobierno.

Según el Presidente Arce: atendiendo a que la Constitución lo hacía responsable de la conservación del orden público; a que se habían cometido varios atentados contra la ley fundamental, provocando la guerra civil; "que el Estado de Honduras se haya desorganizado, habiéndose disuelto por la imposibilidad de funcionar su Asamblea Legislativa, no existiendo el Consejo representativo ni Corte de Justicia"; que en el Estado de Nicaragua se había renovado la vieja rivalidad entre los poderes públicos y exaltando las pasiones de partido; que el Gobierno del Estado de Guatemala, conspirando contra el general de la República, organizó la guerra civil después de haberse revelado abiertamente; que el Congreso Federal, al terminar sus sesiones ordinarias, no tenía la representación completa de los Estados; que el mismo Congreso convocado a sesiones extraordinarias no había podido reunirse para abrirlas el 1º del mismo octubre; que el Senado de la República no existía por no concurrir el número de senadores que fija la Constitución, quedando por tal motivo aislado el Ejecutivo Federal y que, finalmente, la opinión pública clamaba porque se tomaran medidas para asegurar la vida de la Nación, el Ejecutivo convocaba por el presente Decreto "a un Congreso nacional extraordinario, plenamente autorizado por los pueblos para restablecer el orden constitucional, y proveer por todos los medios propios de su poder y sabiduría a las necesidades de la República".

Agregaba Arce que el Decreto en cuestión sería comunicado a la Comisión Permanente del Congreso Federal, a la Suprema Corte de Justicia, al Presidente del Senado, a los Jefes de Estado y demás autoridades y funcionarios de la federación.

La Asamblea, al darle lectura al referido Decreto, nombró una Comisión para su dictamen, integrada por los diputados Mariano Castejón, Francisco Gómez, Eligio Andrade y Leonardo Romero, todos del partido de Arce, a quienes se entregó, además, una nota y varios escritos remitidos por el Gobierno de El Salvador y relativos a lo mismo.

Puede observarse que los diputados eran los mismos que habían sido elegidos popularmente, exceptuándose aquellos que conforme al sorteo efectuado por la propia Asamblea, habían vacado en sus funciones como don Diego Vijil y don Pablo Irías. En la sesión del 20 de diciembre el diputado Castejón manifestó que la Asamblea no podía emitir ninguna ley, puesto que no había Consejo Representativo y pidió se excitase al Gobierno para que convocara a elecciones del mismo y a la del Diputado por Nacaome, ya que al C. Juan Lindo no se le reconoció como tal. La Asamblea resolvió que se dijese al Gobierno que llamara a los Consejeros propietarios y suplentes que existían en el Estado, "los que en el término de veinte días deberían estar en Comayagua para que se instalara el Cuerpo Representativo y continuara reunido hasta que concurriesen los nuevos Consejeros que se mandaban elegir y que, si en el término prescrito no comparecía alguno, se le obligaría por el Gobierno en los mismos términos que a los Diputados, según el acuerdo dictado el día 19".

Los Consejeros que permanecían en Comayagua eran el C. Francisco Morazán y el Dr. don Juan Miguel Fiallos, pues el Señor Vicente Ariza jamás quiso venir de Nicaragua a tomar su asiento en el seno de aquel organismo. De los Suplentes, el C. Felipe Reyes vivía en Tegucigalpa y el Presbítero don José María Rivera permanecía en Sensenti desempeñando el curato; ambos fueron llamados para presentarse en la capital con urgencia.

En la sesión del 22 de diciembre la Asamblea resolvió sobre el pliego de explicaciones, que el Jefe del Estado le remitió por medio del Ministro General en el cual relataba los sucesos ocurridos, acompañando las pruebas necesarias para que, los representantes del pueblo, acordaran lo conveniente de acuerdo con los intereses del Estado. En vista de los hechos, de la comprobación de los mismos, los Diputados declararon por medio de un Decreto, que el C. José Nicolás Irías quedaba fuera de la protección de la ley, lo mismo que "todos aquellos que, en lo sucesivo, se comprobase que fueran principales autores o cómplices en sus miras revolucionarias". Así mismo, la Asamblea declaró nula y sin ningún efecto la indulgencia decretada el 8 de octubre en "la parte en que se manda correr un velo a los sucesos ocurridos en la capital el día 5 del mismo mes", indicando al Gobierno "que se había hallado desde el principio de la revolución y actualmente, en el caso del párrafo 4° del Artículo 175 de la Constitución Federal y en el de los cuatro párrafos del Artículo 176 de la misma y, en consecuencia, podía obrar con arreglo a ellos".

Jamás Irías se había imaginado que la Asamblea, en donde contaba con toda la simpatía y ciego sometimiento de Castejón, de Andrade, de Gómez y de Romero, pudiera dar un paso en su contra y mucho menos osara ponerlo fuera de la ley, pero eran ya tantos los atentados cometidos por el Provisor y tan evidentes las pruebas de su culpabilidad que, volviendo por la moral y recordando la decencia, sus viejos amigos y seguidores hubieron de buscar remedio a tanto desatino y concluyeron en que era preciso darle una lección y ponerlo quieto.

Sobre la resolución de la Asamblea, el historiador Durón, con los documentos en la mano, como suele decirse, afirma: "La Asamblea, para fundar esta resolución, historiaba lo sucedido y hacía estas consideraciones. Irías era cómplice en el asesinato intentado contra el Jefe Supremo. Cuando la Asamblea mandó que se corriese un velo sobre los primeros hechos hasta que otros posteriores hiciesen descorrerlo fue comprometida por el estado de efervescencia en que Irías y otros tenían al pueblo de Comayagua, y sin embargo este continuó reuniendo gente en su casa, seduciendo al pueblo y cometiendo otros atentados escandalosos. Habiéndose decretado por autoridades competentes la prisión del reo José Nicolás Irías, quedó en el hecho, con arreglo a la Constitución del Estado, suspenso de los derechos de ciudadano y por consiguiente sin poder ejercer empleo ni oficio en la República. Después de estos hechos había continuado en Erandique en sus planes de revolución y trastorno, esparciendo papeles sediciosos, seduciendo para destruir la Constitución y para envolver al Estado en la anarquía. Y finalmente había llegado al último término de iniquidad y olvido de la religión, de los cánones y de las leyes, mandando fijar excomulgando al Jefe Supremo en todas las parroquias del Estado valiéndose para esto del engaño, de la mentira y de la falsedad y obrando contra lo dispuesto por el Evangelio y por la disciplina eclesiástica; había hollado las leyes divinas y humanas y se debía prevenir, para salvar la Patria, que siguiese valiéndose de su influjo y de la ignorancia de los pueblos en sus planes criminales".

Tal el razonamiento de la Asamblea que, con su resolución dejó deslindados los campos: Irías, con saña venenosa regaba la semilla del desorden y lanzaba excomunión mayor contra Herrera, haciéndole víctima de toda clase de imputaciones; el Jefe de Estado, alentado por la misma Asamblea que había querido removerlo del cargo y que ahora tácita y firmemente le autorizaba para continuar en él, tomaba las armas que le daba para aniquilar a Irías, persiguiéndolo desde aquel momento (ahora sí lo perseguía), porque era ya un prófugo de la justicia. Ambos bandos estaban envenenados de odio y deseos de venganza; ambos habían perdido la ecuanimidad: el uno se valía del fanatismo religioso, el otro echaba mano a recursos más violentos y en tales circunstancias, ya no valía nada el Estado porque los dos, afirmaban que su lucha era por salvarlo. La guerra se veía venir con todas sus calamidades y la efervescencia no auguraba otra cosa que el desastre.

En la sesión del 23 de diciembre y en vista de los dictámenes rendidos sobre el Decreto de 10 de Octubre del Ejecutivo Federal y de la invitación del Gobierno del Estado de El Salvador sobre el Congreso Extraordinario de Cojutepeque, la Asamblea resolvió:

"Después de leídos los dictámenes de las dos comisiones a que mandó pasar la Asamblea el Decreto del C. Presidente de 10 de octubre sobre reunir un Congreso extraordinario en Cojutepeque: después de examinadas las causas que en ellos se exponen para aconsejar a la Legislatura que no se dé cumplimiento a dicho decreto: después de una larga deliberación según lo exige la naturaleza del asunto y de pesadas con detenimiento las razones que expuso cada Diputado; ha tenido a bien la Asamblea acordar, de conformidad con todos los individuos que la componen:

1°—QUE NO SE DÉ CUMPLIMIENTO al decreto de 10 de octubre en que manda el C. Presidente de la República nombrar Diputados en todos los Estados de ella para un Congreso extraordinario que debe reunirse en Cojutepeque.

2°—Que por conducto del Gobierno se excite al C. Presidente para que se sirva tomar las providencias convenientes a fin de que se reúna el Senado de la Federación, con el objeto de que este Alto Cuerpo, usando de las facultades que le concede la ley, haga lo verifique el Congreso Federal para que, en cumplimiento de su deber, dicte providencias que hagan restablecer el orden público y respetar la Constitución.

3º—Que el Poder Ejecutivo del Estado dicte igualmente las más activas providencias para sofocar la revolución que se fomenta en varios pueblos de él por los enemigos del sistema y del orden y para sostener la soberanía del mismo Estado".

La resolución precedente confirma, una vez más, el mandato de Herrera por la propia voluntad de la Asamblea que ahora veía muy de cerca la tormenta y, el día 25, el Secretario General del Gobierno, dirigió una nota al Ministro de Relaciones de la Federación dándole a conocer lo resuelto sobre el tantas veces mencionado Decreto de 10 de octubre, de la cual tomamos los párrafos que siguen:

"La necesidad de sostener la Constitución federal y la independencia y soberanía de los Estados: la obligación de todo funcionario de salvar la Patria, de evitar la guerra civil y los males consiguientes a ella, el bien que resulta de que los Estados procedan de un modo enérgico y conveniente y la autorización extraordinaria de este Gobierno para entrar en relaciones con los de los otros Estados de la Unión y sabiendo cuales son los sentimientos acordes de Costa Rica, Nicaragua y El Salvador, le obligan a adoptar el citado decreto de 6 del corriente y en su consecuencia a manifestarlo así al ciudadano Presidente de la República y a obrar de conformidad con los demás Estados de la Unión. Mi Gobierno cree que el Supremo de la federación ha podido extraviarse alguna vez como hombre, y que él será siempre el primero que conoce su error: considerando con atención los males que pueden resultar a todo Centro América de impedir la reunión del Congreso Federal, obrar hostilmente contra la independencia y soberanía de los Estados, y de no arreglarse en un todo a la carta fundamental: no estando desmoralizado ni destituido del sentimiento de humanidad no se negará a adoptar voluntariamente estas medidas y propuestas para salvar a la patria, y fundadas en la ley, en la razón, en la justicia y en el interés de los pueblos, pues sólo de este modo pueden evitarse los estragos de la guerra civil y la necesidad de que la fuerza haga lo que la razón, la humanidad y el deber debían haber hecho. Yo lo pongo todo en noticia de Ud. para que se sirva elevarlo al conocimiento del ciudadano Presidente de la República, ofreciendo toda la fuerza de Honduras para sostener la Constitución. Liberato Moncada".

El Decreto de 6 de diciembre de 1826 a que se refiere la nota ministerial de Honduras, era el dado por el Vice—Jefe del Estado de El Salvador, Mariano Prado, por el cual, en vista del desorden imperante en Guatemala, de la desintegración del Congreso Federal y de otras circunstancias, propone a los Estados de Honduras, Nicaragua y Costa Rica, que, en lugar de aceptar el Decreto de 10 de Octubre mandando elegir nuevos Diputados, se ordene a los electos que concurran a un Congreso en Ahuachapán, para dictar las medidas que pudieran remediar la situación, pues esto sería constitucional y elegir nuevos representantes, sería violar la Constitución y aniquilar la República.

El mismo 25 de diciembre, el Ministro Moncada se dirigía al Secretario General del Gobierno de El Salvador, don José Ignacio Marticorena, dándole cuenta de lo resuelto por la Asamblea hondureña y por el Ejecutivo estatal y participándole que se aceptaba en todas sus partes el Decreto de 6 del mismo mes por considerarlo el paso más adecuado de restablecer el imperio de la legalidad; que ya pedía a los diputados federales del Estado para que concurriesen a dicha reunión de Ahuachapán y les instruiría sobre el particular y que, finalmente, en la misma fecha ponía todo en conocimiento del C. Presidente de la República por el conducto correspondiente.

Así llegamos al año de 1827 que habría de ser funesto para Honduras y trágico para el Jefe Herrera y su gobierno constitucionalista. En Tegucigalpa las agitaciones promovidas por Irías estaban a punto de estallar; según comunicación del Jefe Político enviada al Gobierno, para la noche del 2 de enero se preparaba una "música" o serenata durante la cual se cometerían algunos asesinatos y ultrajes a los partidarios del sistema. Para que saliera dicha música, el español José Serra había dado cien pesos, pero no salió la pachanga porque el Maestro de bandas no permitió que fuesen a tocar sus oficiales. Esto hizo temer al Jefe Político que se tramaba algo más grave y pidió al Jefe del Estado el envío de una fuerza de Comayagua para garantizar el orden.

Hasta aquí, en el Estado sólo había como fuerza extraordinaria los 200 voluntarios de Texíguat enviados por aquella Municipalidad pero, en vista de las alarmas tanto en Tegucigalpa como en otras partes, se dio orden para que se presentase a servicio activo la tropa veterana. Por esos días Herrera recibió la adhesión de los leoneses y salvadoreños, quienes le ofrecieron su contingente para defenderlo de la revuelta de Irías.

Al mismo tiempo se ordenó al Sargento Casimiro Alvarado, que estaba en Cantarranas, para que pasase a Tegucigalpa. Alvarado lo hizo en compañía de Francisco Ferrera, ciudadano que habría de tener más adelante una figuración destacada en la política nacional que culminó con su ascenso a la Presidencia de la República.

Las precauciones no eran vanos alardes; los hechos no se hicieron esperar. Los vecinos del Barrio La Plazuela, de Tegucigalpa, capitaneados por Rafael Pagoada y Miguel Cosio, comenzaron a reunirse en la montaña de Jutiapa y Santa Lucía, y el 24 de enero, aprovechando una ausencia del Comandante de la Plaza, don Francisco Juárez, se echaron contra el cuartel a las 10 de la mañana. El Jefe Político y el mismo Juárez, acuerpados por los patriotas, se enfrentaron a los invasores y después de un combate de varias horas, lograron derrotarlos, haciéndoles huir despavoridos, sin que tuvieran tiempo de recoger el cadáver de Matías Zúniga, barbero, boticario y político, muerto en la refriega.

Esta fue la primera revuelta intestina en que se hizo correr sangre fraterna a causa de los odios, de las pasiones desenfrenadas, de las intrigas de los reaccionarios metropolitanos que habían embrocado al General Arce para cometer desatinos. Pero esa sangre que manchó las piedras de las calles de Tegucigalpa, iba a manchar también el roquete sagrado del Provisor Irías.

Sabedor el Gobierno de que se preparaba en Erandique un ataque armado contra las instituciones republicanas, había destacado una fuerza para detener el intento o para liquidar la rebelión y, el 25 de enero, la tropa legalista hizo morder el polvo al iracundo Provisor, derrotando un fuerte contingente de revoltosos cuyos restos se replegaron a Gracias comandados por el cura don José María Donaire.

Qué tristeza, ¡las manos sacerdotales consagradas para oficiar en los altares, para bendecir y para consolar, estaban tintas de sangre!

Sangre de asesinatos, sangre de inocentes que no tenían otra culpa que la de velar por la integridad de sus convicciones republicanas y por la estabilidad y grandeza de la Patria. ¡Hasta dónde las intrigas del General Arce y del Arzobispo Casaus y Torres, habían llevado el odio y la irresponsabilidad! ¡Hasta dónde había llegado el Provisor Irías en su ofuscación sectaria y su desafecto al régimen democrático!

Y fue entonces, cuando se vio perdido, derrotado y humillado por la fuerza de las armas, que el Gobernador del Obispado clamó a su amo, el Presidente de la República, para que le socorriese de inmediato, para que invadiese a su Patria, para que mandase a un traidor a destruir la democracia y a sembrar la desolación y la muerte.

He aquí al manso cordero de Dios convertido en un demonio desenfrenado; he aquí al ilustre Jefe de la Iglesia hondureña que no supo apacentar el rebaño que le habían confiado porque él mismo era el lobo que habría de destruirlo; he aquí al sacerdote casto y prudente a quien defendieron con tanto ardor los Manuel Montúfar y los reaccionarios tradicionales y pretenden limpiar de culpa los que han aparecido en el Siglo XX.

XVI: LA INVASIÓN DE MILLA. SITIO E INCENDIO DE COMAYAGUA. LA CAPITULACIÓN. HERRERA ES CONDUCIDO PRISIONERO A GUATEMALA

Para principios de 1827 las cosas no andaban sobre ruedas para el Presidente Federal; sus coterráneos y antiguos compañeros de armas, los salvadoreños, habían dado cona el Vice—Jefe don Mariano Prado, media vuelta en su actitud, volviéndole la espalda al prominente líder de 1811 y logrado, además, que los estados de Honduras, Costa Rica y Nicaragua, rechazaran el Decreto de 10 de Octubre del año anterior, negándose a elegir diputados para el proyectado Congreso de Cojutepeque.

Esta negativa rotunda y los acontecimientos de Guatemala, cuyo gobierno estatal había sido disuelto por Arce y luego reemplazado por personeros adictos a su causa, la constante provocación de Irías en Honduras y el cada vez más ostensible control de los conservadores en las funciones gubernamentales, hizo pensar al Presidente en que debía aprestarse para respaldar con las armas su plan de acción y, el 19 de enero ordenó la movilización del Batallón Federal N° 2, formado por 300 hombres al mando del Coronel José Justo Milla, concentrándolo en la población fronteriza de Chiquimula. Después de tomadas estas providencias, Arce continuó presionando a los Estados para que dieran cumplimiento al Decreto citado, pero los ánimos estaban ya tan exaltados que, en el mes de marzo, el ejército salvadoreño, al mando del Coronel Ruperto Trigueros invadió Guatemala con el objeto de derrocar al Presidente de la República, llegando el 22 del mismo mes a una legua de la capital hasta la Villa de Guadalupe, en donde fue batido por los federalistas y obligado a retirarse a la hacienda de Arrazola, a cuatro leguas de la ciudad. Arce, que desde el 16 había tomado el mando supremo de las tropas y depositado la Presidencia en el señor Mariano Beltranena, dispersó a los salvadoreños atrincherados en aquel lugar y les tomó todos los implementos de guerra.

El triunfo de Arrazola, dio alientos al Presidente para poner, sin dilación, en práctica su maduro plan y ordenó al Coronel Milla que invadiera el territorio del Estado de Honduras, que llevara del arsenal de Chiquimula 300fusiles más para que armara con ellos igual cantidad de hombres y que se situara en Los Llanos de Santa Rosa con el pretexto de custodiar los tabacos almacenados en aquella plaza y pertenecientes al Gobierno Federal.

Al llegar a Los Llanos, ya le esperaban los sublevados de Irías, con quienes se entendió y éste, a su vez, marchando desde Gracias, hizo que Milla repartiese entre sus partidarios, los fusiles que traía consigo; mandó dar un repique solemne en la iglesia y ofició una misa en acción de gracias por la llegada de aquel traidor que traía la consigna de liquidar el gobierno del Jefe Herrera y perseguir a sus colaboradores y amigos. Según las instrucciones que se le dieron a Milla, al situarse en Los Llanos, debería guardar el orden, custodiar los tabacos, reclutar más tropa del país si lo creía necesario, para el desempeño de su comisión y que, si Herrera lo atacaba primero, batiese sus tropas.

Entre tanto Herrera, que no había pensado tomar aquella especie de pertenencia federal, fue sorprendido con la noticia de que tropas al mando de Milla habían penetrado en el territorio del Estado. Disponía apenas de 600 hombres que había reunido para hacer frente a los disturbios provocados por el Provisor Irías y, por lo tanto, no había en su ánimo ni el pensamiento ni el propósito de guerrear con el Presidente de la República. Pero los invasores tenían ya un plan: el 7 de marzo, el Coronel Manuel Montúfar, Jefe del Estado Mayor de Arce, escribió desde Apopa al Coronel Milla dándole nuevas instrucciones y diciéndole "que ponga término a los males que causa Herrera en Honduras, haciendo uso de las armas y protegiendo a los que éste persigue".

Milla marchó hacia el interior, dejando a sus espaldas el pueblo de Los Llanos y Herrera, noticiado de ello, dispuso mandar una columna de 40 hombres al mando del Oficial Casimiro Alvarado para que observase los movimientos del invasor.

La pequeña tropa se estacionó en Intibucá y desde allí destacó diez hombres al mando del capitán cívico Francisco Ferrera hacia Yamaranguila, dos leguas distante, donde encontró la vanguardia de Milla, batiéndose con ella y obligándola a detener su marcha. Informado Alvarado de este encuentro, volvió a marcha forzada sobre Comayagua y puso alerta al Jefe del Estado. Desde ese instante Herrera se dedicó a organizar la milicia para su defensa; Comayagua carecía de fortificaciones y hubo necesidad de improvisar trincheras y colocar retenes, pero era tan rápido el movimiento de avance del Coronel Milla, que no pudo reunir los voluntarios de Tegucigalpa y Texíguat, pues el 4 de abril, la capital estaba sitiada, interrumpidas las comunicaciones con Tegucigalpa y con otros pueblos del valle, ya que Milla había fijado su cuartel general en la iglesia de San Sebastián, al Sur de la ciudad.

Los primeros días fueron de escaramuzas que sirvieron a los sitiadores para comprender que la plaza no sería tomada sino con gran esfuerzo y además, dieron oportunidad a Milla para establecer su línea de bloqueo que, según el historiador y Coronel graduado, don Pedro Rivas, se extendía como sigue: "Milla estableció su Cuartel General en la iglesia de San Sebastián y extendió desde allí su línea de ataque; el ala derecha se prolongaba hasta las que actualmente son ruinas de la iglesia de San Blas, teniendo radio de dominio sobre el río Chiquito; el ala izquierda se extendía hasta la iglesia de Mejicapa, cubriendo el camino de La Paz con control sobre el río Humuya. Otros destacamentos volantes operaban sobre los caminos que conducen a Siguatepeque y El Espino".

Esto quiere decir que, mientras los sitiados carecían de rutas de abastecimiento que lógicamente eran las que conducían a Tegucigalpa, pues hacia el Norte no había pueblos de importancia cercanos, los sitiadores tenían expeditas todas las rutas, lo que les facilitó la llegada de 200 hombres de Olancho, 100 de Omoa y 66 de Yojoa que, con el Batallón N° 2, hicieron un total de cerca de 1.000 hombres bien equipados y abastecidos.

Después de ocho días de asedio, el 12 en la mañana, los constitucionalistas de Herrera colocaron un cañón en las bóvedas de la Catedral y con él comenzaron a bombardear el grueso del ejército dictatorial. Este hecho, que causó gran sorpresa y no poco temor entre la gente sitiadora, enfureció al Coronel Milla, ordenando luego que se hiciera un vigoroso ataque a la plaza y se procediera a incendiar la ciudad por tres puntos diferentes. Milla. en su informe dice sobre el particular lo siguiente: "El 12 del corriente, a las cinco de la mañana, amaneció sobre la catedral de Comayagua un cañón con que el enemigo comenzó a batirme, y en el instante dispuse que se incendiara la ciudad por tres rumbos, atacándola al mismo tiempo. Se quemaron quince casas, y después de un tiroteo vivo que duró cinco horas, hice replegar la tropa a este campo, habiendo tenido de pérdida un muerto y tres heridos. Ignoro la que haya tenido el enemigo, pero se me asegura que excede a la nuestra".

Ciertamente, la furia con que Milla hizo atacar la plaza, causó numerosas bajas a las tropas de Herrera, pero ni esto ni el incendio les obligaron a dar muestras de debilidad. Milla mintió al decir que se habían quemado quince casas; el incendio comenzó por el barrio de San Blas, siguió por el de Mejicapa que casi quedó destruido por las llamas y llegó al corazón mismo de la ciudad, consumiendo gran parte de la Iglesia y Hospital de San Juan de Dios, sus casas adyacentes y buena parte del frente Sur del Palacio Episcopal. Apresuradamente fueron trasladados los enfermos al Convento de San Francisco para salvarlos del fuego y, de no haberse replegado el invasor, habría alcanzado la Plaza Principal.

En esta forma vil, prueba de la cobardía del traidor, venía a pagar el Coronel Milla el honor que el pueblo de Honduras, su patria, le había tributado al elegirlo Vice—Jefe del Estado en 1824 pero, tamaña osadía sería purgada siete meses después casi exactamente, en los campos de batalla de La Trinidad.

El 21 de abril, las tropas de Milla volvieron a la carga y llegaron a una distancia de cuatro cuadras de la Plaza, es decir, a lo que actualmente es la entrada de la ciudad, extremo Norte del campo deportivo y, en la carta citada, afirma: "El 21 del corriente he estrechado más el sitio a Comayagua y mis avanzadas llegan hoy a cuatro cuadras distantes de la plaza. Conjeturo que esta debe rendirse pronto..."

Pero estaba equivocado Milla; para esos días Herrera tuvo noticias de que en Tegucigalpa se reunía un contingente de voluntarios para ir en su auxilio, por lo que había hecho salir de Comayagua el Coronel don Remigio Díaz, Comandante General, el Coronel Márquez y el Consejero don Francisco Morazán. No podía, pues, ablandarse la resistencia que debería mantenerse hasta que los refuerzos llegasen, pero con la salida del Comandante General, la moralidad de los oficiales, muchos extranjeros, se fue relajando con el ejemplo poco constructivo del nuevo jefe, Antonio Fernández, hombre ambicioso y uno de esos gachupines obscuros y traperos que habían quedado regados por estas tierras con todos los resabios del obscuro pasado colonial.

La división de Tegucigalpa llegó al valle de Comayagua y acampó en la hacienda "La Maradiaga", de donde fue destacado un pelotón de observación sobre la villa de La Paz, al mando del Capitán Felipe Peña, pero no bien hubo llegado éste al sitio señalado, cuando fue atacado violentamente por 400 hombres que Milla, bien informado del movimiento, hizo salir de San Sebastián, al mando del Coronel Hernández y del Capitán Rosa Medina. Peña se defendió con denuedo y valentía, pero la superioridad de sus contrarios le obligó a dejar el campo en completa derrota, replegándose al grueso de su ejército.

Informados el Coronel Díaz, el C. Morazán y el Coronel Márquez de aquel desastre y de la proximidad de las fuerzas de Hernández, resolvieron trazar el plan de resistencia y se atrincheraron en las cercas de la hacienda "La Maradiaga". Los vencedores de Peña en La

Paz, pronto trabaron combate con los constitucionalistas y después de hora y media de lucha, Hernández optó por tomar la retirada, dejando en el campo once muertos, seis carabinas, "dos paradas y una caja de guerra". La llegada de los derrotados al Cuartel General de San Sebastián fue observada por los sitiados desde las alturas de la Catedral, experimentando gran regocijo, pues suponían que tras ellos, llegarían los contingentes de auxilio más, el desdichado sino del ilustre Dionisio de Herrera, había marcado las cosas de otro modo. Después del combate de La Maradiaga, la columna auxiliar quedó sin municiones y optó por volver a Tegucigalpa, lo que indujo a Milla a lanzar un nuevo ataque el 26 de abril que le hizo dueño del Convento de La Merced, cuya construcción aún estaba humeante por causa del incendio del día 12.

Mientras tanto, Herrera carecía de toda clase de provisiones, de agua y de parque, lo que, agregado a la inmoralidad del Comandante Antonio Fernández, dio como resultado que éste, por medio del Subteniente de Artillería, Nicolás Cortés, propusiera al Coronel Milla la capitulación de la plaza el día 9 de mayo. Este documento de perfidia, necesita ser conocido, por lo que a continuación se trascribe íntegro. Dice así:

"Comandancia de Armas de esta Plaza. C. Comandante del Cantón, Justo Milla.—El C. Teniente Coronel y Comandante de las armas de esta plaza, en junta de guerra de este día, ha acordado: que para evitar los desastres y efusión de sangre que deben acaecer o resultar de atacar a la tropa que se halla en esta plaza, con las de la federación acantonada en San Sebastián, ha tenido a bien se le pase la nota de los artículos que abajo se expresan, al C. Comandante de aquella fuerza para que impuesto de ella, quede transigido este gran mal que nos arruina.

Artículo 1°—Será arrestado en su casa con la guardia que le corresponde, el Jefe del Estado, garantizándole su vida y sin que se le haga el menor insulto, puesto a la disposición del Comandante del Cantón.

2°—Serán garantizados sus empleos al Comandante de esta plaza, oficialidad y demás tropas que la guarnecen, como también los honores y preeminencias que a cada uno se le hayan concedido por los servicios a que se han hecho acreedores en esta plaza.

3º—Toda la tropa que guarnece esta plaza queda al servicio y órdenes del Comandante del Cantón, expidiéndole pasaporte al que no le acomode continuar.

4º—Toda la tropa que guarnece esta plaza, inclusive el Comandante, deben ser satisfechos de los haberes que a cada uno se les adeuda, desde que empezaron a servir hasta esta fecha.

5º—Que los empréstitos que se hayan hecho a varios particulares para las atenciones de esta plaza y tropa, por cuenta de la caja nacional, sean cubiertos y garantizadas sus personas y propiedades como también sean garantizados los demás destinos de los empleados que se hallan dentro de esta plaza, con satisfacción de los sueldos que se les adeudan.

6º—Que toda la tropa y artillería que guarnece esta plaza saldrá de ella marchando con armas a discreción formando en ala, hasta la inmediación de la quebrada del sitio de San Sebastián, donde hará firme con la artillería descargada al grito de viva la Unión, quedando a la disposición y órdenes del C. Comandante Milla y entrará a tomar posesión de esta plaza la suya y antes de verificarlo pasará delante un oficial que se entere del parque y armamento que se hallan en los almacenes.

7º—Que los prisioneros y pasados de ambos cantones queden indultados y puestos en libertad, reconociendo cada uno su cuerpo de donde dependía.

8º—Que desde el momento que se reúnan las tropas de ambas partes, se olviden para siempre las personalidades y resentimientos que cada uno tenga de
por sí, dándose por ambos Comandantes las órdenes necesarias para evitar insultos y desórdenes que pudieran ocasionar entre las tropas cualquier disturbio.

9º—Que desde este momento hasta la confirmación de estos tratados sean suspendidas las hostilidades por ambas partes, mandando el Comandante del Cantón C. Justo Milla, replegar toda la fuerza y avanzadas que tenga dispersas, como igualmente se verificará por esta plaza con las avanzadas y emboscadas, siendo la señal de haberlo verificado, los toques de llamadas y tropa.

10º—Que todos los artículos anteriores sean cumplidos religiosamente por ambos Comandantes, sin faltar a ellos con arreglo a los tratados que se forman y son admitidos en campaña, cantón y sitios de plaza. El Subteniente de artillería, encargado de la Comandancia de ella, C. Nicolás Cortés, pasa al cantón a entregar y transigir estos tratados que se forman y son admitidos en campaña de la tropa de la federación, C. Justo Milla, el que con lo acordado dará cuenta a esta Comandancia; firmando esta acta por todos los vocales y Presidente Comayagua, Mayo 9 de 1827. —(f). —Antonio Fernández."

Ese mismo día, el Coronel Milla contestó a su colega el traidor Fernández, asegurándole que "ha sido de singular complacencia el ver los sentimientos que animan a Ud. y a esa oficialidad, y uniformando los míos en los mismos términos que repetidas veces he manifestado al C.Jefe Dionisio Herrera, por medio de su Ministro, paso al examen de los diez artículos que se trascriben".

Milla comprendió que había ganado la partida y no vaciló en aprovecharse de la traición y la cobardía de Fernández para imponer las condiciones que creyó oportunas en la seguridad de que aquél, no las rechazaría; comprendió también que detrás de Fernández había otros intereses: el artículo 5° que se le proponía así lo daba a entender al exigir "que los empréstitos que se hayan hecho a varios particulares" deberían ser garantizados y cubiertos por la caja nacional. Lógicamente, los empréstitos forzosos de guerra los habían efectuado en personas desafectas al régimen y éstas atizaban al ambicioso Jefe de la plaza para que los pusiera a salvo. De tal suerte que, viendo próximo el fin de la resistencia y teniendo urgencia de proseguir en el cumplimiento de su misión alcanzando la ciudad de San Miguel en el Estado de El Salvador, Milla contrapropuso con firmeza lo siguiente:

"El primero es admitido en todas sus partes en los mismos términos en que se me propone.

2°—No estando en mis facultades el garantizar los empleos de Ud. y demás que componen la guarnición de esa plaza, daré cuenta inmediatamente al Gobierno Supremo de la República, con la recomendación debida, a efecto de que se les conserven los empleos, honores y preeminencias, disfrutando entre tanto de ellas hasta la resolución del mismo Gobierno.

3°—Aprobado.

4°—Aprobado.

5°—Serán garantizados los empréstitos hechos por particulares para las atenciones de esa plaza, y lo mismo sus personas, aguardándose la resolución del Supremo Gobierno por lo respectivo a los empleos civiles en los mismos términos que expresa el artículo 2°.

6°—La tropa y artillería que guarnece la plaza saldrá, formada en los términos que se indican, hasta la plazuela de La Merced. En este punto hará firme la segunda y avanzando los artilleros todos con la infantería hasta la quebrada, formarán en ala con arma a tierra al frente, hasta que el oficial que yo destine se posesione de ellas, victoriando recíprocamente al Gobierno Supremo de la República y verdadera libertad. El mismo oficial se enterará del armamento y parque que se halle en los almacenes.

7°—Los prisioneros y pasados que se hallan actualmente en ambos cantones, serán puestos en absoluta libertad, exceptuándose al tambor Molina, a quien se le garantiza la vida.

8°—Aprobado.

9°—Se suspenden las hostilidades hasta la ratificación de estos tratados, pero las tropas se retirarán de los puntos que se ocupan respectivamente hasta que, conforme a los artículos precedentes, me posesione de la plaza.

10°—Aprobado.

Luego que se ratifiquen los tratados que comprenden los artículos anteriores, se enarbolará en esta plaza la bandera nacional o blanca, y la guardia que se destine para la custodia del Jefe Herrera permanecerá hasta que sea renovada por otra destinada por mí. D.U.L. Cuartel General del barrio San Sebastián de Comayagua, mayo 9 de 1827. (f). Milla".

Esta capitulación con sus enmiendas fue aceptada inmediatamente por Fernández, que ya tenía prisionero al Jefe del Estado, a su Ministro General, a varios diputados legalistas y a muchos partidarios del régimen. Herrera había hecho salir a su familia hacia Tegucigalpa con anticipación al sitio de Milla, en previsión de los acontecimientos que pudieran ocurrir y así, al entrar victorioso el traidor a la capital, le encontró sereno, firme, con la frente en alto, no obstante que aquella villanía por la que pasaba, tenía por finalidad el humillarlo, el rebajarlo a los ojos de su pueblo que había defendido con denuedo.

Ocho días estuvo cautivo Herrera en la Casa de Armas, bajo la custodia de las tropas del invasor; el 18 de mayo, emprendió viaje hacia Guatemala, con una escolta de setenta hombres bajo las órdenes del Capitán español Ramón Tablada, otro traidor y del Capitán Cornelio Ballesteros. No iba cargado de cadenas, pero sí de infamias. Acerca de este hecho sin perdón de la Historia, Durón dice: "No obstante que se le remitía 160 leguas distante del lugar donde debía juzgársele, se dijo que sería sometido a juicio ante la Legislatura. Nunca ocurrió esto, y Arce le dió por prisión su propia casa, y meses después lo dejó en libertad. Esto da la medida de los cargos que se hacían a Herrera".

XVII: HERRERA MAESTRO DE ESCUELA. RECUERDOS DE SUS ANHELOS DE PATRIOTA. JUICIOS DE ALGUNOS ESCRITORES. EL REVERSO DE LA MEDALLA

Sesenta y cuatro años iba a cumplir Dionisio de Herrera cuando volvió a El Salvador después del fracaso de la facción de Texiguat que fue el último esfuerzo de aquel perínclito varón para salvar la nacionalidad centroamericana. "La persecución y la desgracia —escribe su biógrafo Lic. don Victoriano Rodríguez— se agravaron sobre su persona, la devastación destruyó sus bienes y sus ricas haciendas. Emigró para este Estado en la miseria, y el hombre opulento y de alta posición social; el que con sus raros talentos había servido al país, se vio careciendo de un pan..."

Sin embargo, su espíritu que se había templado en el fuego sacrosanto del patriotismo se mantuvo sereno; careciendo de medios para ningún negocio se acogió si alero tranquilo y generoso de una modesta escuela de primeras letras, quizá pensando en que la nación necesitaba de una niñez modelada en los cánones del civismo y del amor a la libertad y a la moral para que cuando la hora llegara, aquellos jóvenes pudieran superar los escollos de la política perversa, de la intriga burda y de las ideas esclavistas que ya volvían a florecer en la aridez mental de los dirigentes de la cosa pública centroamericana.

Con devoción singular Herrera se convirtió en maestro de escuela; enseñó a leer y escribir; predicó el amor para que en aquellos corazones puros la semilla del bien se fecundara esplendorosa, con la esperanza de que cuando aquellas manos infantiles fueran aptas, sólo se abrirían para prodigar felicidad y para labrar la tierra que a gritos pedía se le trabajase y se le hiciese producir. Enseñó la doctrina de la fraternidad inculcando el apego al arado que debería empuñarse en lugar del fatídico trabuco segador de vidas, soñaba en que las devastadoras legiones de soldados ignorantes guiados por tiranos perversos, podrían ser ejércitos de hombres de bien, laboriosos campesinos, hombres de gabinete bien orientados y seguros de conocer sus deberes, sus derechos y lo que como patriotas, podían hacer en bien de sus conciudadanos.

En las interminables noches de vigilia, cuando sólo se ve en el firmamento un reguero de estrellas y el silencio es propicio a las meditaciones, seguramente venían a su mente los recuerdos de las injusticias que se habían cebado en su persona; de los ultrajes, las intrigas, las veleidades de los poderosos caudillos a quienes había perdonado haciendo honor a su credo cristiano; quizá en la soledad de su alma se reprochaba con sincero arrepentimiento los males que por su culpa había soportado la República; el examen de su conciencia y de los hechos que rodearon su vida pública le hicieron entender la política como la practicaban los inescrupulosos como Lindo y como Jauregui, que usaban el talento para hacer el mal satisfaciendo bajos apetitos y entonces caía en el convencimiento de que éste era un juego vedado a la gente moralmente superior que si yerra en sus pasos, yerra más por buena intención y noble propósito que por malicia o cálculo.

Amargas deben haber sido aquellas horas de íntima confesión y silencioso reconocimiento de los errores cometidos porque ya no tenían remedio ni había tiempo de rectificaciones; dolorosos deben haber sido los recuerdos: sus amigos y compañeros habían caído uno por uno liquidados por el plomo homicida; aquellos que con él habían pretendido hacer de Honduras una patria libre, grande, respetada y próspera ya estaban del otro lado de la vida: Morazán, Valle, Joaquín Rivera, Vijil y tantos más....

En aquellas noches cálidas en que rendido de tanto repetir el alfabeto o enseñar las cuatro reglas de la aritmética su espíritu quizá se remontaba al eter insondable para añorar los mejores días de su vida, pudo haberse hecho presente aquel discurso que pronunciara en la instalación de la Primera Asamblea Ordinaria del Estado de Honduras y pudo escucharse así mismo repitiendo: "Ved esos campos en que parece que la naturaleza ha querido ostentar su poder, ya en la variedad de producciones, ya en la fuerza y vigor de su vegetación... no se da un Estado que reúna todas las ventajas y proporciones que el de Honduras. ¿Qué falta, pues, a éste para ser el primero de los de la América?..." Y, mentalmente también, debe haberse respondido: Hombres y hombres que amen a su patria como la he amado yo; que piensen en ella como he pensado yo; que se sacrifiquen por ella, como me he sacrificado yo.

"La ley que forma los vínculos de la sociedad: que señala los derechos y prescribe los deberes: que cria los diversos poderes que la gobiernan: que, teniendo un origen divino, es la fuente de donde emana toda justicia y toda felicidad en el orden social, será obra de la Asamblea que con ese fin ha sido reunida..." Y su voz interior debe haberle respondido: En aquella Asamblea no interesaba la suerte del Estado; en ella se iba a jugar, como se jugó, política rastrera, se defendieron intereses de camarilla que, a la postre, despedazaron la unidad nacional.

"...La Hacienda de un Estado independiente y soberano es el elemento más necesario, porque es el que da vida a los otros...". Y, con honda amargura debe haber recordado: cuando yo quise regular las entradas fiscales para asegurar la riqueza nacional, cuando intenté reglamentar la renta del diezmo, se me echó encima el clero y se abrió la antesala de todas las desgracias por que ha atravesado Honduras.

"...Yo veo esta Asamblea compuesta de hombres que han merecido la confianza de los pueblos, que se hallan animados de los sentimientos que hacen nacer el celo, la gratitud, el honor, el amor a la patria y a la humanidad..." Y, finalmente su propia voz quebrada por los desengaños, debe haberle respondido: ¡Qué gran engaño! De aquellos hombres, muy pocos eran los patriotas.

Cuan distinto había sido todo. Su anhelo y su esperanza fueron fallidos espejismos que el andar del tiempo se encargó de mostrarlos

293

en toda su crudeza y realidad. Aquellos campos cubiertos de espesos bosques; aquellas ventajas que a Honduras le había concedido la naturaleza; el suelo prodigioso que esperaba la acción bienhechora del hombre que rompiendo el surco le hiciera producir, permanecía intocado, formando sólo un bello panorama porque el hombre que poseía los predios por derecho no sentía el deber de transformarlos en huertos productivos: se había dejado conducir por la senda de la contienda armada, se había adormecido con las palabras y promesas de los políticos sin escrúpulos y, en lugar de tomar la azada y el arado, optó por empuñar el fusil homicida.

Aquella ley que Herrera pregonaba como vínculo de la sociedad por su origen divino, había sido pisoteada por quienes tenían el deber de respetarla y lejos de cumplirla, cometían en su nombre los más negros atentados contra la seguridad y la tranquilidad públicas y, la Hacienda nacional que debería dar vida a todos los organismos estatales, seguía raquítica porque sus haberes miserables se invertían en armar batallones de salteadores cuando debería usarse para fomentar el progreso del Estado.

¡Que enorme melancolía debe haberse anidado en su corazón al contemplar el desbarajuste de la tierra querida por la que tanto había padecido! Y que consuelo debe haber sentido al sentarse junto a tantos niños que serían más adelante ciudadanos capaces de forjar una patria mejor.

Muchos hombres conspicuos de El Salvador recibieron de Herrera la enseñanza de las primeras letras y se inspiraron en su ejemplo: hombres útiles a su país, gentes de bien, laboriosas y decididas a contribuir activamente a que su Patria se transformase en una nación progresista. ¿Quién puede negarlo?

En cambio, los hondureños no pudimos salir adelante; en constantes luchas fratricidas hemos tenido nuestras tierras con sangre de inocentes para encumbrar verdaderas basuras y para satisfacer los apetitos de no pocos maniáticos enfermos de odio y poseídos de venganza; hemos sacrificado a nuestros hermanos para "subir" a tirios o troyanos sin analizarlos debidamente, pues casi siempre ha sucedido que, una vez en el poder, se convierten en cómplices de ladrones y saqueadores del Erario Público y, finalmente, hemos tenido la conformidad de ver a estos pícaros que eran unos "don nadie", unos "pelados", pavonearse por las calles de nuestras ciudades, afrentando con su desfachatez a los ciudadanos honrados, haciendo ostentación de su rapiña al levantar opulentos edificios, fundar sociedades que se dedican a la importación y exportación de artículos de comercio y lo que es peor aún, que contribuyen en metálico para fomentar asonadas en que se maten los hondureños, anhelosos de volver a sus viejas posiciones políticas y liquidar para siempre la desvencijada hacienda pública. ¡Estos no pueden ser hombres dignos ni apropiados para hacer Patria! Estos son criminales y como tales, no merecen de los ciudadanos honestos, ni el saludo ni la consideración.

Por ello viene al caso hablar de las ideas de Dionisio de Herrera, de sus principios morales, de su ejemplo de gran honestidad, pues al contrario de algunos hombrecillos de nuestro ambiente político actual, salió pobre del ejercicio público al que había llegado rico; deben servirnos para aquilatar a un Paz Baraona y a un Mejía Colindres que dejaron el poder agobiados por las deudas personales, pobres, sin haciendas, sin automóviles de lujo, sin dinero en bancos extranjeros pero con una supervivencia eterna en el corazón de los hondureños bien nacidos. Las invocaciones de Herrera deben servirnos para moralizar la sociedad fustigando severamente a los vándalos que siendo verdaderos criminales, andan sueltos afrentándonos con sus crímenes.

Que desdichada ha sido Honduras en este aspecto de las manos puras: manos puras porque no se tiñeron en sangre a su paso por las altas cumbres del poder; manos puras porque no sustrajeron los dineros del pueblo que han sido acumulados a fuerza de sudor y sacrificio; manos puras porque de ellas sólo ha salido el bien prodigando el amor y el perdón a los hermanos equivocados.

Que desdichada ha sido Honduras en cuanto al respeto que la ley impone por sí misma, al respeto que merece la vida de los ciudadanos, la propiedad de los ciudadanos, la seguridad de los ciudadanos. ¡Cuántos atropellos se han cometido invocando la majestad de la Ley! ¡Cuántas vidas se han cegado acribillando a balazos a ciudadanos indefensos en nombre de la Ley! ¡Cuántas fortunas amasadas en años y años de incansable fatiga se han dilapidado en beneficio de unos cuantos sinvergüenzas que las hurtaron en nombre de la Ley!

Pero esperamos la depuración del ambiente nacional; confiamos en que aún quedan hombres de acrisolados principios morales capaces de proseguir por la senda de Herrera, de Cabañas, de Paz Baraona, de Mejía Colindres y de muchos otros a quienes la se les ha brindado oportunidad de contribuir al engrandecimiento de la Nación.

Herrera no habría podido proceder en otra forma: él era el reflejo de su hogar modelo, el resumen filosófico de todo cuanto había leído para bien y no para mal; era el producto de una severa disciplina mental encaminada hacia senderos de luz cuyo destino radicaba en cimentar una nación. En él no se combinaban ideas sanas con pensamientos dudosos en cuanto a la política y al Estado; no cabían en su mente las semi—verdades porque estaba pulido con esmeril de patriota.

Y cuando lo invocamos como maestro de escuela, distante del sillón presidencial, le vemos idéntico: poniendo en práctica las mismas ideas, regando luces, sembrando estrellas. En esta misión es cuando Herrera se revela como más humano, más filósofo, más patriota y con justicia, se ha dicho de él lo siguiente: El ilustre hondureño se dedicó a la pedagogía para remediar sus escaceses en la vida emigrante que hacía en El Salvador, y en este sentido abrió una escuela de primeras letras en la ciudad de San Vicente, que le sirvió de un alivio a su penosa existencia. También Luis Felipe de Orleans enseñó Geografía y las Matemáticas en Reichenon, hallándose emigrado en Suiza el año de 1793".

Mientras Herrera discurriría entre la risa inocente de los niños y las hondas preocupaciones que a su edad avanzada suelen llenar la mente de los hombres, en Honduras q' era gobernada por el Lic. Juan Lindo que, valga decirlo, como mandatario fue muy superior a como había sido en los juegos políticos, las cosas no andaban muy bien ni para el General don Francisco Ferrera ni para el General don Santos Guardiola; el primero, implacable enemigo de la federación; el segundo, devastador inmisericorde de vidas y haciendas. La agilidad política de Lindo, su talento a todas luces superior y su principio de "aquí Yo soy el Rey", hicieron declinar cuando aún estaba en el cenit, la estrella del "Mulato de Hierro" como llamó Ramón Rosa a Ferrera, a la vez que hizo comprender a Guardiola que el clima hondureño había cambiado mucho y no sentaba bien a su salud. Lejos estaba

Herrera de saber que el talento político de Lindo que él ya había medido en toda su extensión, había vencido la soberbia de aquellos aguerridos militares y, un día del año de 1848 cuando cerraba las puertas de su escuela, fue informado de que habían llegado emigrados a El Salvador los Generales don Francisco Ferrera y don José Santos Guardiola, ambos encarnizados enemigos políticos suyos.

Le fue explicado luego al anciano maestro que un levantamiento militar instigado por el propio Lindo el 21cie noviembre de aquel año en Tegucigalpa a cuya cabeza figuraba Guardiola, dio motivo para perseguir a Ferrera y a su cofrade don Coronado Chávez, ambos ex— Presidentes del Estado y, finalmente, al mismo Guardiola cabecilla de la revuelta.

Cómo debe haber rememorado Herrera los instantes de angustia que aquellos tres pro—hombres de la política hondureña le hicieron vivir. Era, a buen seguro una nueva lección que, en los últimos años de su vida, recibía ya no para tenerla presente, sino más bien para enseñarla a quienes más adelante habrían de bregar por el ziczagueante camino de la política.

Debe haber entendido muy bien don Dionisio que así como él pudo dominar el impulso de los hombres embravecidos en la lucha fraticida utilizando medios de eficaz perdón y olvido, Lindo desarmó la violencia encarnada en aquellos generales a fuerza de astucia, valido de la impreparación de sus oponentes.

Y he aquí que en el suelo hospitalario de Cuscatlán se refugiaban ahora tres—exmandatarios hondureños: Herrera, Chávez y Ferrera. Este último había dicho una vez: "Sé que los que se separan de la política en que han hecho un papel notable, al fin son víctimas de la misma política... Lindo nos teme y no nos quiere; no respeta la ley y la falsea a su arbitrario para acomodarla a sus miras políticas: él nos desterrará, si, bien lo comprendo, pero al menos no nos hará morir".

¿Y qué Ferrera mismo no irrespetó la ley? ¿No la falseó en acomodo de sus personales intereses? no había sacrificado a Joaquín Rivera fusilándolo porque defendía un ideal? Cómo son los caprichos de la política que muchos insensatos creen que es la inagotable fuente de bienestar y de grandeza, cuando en verdad solo sirve, en la mayoría de los casos, para tornar soberbios a los tontos y para dar oportunidades a los ladrones.

XVIII: HERRERA SE TRASLADA A SAN SALVADOR. SU ENFERMEDAD; SU TESTAMENTO Y SU MUERTE. CONSIDERACIONES.

A fines de 1849 Herrera dispuso trasladarse a San Salvador con su familia para proseguir en la capital del Estado su apostólica obra educativa; su decisión causó honda pesadumbre en la sociedad vicentina cuya juventud estaba formándose bajo la vigilante mirada del humilde maestro a quien la vida le había dado la mejor preparación para forjar el alma limpia de los futuros ciudadanos. Pero estaba decidido el traslado y listo el nuevo destino que iba a desempeñar.

Pocos meses sirvió en otra modesta escuela de barrio; la constante decepción, el decaimiento de su esperanza y de su espíritu, la fatiga de los años intensamente vividos, concluyeron por minar profundamente la salud del Prócer que, por otra parte no había sido muy rebosante salud ni aún en sus años de juventud.

"Dos semanas antes de su muerte —escribe el Lic. Juan B. Valladares R.—encontrándose enfermo en San Salvador el 30 de mayo de 1850, a la edad de sesenta y ocho años cumplidos, Herrera dispone de sus bienes..." . Y, en efecto, ante el Escribano Público Juan Sanabria dicta las cláusulas de aquel documento interesante que, por creerlo digno del conocimiento público paso a transcribir íntegramente:

"En nombre de Dios todo Poderoso. Amén. Notorio sea a los que la presente carta de mi testamento vieren, como yo Dionisio de Herrera, hijo legítimo de don Jacinto Herrera y Paula Valle, natural de Honduras, estando enfermo de accidente que Dios Nuestro Señor se ha servido darme, por su infinita misericordia en mi entero y cabal juicio, memoria y entendimiento natural, creyendo como firmemente creo en el alto misterio de la Santísima Trinidad, en cuya fe y creencia he vivido y protesto vivir y morir: temeroso de la muerte como natural y su hora incierta, he determinado hacer esta mi disposición para declarar en ella los descargos de mi conciencia y para su mejor acierto invoco por mi intercesora y Abogada a María Santísima, Madre de Dios y Señora Nuestra, a su castísimo esposo Señor San José; el Santo

Ángel de mi Guardia y de mi nombre y a todos los demás de la Corte del Cielo, con cuyos divinos auxilios los establezco en la forma siguiente:

Primeramente, encomiendo mi alma a Dios, que la crió y la redimió con el infinito precio de su sangre, y el cuerpo a la tierra de que fui formado, el cual hecho cadáver es mi voluntad sea amortajado con hábito de nuestro Padre San Francisco y Sepultado en el Panteón de esta Capital lo más humilde que se pueda.

Segundo. —Ytem declaro: que soy casado y velado en facie eclecie, en primeras nupcias con la Señorita Micaela Quezada, en cuyo matrimonio hemos tenido nueve hijos llamados, Julián, María, Manuela, José Dionisio, Mariano, Esteban, Miguel, José María, Dolores y José Antonio y el mayor de edad murió intestado.

Tercero. —Ytem declaro: que cuando contraje el expresado matrimonio aporté a él ocho mil pesos en dinero, efectos mercantiles y plata copela, y mi esposa diez onzas de oro acuñado que le dí en barras y cuatrocientos pesos de moneda de cobre que le tocaron de la herencia de una casa.

Cuarto. —Ytem declaro: que durante la sociedad conyugal adquirí las haciendas "Hato Nuevo" y "El Guayabo" por vía de compra en el Estado de Honduras, pero fueron destruidas en las revoluciones; y mi citada esposa nada ha adquirido.

Quinto. —Ytem declaro: que actualmente poseo por mis bienes la mitad de las tierras de la hacienda "Pavana", compuesta de diez y siete y media caballerías de medida muy antigua, las cuales heredé de mi finada madre Paula Valle.

Sexto. —Ytem declaro: que el Gobierno de Honduras me es en deber cantidades considerables, y suplico a mis albaceas liquiden este crédito y lo que alcance a mi favor, lo agreguen al cúmulo de mis bienes.

Séptimo. —Ytem declaro: que la testamentaria del finado Ramón Vijil me es en deber más de mil pesos, mando a mis albaceas los cobran y se agreguen a mis bienes; y aunque don Ramón Vijil quedó de pagármelos por mí, ignoro si lo verificó y suplico se tenga presente.

Octavo. —Ytem declaro: que, cobrado, lo que alcance en mi favor de lo que el Gobierno de Honduras me es en deber, se entreguen al

Gobierno Nacional cuando se instale para sus primeras erogaciones Mil Doscientos pesos pues es así mi voluntad.

Noveno. —Ytem declaro: que lego al colegio de esta capital en beneficio de la instrucción pública tres pesos.

Diez. —Ytem declaro: que he tenido cuentas con ml hermano Próspero e ignoro cuanto le debo, mando se pague éste y pase por lo que él diga.

Once. —Ytem declaro: que nombro por únicos y universales herederos a mis expresados hijos para que tan luego que yo fallezca, los haya y gocen con la bendición de Dios y la mía.

Doce. —Y para cumplir este mi testamento y todo lo que en él ha contenido, nombro por mi única albacea a mi citada esposa Micaela Quezada, para que después de mi fallecimiento entre en posesión de mis bienes y los administre todo el tiempo que fuere necesario, pues yo le prorrogo el que necesite, aunque haya pasado el año fatal.

Trece. —Y por el presente revoco y anulo todos los testamentos y demás disposiciones testamentales, que antes de éste haya hecho, por escrito, de palabras o en otra forma para que no valga por mi testamento o en la forma que más hay lugar en derecho, es este que ahora otorgo y que en contesto se cumpla en todas sus partes. Y yo, el Escribano que presencie soy, doy fe de conocer al otorgante y de que está en su entero y sano juicio según contesta... y dispone, y de que así lo digo, otorgo y firmo a presencia de los testigos señores Licenciados Victoriano Rodríguez, Manuel Muñoz y el General Domingo Asturias, vecinos y presentes, doy fe. En este estado, añadió: que dejaba a su hija Micaela Manuela, un crucifijo con la mesa y flores que hay en ella o le pertenezca a dicha imagen, en remuneración de sus servicios en su actual enfermedad. San Salvador, mayo 30 de 1850. Dionisio de Herrera. Victoriano Rodríguez; Manuel Muñoz; Domingo Asturias. Ante mí, Juan Sanabria. Así está en mi Protocolo".

La serena majestad de la muerte que estaba próxima, vino a confirmar al fin, que Herrera no había sido en los años de su vida combativa el hereje que pintaban sus encarnizados enemigos: en propia confesión afirma que cree en "el alto misterio de la Santísima Trinidad en cuya fe y creencia he vivido y protesto vivir y morir";

pone como su abogada en hora tan solemne "a Santísima, Madre de Dios y Señora Nuestra" al Santo Ángel de la Guardia y pide, en un acto de impresionante humildad, que se lo entierre sin pompa en el panteón de la ciudad vistiendo el hábito de Nuestro Padre San Francisco.

Un hereje o un renegado habría echado en olvido estas invocaciones; se habría conformado con que se encabezara el documento testamentario con las palabras de obligado rigor: "En el nombre de Dios todopoderoso, Amén", pero no habría declarado su fe cristiana, su práctica católica, distinta quizá en su forma ya que no en su esencia, a la de quienes en nombre de aquella fe y do aquella religiosidad, habían cometido las más graves faltas contra Cristo y contra su Iglesia.

Agravado el mal, la familia requirió los auxilios espirituales para el ilustre enfermo y fue el Ilustrísimo Señor Don Tomás Miguel Pineda y Saldaña, Obispo in partibus de Antígona y Gobernador del Obispado de San Salvador quien rezó con él las postreras oraciones después de lo cual exhaló el último suspiro aquel preclaro hondureño el 15 de junio de 1850. Ese día las campanas de los templos tañeron con honda tristeza y en el cielo límpido de Centro América, una cinta de blancas nubes, a semejanza de las palmas mortuorias apareció radiante bajo el dombo azul para cubrir el féretro como lo hubiese cubierto el pabellón de la patria despedazada.

El Testamento de Dionisio de Herrera contiene algunas cláusulas dignas de comentarse: en la cláusula novena, lega tres pesos al colegio de la capital salvadoreña "en beneficio de la instrucción pública". Bien poca cosa, dirán los escépticos. Pero la enseñanza es muy elocuente: "Esos tres humildes pesos blancos —escribe el Lic. Julián R. Cáceres— están diciendo a las claras que las patrias se forman y engrandecen por el sucesivo y continuado esfuerzo de sus hijos; que la obra del progreso social debe ser obra de todos; de los que fueron y de los que son, nunca interrumpida y como encadenada a las iniciativas laudables, a los impulsos magníficos que nuestros antecesores hayan verificado en pro de la comunidad. Esos tres silenciosos pesos significan, fuera de la belleza moral del desprendimiento que los dio; que uno, antes que todo, se debe a la patria; se debe a los demás; que algo de lo que tomó en forma de conocimiento, de medios de subsistencia; de garantía social, de aptitud, del acervo común, debe devolverse a ese mismo haber de todos, por el que viven y subsisten los conglomerados políticos".

En la cláusula sexta declara que el Gobierno de Honduras le adeuda cantidades considerables; estas sumas de dinero procedían de sueldos no cobrados durante su gestión pública en distintas ocasiones, de préstamos hechos al Erario Público para ayudarle a salir de dificultades económicas y, posiblemente de reclamaciones contra el Estado por la destrucción de sus propiedades. Que diferencia tan grande entre los hombres de ayer como Herrera, que dejaban los altos cargos estatales en la miseria y los hombres de hoy, que en puestos de ínfima categoría se enriquecen y se vanaglorian de sus robos y sinvergüenzadas. Con cuanta justicia el Dr. Cevallos expresa: "aquel afortunado repúblico, bajó al sepulcro sin manchar su reputación con los medros tentadores del Poder Supremo, ejercido por el ex—Jefe de los Estados de Centro América".

En la cláusula octava, ordena "que se entreguen al Gobierno Nacional cuando se instale para sus primeras erogaciones Mil Doscientos pesos, pues es así mi voluntad". Cercana estaba la muerte y sin embargo Dionisio de Herrera tenía puesto el pensamiento en la Patria; la patria destrozada por cuya felicidad había luchado; la patria esclavizada a las pasiones individualistas que esperaba algún día redimirse y que Herrera soñaba reconstruida, esplendorosa, fuerte y le dejaba al Gobierno para sus primeros gastos aquella suma de por si crecida sin imaginarse que a estas horas, a largos ciento nueve años de su legado, los políticos tendrían más dividida la nación habrían hecho imposible el retorno a la unidad muy a pesar del optimismo que traspiran algunos ilusos cuando se empeñan en predicar la Unión; muy a pesar de todas las propagandas y de todas las teorías y promesas, porque lo cierto, lo indudable es que a cada paso dado, se acelera el ritmo hacia un distanciamiento inevitable, definitivo.

Nosotros los hondureños somos tan unionistas como lo fue Herrera; deseamos sinceramente la reconstrucción de la Patria Grande sobre bases estables de perfecta equidad, pero debemos tener presente que en todos los esfuerzos realizados. para llevar a término el Gran Ideal, hemos sido las víctimas de nuestra ciega confianza y de nuestra sinceridad. Jamás hemos sido unionistas por cálculo, pero siempre hemos salido en el potro de las solapadas burlas de nuestros hermanos queridos que, al fomentar en el alma hondureña la supervivencia de esa llama patriótica, lo han hecho con cálculo, con cínico cálculo para ver que se puede hacer con los despojos de dos millones de cándidos que todavía creemos "en los milagros".

Es evidente que los hondureños no hemos aprendido con los golpes recibidos; no hemos despertado del sonambulismo en que nos han sumido los cantos falaces y las promesas tentadoras de quienes pretenden aniquilarnos y reducirnos a la mínima expresión tanto en lo tocante al territorio nacional como en lo económico, político, etc. Despertamos a la realidad; seamos prácticos. Reverenciemos la idea unionista como una idea, como una herencia sagrada que nos legara Morazán, como un ideal que acarició Dionisio de Herrera y quisieron realizar después Trinidad Cabañas, Joaquín Rivera y Juan Lindo, pero no pasemos de eso: reverenciar el ideal.

Hasta tanto nuestros futuros consocios en la empre.sa no se comporten como deben; hasta tanto no se repitan los hechos de Cruta y Mocorón; hasta tanto no se dilucide a la luz de los derechos y de la justicia nuestro amojonamiento fronterizo con El Salvador, los hondureños debemos permanecer expectantes y dejarnos de vocinglerías melosas que pueden conducirnos al poste de los sacrificios. Y esto lo digo como un homenaje a Dionisio de Herrera, esforzado paladín de la unidad nacional y lo repito como unionista sincero, pero primariamente, hondureño por los cuatro costados.

Primero es Honduras. A este respecto debemos tener presentes las palabras de Herrera: "No hay sacrificio que yo no esté dispuesto a hacer para evitar un mal a los pueblos de Honduras... lo primero que debe tratarse es la justicia de nuestra Independencia y la obligación que todos tenemos de defenderla del modo que la ley nos llame..."

www.ingramcontent.com/pod-product-compliance
Lightning Source LLC
Chambersburg PA
CBHW061559120626
46550CB00004B/1547